思索의 時間

사색의 시간

이 책을 지금 이 순간에도 전 세계 곳곳에서
묵묵히 봉사하고 있는 자원 봉사자들에게 바칩니다.

思索의 즐거움

사색의 시간

박하성

Growth Is Good
Everywhere We Go
We Serve

작가의 말

이 책은 불굴의 도전 정신이 없었다면 감히 출판되지 못했을 것입니다. 61세 나이로 박사과정 4학기를 마치기 위해 강릉에서 서울대 관악산 캠퍼스까지 일주일에 2번, 왕복 500여km 거리를 2년간(총 8만여km) 운전하며 다녔습니다. 그때 수학하며 제출한 보고서, 논평, 논문 등을 정리하여 불굴의 용기로 부족한 이 책을 감히 출판합니다.

- 저자 江哲 박하성

이 책의 내용은 2022년 6월 ~ 24년 6월까지 서울대학교 윤리과 박사 과정에서 서양철학, 인간학의 대가이고 서울대 철학과 졸업 후 독일에서 철학 박사학위를 취득한 박찬구 교수님의 〈人間學 特講〉 마지막 강의와, 동양철학의 대가이고 고려대 철학과 졸업 후 대만에서 석사, 미국에서 동 양철학 박사학위를 취득한 김병환 교수님의 〈東洋 市民論〉이란 우리나라 에서 처음 개설된 박사과정 강의를 2년 동안 수강하며, 교수님들이 학기 동안 추천한 동·서양 사상가 및 철학자들의 주요 저서와 관련 논문을 읽 고 느낀 점들을 논평한 글입니다. 탁월하신 두 분의 은사님 덕분에 이 글 을 출판할 수 있었으며 감사의 마음을 전합니다.

지난 12월 서양사상에 이어서 이번에는 동양의 윤리사상, 동양의 인간관을 중심으로 공·맹 시대의 사상가와 송대 이후 신유가 사상가들의 주장을 정리하여 작성했던 글들을 모아서 함께 출판하게 되었습니다. 그리고 롤스의 정의론에 나타나는 기본소득 문제, 주자학이 조선과 에도막부에 전파되는 과정에서 나타나는 조선 사대부와 일본 사무라이의 수용 과정에서의 차이점에 관한 발표 논문, 공자 이후 동양윤리 사상가들의 주장 및 신유가 사상가들의 이론과 조선 시대 이황과 이이의 성학십도와 성학집요에 나타난 정치적, 사상적 특성과 차이점, A.I 창작물의 저작권에 관한 문제, 토론 시 기술 및 유의 사항 등에 관한 소논문을 첨부하였습니다. 이번 기회에 대략 동·서양철학 사상가들의 사고와 주장을 함께 이해할 수 있을 것으로 사료됩니다.

　서울대 동·서양윤리학 전공 석·박사과정 수강생들과의 수업에서 질문과 토론의 과정은 그동안 나의 정신적 공허함을 채워 주었고 한편으론 나의 기억 속에 있었던 동·서양 철학사상과 이론들의 혼돈 상황들을 정리정돈하여 주는 계기가 되었고, 신선한 젊은 피로 수혈하여 몸에 새로운 생기가 흐르듯 철학적 인간학의 흐름을 다시 한번 사색해 보는 새로운 인생의 공부 경험이었습니다. 그 과정을 마치고 나니 그동안 방치하여 녹이 슨 머리가 조금은 움직이는 듯하여 시간을 내어서 그 내용과 경험들을 재편집하여 책으로 출간하게 되었습니다.

우리는 인생을 살아가면서 가끔은 물질과 부, 그리고 건강만 가지고 살기에는 부족한 그 무엇이 필요하다는 것을 어렴풋이 느끼곤 합니다. 다른 말로 삶의 의미를 찾기도 하고 때로는 정신과 영혼 같은 것이 있지 않을까 하는 생각을 하기도 합니다. 그것은 우리가 동물과는 다른 지구상의 유일한 존재, 만물의 영장인 인간임을 증명한다고 봅니다. 〈사색의 시간〉은 2,500년 전 부처, 소크라테스, 플라톤, 공자, 예수부터 시작하여 근대 칸트부터, 셸러까지 그리고 실존주의 철학자인 키르케고르, 니체, 하이데거, 레비나스의 철학까지 이어져 온 많은 사상가의 주장과 공자 맹자로 시작하는 수많은 동양사상 그리고 퇴계와 이이의 한국적 전통사상과 주자학을 자신들의 상황에서 주체적으로 받아들인 일본 사무라이들의 정신세계까지 살펴볼 수 있으며, 이런 사상들에서 우리가 현재 온고지신할 사상적 영감을 얻을 수 있으리라 생각됩니다. 또한 인간존재의 의미와 죽음 등을 바라보는 관점까지 많은 것들을 사색하는 기회가 될 것입니다. 이런 사색을 통하여 우리는 남은 삶을 더 소중히 여기며 열심히 봉사하여 후대에 선한 영향력을 전파하는 것이 최선의 삶이라 생각됩니다.

　이런 관점에서 박사과정에서 수학한 내용들을 미력하나마 책으로 출판하여 각자 살아온 자기 자신의 인생을 뒤돌아보고 앞으로 살아갈 방향에 대하여 한 번쯤 사색해 보는 시간이 되기를 바라는 마음으로 여러분들을 이 자리에 초대합니다. 이 책이 여러분들에게 이따금 찾아오는 불면의 밤에 인생의 길을 밝히는 빛나는 등댓불이 되길 기원하며, 사색의 불쏘시개가 된다면 더없는 영광으로 생각합니다.

이 자리를 빌려서 불굴의 용기로 강릉에서 서울까지 매주 운전하며 강의에 개근한 나 江哲과 물심양면 후원해 준 ㈜강철디앤씨 임직원 및 한양대 관광대학원 최고 엔터테인먼트 5기 동기인 탤런트 김수미 회장님과 연극배우 박정자 님, 정선의 도완녀 박사님, 그리고 골프회 모임 김길언 회장님, 시행사 정두영 대표님, 한국 다중지능 이은영 센터장님, 국제 논 스크립트 학회 김은규 대외협력 이사님, 김대영 의장님, 김영만 총재님, 정규훈 전 총재님, 김춘하 위원장님, 어우영 회장님을 비롯한 관심을 가져주신 모든 분들에게 심심한 감사의 말씀을 전합니다.

2024. 7. 8.

강릉 오죽헌 뒤 문성골에서

江哲 朴河成

차례

작가의 말   004

I. 서양의 주요 인간관

  1. 인간이란 무엇인가?   012

  2. 나는 누구인가?   051

II. 동양의 주요 인간관

  1. 인간다움이란 무엇인가?   094

  2. 유가사상의 전개와 신유학의 완성   116

  3. 신유학 이론의 실천 방법: 유가 명상이론   136

III. 롤스 정의론의 차등 원칙과 기본소득의 소통

  1. 기본소득과 롤스의 차등 원칙   146

  2. 롤스의 차등 원칙과 판 파레이스의 공유지 기반 기본소득   156

  3. 롤스와 미드의 재산소유 민주주의와 기본소득의 결합   169

IV. 송대 주자학의 지역화 과정에서 나타난 사대부의 시민적 특성

  1. 송대 주자학과 근대화의 상호관계   180

  2. 주자학의 수용과정에서 사대부의 역할   193

  3. 조선 사대부와 문사화된 사무라이 사대부의 시민적 특성   202

V. 이황과 성학십도 이이의 성학집요에 나타난 정치적 특성

1. 이황과 이이의 사상적 배경과 정치적 차이점   232

2. 성학십도와 성학집요에 나타난 정치적 성향   240

VI. 인공지능(A.I) 창작물의 저작권 인정 문제

1. A.I 저작권 논쟁의 출현 배경   260

2. 인공지능(A.I) 창작물의 저작권에 대한 찬성과 반대   266

3. 토론 기술과 주의 사항   275

VII. 유교문화의 귀감자적 시민상을 위한 실천적 방안

1. 세계시민교육의 필요성   280

2. 세계시민교육의 도덕 교육적 접근   283

3. 세계시민교육의 실천적 접근   291

4. 동북아 유교문화의 귀감자적 시민상 정립   300

참고 문헌   314

I. 서양의 주요 인간관

1. 인간이란 무엇인가?

1) 삶에 대한 근본 물음

만약 내가 아프리카 소말리아에서 태어난 청년이었다면, 인간이란 무엇인가에 대한 철학적 고민은 사치였을지도 모른다. 소말리아 같은 곳에 태어난 사람이었다면 아마도 인간이란 무엇인지 고민할 겨를도 없이 평생을 의식주 해결에 고민하며 살다가 이 세상을 하직하였을 것이다. 이런 가정은 우리는 그래도 선택받은 인간인 것이 분명하지만 마냥 행복하지는 않았던 청춘의 기억들을 떠올리면 "인간은 물질적 풍요도 중요하지만, 정신적인 무엇이 더 필요한 존재라는 간접적 증거가 아닐까?"라는 생각을 하게 된다. 인간은 대부분 무한한 우주의 먼지보다도 작은 이 지구에 나의 의지와 관련 없이 태어나서 하이데거식 표현에 의하면, 나의 의지와 상관없이 핏덩어리로 던져진 존재일지도 모른다. (사실은 우주 자연의 영향을 받아서 생명체가 태어난다. 달과 지구의 중력의 영향과 관련해 조수 간만의 차이, 여성의 월경 등이 발생한다는 설도 있다.)

그러나 인간으로 태어난 이상 젊은 시절에 "미래의 인생을 나는 어떻게 살아갈 것인가?"란 고민을 하며 정신적 고통과 번민의 시간을 보낸다. 시간이 흐른 후 인간은 자의든 타의든 과거와는 전혀 다른 사고를 하며 각각의 다른 삶을 살아가기도 한다. 인간이란 무엇인가? 인생은 무엇인가? 정답은 없는 듯하다. 아니 정답이 너무 많을지도 모른다. 인간은 "빈손으로 왔다가 빈손으로 간다"라는 말이 '인간이란 무엇인가'에 대한 정답일 수도 있다. 하지만 그러기엔 '인간이란 무엇인가'에 대한 정의가 너무 초라해 보인다. 그래서 수많은 현인은 별을 보며 생각에 잠겨 불면의 시간을 보냈을 것이라고 상상해 본다. 이런 철학자들에 의해 제안된 '인간에 대한 정의'를 살펴보고 인간이 무엇인지 간접 유추해 본다.

인간이란, 셰익스피어는 인간은 '무대 위의 연극배우'와 같다고 했고 아리스토텔레스는 '이성적 동물' 소포클레스는 '사슬에 묶인 프로메테우스' 플라톤은 '타락한 영혼' 오리게네스는 '하느님의 모양' 토마스 아퀴나스는 '이성적 실체' 파스칼은 '생각하는 갈대' 스피노자는 '실체의 양태' 니체는 '힘에로의 의지' 하이데거는 '소외된 존재' 무니에는 '육화된 영' 블로흐는 '유토피아적 존재' 등 이런 정의 중 비교적 괜찮은 것들로부터 인간은 명백히 모순된 특징들을 자신 속에 가진, 일종의 '불가사의'라는 것을 알 수 있다.

고귀하고 아름답고 진리 같은 말로 인간이란 무엇인가를 정의해 보려 했지만, 절대적 정의는 없는 듯하다. 각자의 관점에서 다양한 인간관이 나오고 모두가 정답이 아닐까? 그 이유는 "인간보다 경이로운 것이 없다"는 표현에 있는 듯하다. 놀라운 존재, 정의가 필요 없는 존재일지도 모른다. 다른 말로 말이 필요 없는 존재, 만물의 척도이고 영장인 존재이기 때문일까?

철학적 인간학이란 학문이 인간 이해의 실마리를 제공한다는 데 동의한다. 철학적 인간학의 방법론은 다양하며 개별 학문을 수용하여 인간에 관한 귀납법적 시도인 전체적 시각을 얻고자 한다. 인간은 경이롭고 복잡하고 때론 설명 불가인 존재이기 때문에 종합적 시각에서 전체를 보고 판단해야 하지 않을까. 반대로 인간의 자기체험, 실존적 불안 등을 바탕으로 인간의 본질과 구조를 파악해 볼 수도 있을 것이다. 우리 모두 청춘 시절에 한 번쯤 생각해 보았을 것이다. 나의 이웃을 위해 약자, 빈자를 위해 희생, 봉사하는 한 알의 밀알 같은 존재로 인생을 살다 갈 것인지 아니면 오로지 본인만을 위한 이기적 삶에 매진하여 입신양명 또는 소위 출세를 위한 삶을 추구할 것인지는 개인이 처한 상황과 인생 철학, 특히 철학적 인간학에 의해 결정된다고 한다.

그러나 그 결정이 지속적이냐 아니냐는 또한 개인이 처한 상황과 시대적 상황에 따라 본인의 선택과 의지와 무관하게 180도 다른 방향의 삶을 살 수도 있다. 40년 전 학부 시절 강의에서 고 진교훈 교수님의 윤리학 강의 시간에 하신 말씀이 불현듯 떠오른다. "거창한 삶의 목표보다 매년 눈이 오면 집 앞과 주변 길의 눈을 쓸고, 매일 집 주변의 쓰레기를 줍는 자기 동네 이웃집 노인의 행동을 존경하고 본받아야 한다" 어떻게 사느냐가 중요하고 선한 영향력을 주는 실천적 삶이 더 중요하다. 철학적 인간학은 현대에 이르러서는 인간의 본질 탐구에서 벗어나 인간의 실존적 삶에 관심이 증가하며 인간은 만물의 척도라는 관점에서 대부분 철학자는 인간 중심주의적인 철학을 펼치고 있지만, 회의론도 만만치 않다.

현대의 많은 학자는 인간중심주의에 회의를 표명하며 지구 환경위기를 초래한 주범으로 그리고 조화로운 자연질서의 파괴자로 인간을 비난하기도 한다. 이 부분에 많은 공감도 간다. 철학적 인간학은 관련 학문인 생물학, 생태학, 심리학, 사회학(K.마르크스로 대표되는 세계를 변혁시키려는 의지를 표명) 등 인접 학문에서의 연구 결과를 수용하여 '인간이란 무엇인가'에 대한 기존 철학적 관념을 대폭 수정하게 한다. 특히 나날이 발전하는 현대 우주과학은 인간이란 무엇인가에 대한 지금까지의 논쟁과 연구결과를 뒤엎을 수도 있지 않으냐는 생각이 든다. 핵무기 보유국이 늘며 지구 종말의 길로 가고 있는 현재 상황과 계속 발생하는 인간들끼리의 전쟁은 인간이 동물보다 못한 주요 특징이다.

만약 광활한 우주에 비하면 먼지보다 작은 지구에 거주하는 지구인인 우리가 더 과학적, 정신적으로 문명화되고 진화된 외계인을 발견한다면 어떤 일이 벌어질까? 그 결과는 상상을 초월하는 결과를 가져올 것이다. 인간은 열심히 막대한 자원을 소모하며 외계인을 찾고 있다. 역사상 경험에 의하면 새로운 문명과의 조우는 항상 전쟁을 일으킨다. 이러한 일면 어리석은 행위를 하는 우리 인간들은 지구에서 만물의 영장임을 추구하지만, 사실은 자연에 순응하는 동물보다 나약하고 어리석은 존재일지도 모른다는 생각이다.

무한한 우주 자연 속에서 유한한 존재인 인간은 정신적 존재로서만 영원성을 가지며 사라지지 않는 사상과 지혜를 후대에 전하는 방식으로 영원성을 유지하며 동물과 다른 삶을 산다는 생각이 든다. 그래서 인간은 유한한 100년 정도의 시간만큼은 99세까지 88하게 살다가 123일 아프고, 4일 만에 사망하는 삶을 영위하고, 사는 동안에는 지역 사회에 봉사하며 선한 영향력을 후대에 전하는 아쉬움 없는 삶을 영위하여 후대에 아름다운 추억과 삶의 지혜를 더 전파하는 인간의 고귀한 특성을 지속해서 남겨야 하지 않을까? 하는 생각도 강하게 든다. 인간 개개인이 스스로 어떤 선택을 하여 자신의 삶을 영위하더라도 그것에 대해 아무도 비난할 자격은 없다. 그러나 그 사람의 발자취와 삶의 결과는 인간이 유한한 시간이 끝난 후에 반드시 누군가에 의해 평가받을 수밖에 없지 않을까?

공자영의 장편 소설 〈높고 푸른 사다리〉에 나오는 구절, "지상을 떠난 사람의 자취는 그가 남긴 사물에서가 아니라 그를 기억하는 사람들의 마음속에서 발견되기 때문이다" 누군가는 한사람이라도 그를, 아니 나 자신을 기억해줄 사람은 있지 않겠는가? 인간은 나약하지만, 시대적 상황과 운명에 의하여 위대한 존재가 될 수도 있는 경이로운 존재, 알 수 없는 존재이기도 하다.

2) 과학적 인간관

고대 로마의 시인 유베날리스는 "건강한 육체에 건강한 정신이 깃들기를 바라보아라. 죽음을 두려워하지 않는 용감한 영혼을 구하노라"며 정신을 더 강조했지만, 오늘날은 완전히 다르게 육체를 건강하게 만들면 정신도 건강해진다는 완전히 다른 뜻으로 사용되고 있다. 그러면 정신은 육체의 어느 부분에 존재하는가?

어떤 사람은 정신은 뇌에 존재하고 어떤 이는 심장에 존재한다고 한다. 아직은 증명되지 않은 가설이다. 심장(心臟)이란 한자 단어를 보면 마음이 있는 그곳으로 이해하고 있다. 전 세계 인류의 대부분도 그렇게 이해하는 사람들이 많다고 한다.

현대과학은 심장 이식수술을 많이 하였으며 임상시험 결과, 심장을 이식 받은 사람이 심장 제공자의 꿈과 기억 등 혼란을 겪는 경우가 보고된다고 한다. 이는 정신이 심장에 머문다는 점을 방증한다고도 한다. 죽음도 선택 가능한 삶의 다른 모습으로 다가온다. 매장, 화장(火葬)에서 다이아몬드장 으로 변화하는 죽은 후의 장례문화를 보면서 많은 생각을 하게 된다.

우리의 삶을 힘들게 만들고 우리의 의지와 상관없이 죽을 수도 있는 자 연재해, 질병, 전쟁, 코로나 전염병 등 인간이 경험하는 많은 한계 상황 중 에서 특히 죽음은 인간이라면 누구나 피할 수 없는, 한 번은 경험해야 할 불가피한 것이다. 하이데거는 "인간은 태어날 때부터 죽음을 향해 달려가 는 존재"라고 말한다. 그러나 준비되지 않은 죽음은 우리 자신과 세상 전 체의 종말을 의미하는 두렵고도 두려운 경험이기도 하다.

에피쿠로스가 2,000년 전에 쓴 "죽음은 우리에게 아무것도 아니다. 우 리 자신이 존재하는 한 죽음은 우리와 아무 상관이 없고, 죽음이 우릴 찾 아왔을 때 우리는 이미 사라지고 없다. 따라서 우리가 살아 있든 죽어 있 든 간에 죽음은 우리와 무관하다. 살아 있을 때는 죽음이 없고 죽었을 때 는 우리가 없기 때문이다" 이 말은 왠지 장난스러운 표현이고 경망스러워 보인다. 죽음에 관한 또 다른 다음의 대화는 지금은 고인이 된 소설가 최 인호와 법정 스님의 대화이다.

최인호: "스님 저는 죽음이 두렵습니다. 죽음에 대해 깊이 생각할수록

우리의 인생은 깊어진다고 봅니다. 죽음으로써 우리 인생이 완성된다고 봅니다."

법정 스님: "우주 질서처럼 늙거나 죽는다는 것은 자연스러운 일입니다. 죽음을 끝이 아닌 새로운 삶의 시작으로 생각해야 합니다. 사람도 살 만큼 살았으면 그만 물러나야지요. 현재 주어진 시간과 에너지를 어떻게 쓰고 있느냐, 또 이것이 이웃에게 어떤 영향을 미치고 있는가, 이를 늘 생각해야 합니다."

법정 스님은 인간의 출생·노화·죽음이 자동차의 신차·폐차와 별반 다를 게 없다고 말했다. 정현채 교수는 "사후세계가 존재하기 때문에 그래서 죽음을 두려워할 필요가 없다"고 한다. 100% 동의는 못 하지만 사후세계가 있으면 좋을 듯하다. 우리 이다음 세상에 거기서 다시 만날 세계가 있어야 한다고 믿고 싶다. 있다면 얼마나 좋을까? 그런 사후세계라면 누구나 바랄 것이다. 또한 원하지 않는 분들을 위한 사후세계도 필요할 것이리라 생각된다.

OECD 회원국 중 자살률 최고인 한국 사회에서는 죽음에 대해 부정적 생각이 크고 금기시되는 경향이다.(내세관 없는 유교 문화의 영향일 수도 있다) 사후세계가 있어야만 죽음은 끝이 아닌 다른 차원의 세계로 옮겨가는 과정이고 죽음이 있기에 삶의 귀중함도 깨달을 수 있어서 죽음을 두려워할 필요가 없다는 것이다. 말기 암 시한부 환자에게 죽음을 알려주고 죽음을 준비하도록 하는 게 바람직하다.(경험에 의하면 대부분 30년 전만 하더라도 시한부 환자에게 죽는다는 사실을 숨겼다) 어떻게 장례를 치를 것인가에 관한 사전 장례의향서를 작성하는 것도 필요한 과정이고 삶을 아름답게 마무리한다는 차원에서 유골에서 탄소를 추출하여 푸른색의 다이아몬드 원석으로 만드는 데 6개월 정도 소요된다고 한다. 연인과 조상의 유골을 소중히 보관하는 새로운 장례문화가 생겨났고 유행한다. 요즘 연명치료 거부, 장기기부 증서가 유행한다고 한다. 죽음을 선택하려는 움직임으로 생각된다. 인간은 죽어서 흙으로 돌아간다는 말도 바뀔 시기가 온 것이다.

코로나 19가 유행하며 장례문화에 엄청난 영향을 주었고, 인간의 죽음 중 존엄사에 대한 논의가 결국은 인간의 삶과 죽음, 사후 세계관, 영혼의 존재 여부 논의 등에 큰 영향을 끼쳤다. 죽음과 삶이 구분되는 개념이 아닌 죽음도 삶의 다른 모습으로 확실히 각인된 느낌이다. 누구나 죽음은 겸허히 받아들여야 할 자연스러운 생명현상이다. 사후에도 영혼이 존재하는가는 과학이 답할 수 있는 문제가 아니고, '인간이란 무엇인가'에 관한 철학적 논의와 결부되어 있다.

제인 구달은 "우리의 일부분인 정신 영혼이 지속할 거라 확신하기에 개인적으로 죽음을 두려워한 적은 없지만 죽어가는 과정이 두렵다"고 하며 "우리가 모두 돌연사를 바랄 것이라 확신한다"고도 말했다. 또한 구달은 자신은 육체적 죽음과 더불어 끝나지 않은 어떤 존재의 상태가 있다고 항상 믿어왔고, "과학은 객관적인 사실적 증거를 증명해야 하지만 영적인 경험은 주관적이고 믿음과 관련된 것이기에 나의 믿음 혹은 신념이 나에게 내적인 평화를 가져다주고 내 삶에 의미를 주었다는 것으로 충분하다"고 하였다.

인간의 삶을 생각할 때 그 끝인 죽음의 문제를 제외할 수 없다. 하이데거는 "인간은 죽음으로 던져진 존재"이고 삶 속에 이미 죽음이 함께하고 있는 존재로 보았다. "죽음을 의식하지 못한다는 것은 삶을 제대로 보지 못한다는 것을 의미한다"와 같은 말이다.

'영혼이 신체와 같은 것인가, 별개의 것인가'의 문제, 즉 사후에 영혼이 존재하는가 아닌가의 문제는 과학이 답할 수 있는 물음이 아니고 오로지 인간의 사유 속에서 존재하지만, 텔레파시가 존재하는 한 언젠가는 과학적으로 설명될 날도 올 수 있을지도 모른다. 인간 영혼은 과연 어떤 존재인가?

우리는 살아가면서도 삶의 궁극적 주체인 자기 자신의 정체성을 바로 알지 못한다. 과학은 삶의 주체인 영혼에 대해서는 아직 아무런 설명을 못한다. 과학은 아직은 오로지 영혼이 남긴 흔적, 즉 물리적 현상과 심리적 현상 간의 관계를 추적 연구하는 것으로 보인다.

구달에 의하면 인간이나 동물이나 잔인하고 악해질 수 있지만, 또한 때론 가장 고결하고 관대하며 영웅적인 행동을 할 수 있는 능력도 갖추고 있다. 인간은 인간의 두뇌, 자연의 회복력, 전 세계 젊은이들에게서 찾아볼 수 있는 에너지와 열정, 그리고 불굴의 인간 정신 때문에 인간은 희망을 품을 수 있고 그것이 그녀의 저서 〈희망의 이유〉의 대답이며 우리의 지구가 모든 생명체에게 더 좋은 곳이 되도록 노력할 수 있게 한다고 하였다.

우리들 각자가 중요하고, 각자 해야 할 역할이 있으며, 각자가 무엇인가를 바꿀 수 있다는 것이다. 만약 나에게 남은 생이 1년뿐이라면 어떤 삶을 살고 싶을까? 마지막 순간까지 충만한 삶을 살고 싶지 않을까? 하지만 언젠가 죽는 게 아닌 정해진 1년 후 그 날짜에 죽는다고 정해졌기 때문에 불안하게 남은 시간을 보낼 수도 있다. 삶과 죽음이 자연스러운 현상이며 자연의 본질임을 간파하고 죽음의 본질을 이해했다면 삶과 죽음의 마지막 시간을 더 의미 있게 보낼 수도 있지 않을까?

이 세상에 존재하지 않는, 이미 죽은 인간에게는 죽음은 아무런 의미가 없고 고통, 슬픔, 기쁨도 없다. 죽음은 오직 그 주변 사람들을 슬프게도, 100세 장수자의 죽음은 후손을 내면적으로 기쁘게도 만들 수도 있다. 그러나 어떤 죽음 앞에서도 기쁨을 표현하기에는 아직 죽음에 관한 사회 구성원의 합의가 약하다. 죽음을 슬퍼하는 이유는 아쉬움, 후회, 연민 등 살아 있는 자의 감정이 표출되기 때문이다.

죽은 자는 책, 예술작품, 유언 등을 통하여 그의 정신과 사상을 후대에 전한다. 육체는 자연으로 흡수되지만 정신, 사상은 후대의 인간 마음속에 전달되어 살아 있는 것처럼 영향력을 발휘하는 것이다. 일견 죽음은 안타깝게 보일 수도 있고 그 반대로 죽음은 기쁜 일일 수도 있다. 죽음이 있기에 삶이 더 가치 있게 느껴지고 삶을 더 가치 있게 사는 법을 논하게 된다. 가치 있게 살려면 인생의 목표를 정하고 실천하면 되지만 목표를 높게 잡으면 실패의 가능성도 커지니 일상의 것들로 즐거움을 누리는 것도 하나의 좋은 방법일 수도 있다.

죽음이 문제가 아니라 어떻게 사느냐가 중요하고 그것이 죽음을 잘 받아들일 가능성을 높인다. 결국은 길다면 길고 짧다면 짧은 100년의 세월을 사는 동안 열심히 인생을 즐기면서 최선을 다해 살아야 후회가 없다는 것이다. 다만 죽음을 회피하지 말고 마주 보며 자신만의 삶을 어떻게 바라보며 이끌어 나갈지에 대한 생각들을 좀 더 깊게, 자주 해볼수록 나의 삶은 더 소중해지고 시간은 더욱 소중하고 값진 것임을 알 수 있다.

이따금 부고를 받고 장례식장에 가보면 사자의 살아 있을 때의 삶이 보인다. 나의 미래의 모습도 마찬가지이리라 상상해 본다. 삶이 인생 연극의 1막이라면 죽음은 당연히 인생 연극의 2막이지 않을까? 그러나 그 연극은 주인공인 내가 볼 수가 없다. 불행인지 다행인지 모르지만….

3) 고대 그리스 인간관

플라톤은 "인간이 보는 것은 전부 그림자이다"라고 〈동굴의 비유〉에서 언급했다. 진짜 모습은 우리의 내면 이데아계에 존재한다고 한다. 인생을 살다 보면 인간 세상에는 분명 선악이 존재하며 우리는 우리가 처한 상황에서 때로는 선택적으로 그것에 대해 다른 태도를 보일 수도 있다. 결론적으로 플라톤은 영혼이 존재하며 사후세계가 존재한다고 믿었다. 그러면 과연 전생은 존재하는 것인가? 나는 전생에 어떤 사람이었을까?

문득 이런 생각을 해보면 자신이 전생에 어떤 인간이었는지 대략 상상이 되기도 한다. 내 생각은 현재의 모습과 별반 다르지 않을 것 같다. 니체도 영원회귀사상을 주장하며 니힐리즘을 뒷장에서 이야기한다. 느낌이 그렇다는 것이지, 사실 나도 사후세계를 알 수가 없다. 만약 전생에 조선 시대 양반이라고 생각하는 사람과 자신은 노비였을 거라 추측하는 사람과 만나서 토론을 해보면 분명 재미있는 결과가 나올 것이다.

플라톤은 저서 국가 제10편 〈에르의 신화〉에서 우리는 이미 전생에서 알고 있었던 것을 다시 기억하는 것, 즉 지식은 상기(想起)라고 주장하였다. 우리가 상기설을 받아들인다면 그 자체로서 우리의 영혼이 전생에서도 살아 있었다는 증거가 되므로 죽어서 육체가 없어지는 내세에서도 살아 있을 것이라 추리할 수 있게 된다.

플라톤은 소크라테스가 덕이나 정의가 그것이 드러나는 개별적 행위들과 별도로 존재한다고 보았는데 그렇다면 "덕이나 정의 그 자체는 어디에 존재하는가"에 의문을 가졌다. 분명 개별적 행위들이 이루어지는 이 세계는 아닐 것이고, 개별자들과 별도로 그것들의 모범이 되는 보편, 저들의 세계가 따로 있어야 한다며 그 세계가 이데아계라고 주장하였다. 플라톤에 따르면 초월적 세계에 존재하는 그 이상적 모범이 사물의 원형이며 우리가 감각 세계에서 보는 것들은 그 원형의 불완전한 모방에 불과하다는 것이다. 즉 감각 세계의 사물들은 천상에 있는 이데아의 속성을 불완전하게나마 나누어 가지고 있다는 것이다.

그에 의하면 우리 영혼은 이데아계에 살고 있었다. 그러나 영혼이 육체의 옷을 입고 태어나는 과정에서 근원적 세계를 잊어버리고 그것의 모방에 불과한 현세를 유일한 실제로 착각하고 지내게 된 것이다. 플라톤은 이런 내용을 '동굴의 비유'로 설명한다. "인간은 태어날 때부터 동굴에 갇혀 지내며 뒤를 보지 못하도록 묶여 있는, 오직 눈앞의 동굴 벽만 보는 수인들과 같다. 어찌하여 동굴을 벗어난다면 처음에는 태양을 보며 극심한 고통을 느끼지만, 태양 빛에 익숙해지는 순간에 동굴 밖의 찬란한 세상을 제대로 볼 수가 있다. 그 동굴을 빠져나가게 해주는 것이 바로 철학이다. 동굴 속의 동료를 구하러 들어가도 이미 밝은 빛에 익숙해진 당신의 눈에는 아무것도 안 보이고 그런 자의 말을 기존 수인들은 믿지 않는다. 동굴 밖으로 나가자고 수인들에게 말한다면 마치 당신을 죽일 듯이 달려들 수도 있다. 소크라테스도 그렇게 죽지 않았던가?"라는 주장이다.

동굴은 우리가 살아가는 감각적 세계를 비유한 것이고 죄수는 우리 인간을 가리킨다. 이데아란 가장 이상적인 형태이면서도 인간의 관념 속에 머물 수밖에 없다고 하는 한계성을 가진다. 최고의 이데아는 선의 이데아이고 모든 존재는 선의 이데아에 의해 지배되며 세계를 지배하는 이성이고 이런 의미에서 우주적 이성이자 신이라고 할 수도 있다. 그리고 우리는 진리를 향한 강한 철학적 충동에 의해서만 참다운 세계를 볼 수 있다는 것이다.

플라톤은 진리의 인식이란 곧 우리 영혼이 전생에 보았던 이데아계의 기억이라고 주장한다. 결국 우리가 뭔가를 인식한다는 것은 전혀 몰랐던 것을 새로 알게 되는 과정이 아니고 이미 알고 있었으나 잊힌 세계의 기억을 되살리는 과정이라는 것이다. 이를 '인식의 상기설'이라고도 한다. 노예 소년이 배우지도 않은 기하학의 원리를 직관적으로 이해했다고 해서 그 관념의 출처로서 이데아계의 존재가 저절로 증명되는 것은 아니다. 플라톤은 '에르의 경험담'으로 이데아 세계의 증명을 대신한다고 볼 수 있다.

팜필리아의 영웅 '에르'가 전쟁에서 죽었다가 화장터에서 살아나서 죽은 동안의 경험담을 얘기한다. 신체에서 분리된 에르의 영혼은 다른 영혼들과 12일 동안 여행을 떠난다. 심판자로부터 에르의 영혼은 거기서 보고 경험한 일을 똑똑히 기억했다가 현세의 인간들에게 알려주라는 명을 듣는다. 이처럼 신비주의 종교에서 유래한 듯 '영혼의 윤회'라는 모티프가 플라톤 철학에 등장한다. 이데아론과 인식론(상기설)은 모두 '영혼의 불멸'과 '윤회'를 전제한다. 게다가 '에르의 이야기'는 윤리학의 토대를 놓는 이야기다.

'정의로움'이 존재하려면 선인은 죽어서도 보상을 받고 악인은 죽어서 처벌받는다. 여기서 언급된 인간은 죽어서 심판을 받고 동물이나 인간으로 다시 태어난다는 '윤회사상'은 나에게 불교사상과 유사하게 다가온다. 불교는 기원전 6세기 생겨났고, 플라톤은 기원전 4세기 사람이므로 플라톤이 오늘날 동방의 터키 지역에서 태어나 그리스, 이집트, 아프리카 등으로 여행을 갔다 온 사실을 생각하면 불교의 윤회사상을 여행 중 접했을 수도 있었다고 나만의 추측을 해본다.

에르의 저승 여행은 많은 이의 상상을 자극했고 '망각lethe의 평야'에서 야영하며 마신 망각lethe의 강이 저승과 이승의 갈림길이다. 진리에 해당하는 희랍어가 '알레테이아Alethea'이다. 여기서 a는 부정이다. 이는 레테의 강을 거슬러 올라가는 것, 망각을 극복하는 것이다. 참고로 이문열의 장편 소설 〈레테의 연가〉에서 레테(망각)는 바로 에르 신화에 나오는 '레테(망각)'이다.(이문열, 레테의 연가 소설: 결혼을 앞둔 사람은 레테 강을 건너야 한다는 내용)

플라톤의 인간관은 "인간의 진정한 주체는 영혼이며 영혼의 핵심 부분은 이성"이라고 하였다. 영혼을 강조한 이유는 당시 그리스 현실의 인간들이 부나 쾌락만을 추구하며 육체만을 돌보고 영혼을 돌보지 않는 데 대한 반작용으로 파악한다. 인간 영혼은 이성, 기개, 욕망을 가지고 태어나는데 이 중 이성이 기개와 욕망의 부분을 잘 조절할 때 그 사람을 인간다운 인간이라고 생각했다.

플라톤은 영혼 불멸을 믿었기에 순간적 이익보다 내면의 상태에 더 많은 가치가 있다고 보았다. 플라톤의 관심은 이성이 기개와 욕망을 잘 조절하여 갈등이 없어지고 영혼과 조화를 이루게 하는 것이다. 국가도 조화를 추구하고 불화를 제거하여 정의로운 행동과 선한 행위를 할 수 있도록 하는 데 그 목적이 있었다. 철인정치를 주장한 것은 자신의 영혼을 합리적으로 통제하는 철인 통치자들이어야만 사심 없이 국가를 통제할 수 있다고 믿었기 때문이다.

이러한 국가가 정의로운 국가라는 주장은 오늘날 존재하는 전 세계 국가 지도자들의 행태를 보면 많은 공감이 간다. 러시아 푸틴, 이스라엘과 하마스 지도자, 미국 바이든, 트럼프, 북한 김정은 등…. 플라톤의 철인 정치사상에 대해 일독을 권한다.

4) 그리스도교 인간관

인간은 신의 구원이 있어야 하는 존재인가?

성경에 의하면 아담과 하와가 선악과를 먹은 이유는 사탄인 뱀의 유혹에 빠져서 하나님처럼 되고 싶어서였고, 선악과를 먹은 후 눈이 밝아지며 부끄러움을 느끼게 되었다. 그 후 에덴동산에서 쫓겨났다고 성경은 기록하고 있다. 선악과의 정체는 무엇일까? 선악을 구별하고 알게 하는 이성적 열매인가? 창세기에선 "심판은 창조주 하나님에게만 주어진 유일한 권한이며, 최종 심판은 오직 신만이 한다"라며 '신에 대한 인간의 반역'이라 한다. 하나님과 같은 권력을 원하는 인간의 오만한 마음, 이것이 선악과의 본질일 수도 있지 않을까.

한편 아담과 하와가 선악과를 따 먹지 않았으면 인간은 영원히 에덴동산에 거주하였을 것이고, 그러면 그 후 예수 그리스도의 출현도 없었을 것이다. 따라서 기독교는 존재하지 않았을지도 모른다. 그렇다면 이 성경의 선악과 이야기는 하나님의 계획 속에 미리 계획되어 있었다고 볼 수도 있지 않을까? 하지만 이런 생각은 처음부터 기독교 관점에서는 불가능한 생각이고 용납되지 않는다. 무조건 성경은 절대 진리이고 인간 이성으로 접근해서도 안 되며 이것을 의심하거나 믿지 않는 자는 논할 자격도 없는 것이기 때문이다.

우리는 수많은 일상생활 속에서 스스로 재판장이 되어 나 자신과 타인을 수없이 심판한다. 성경 속의 선악과를 먹은 아담과 하와처럼, 우리가 장애인 자녀를 둔 부모인 누군가에게 "아이에게 장애만 없다면 참 좋았을

텐데요"라고 말한다면 이것은 심판이다. 반면 장애인 부모가 "그 장애가 없다면 내 아이라 할 수 없습니다"라고 대답한다면 이것이 사랑이다. 우리는 심판과 사랑, 둘 중 하나를 선택해야 하고 이것은 성경의 핵심 주제이다. 심판받지 않으려면 그전에 "당신을 향한 신의 사랑을 믿어야 한다"는 것이다. 오늘 나는 타인을 사랑하는가, 심판하는가. 중간은 없고 선택만이 있는 듯하다. 성경에서 기억나는 인상적 구절은 "부자가 천국에 가는 것은 낙타가 바늘구멍을 통과하는 그것보다 더 어렵다"는 인간관이다.

아름다운 지구별에 사는 가장 무서운 동물은?

정답은 인간이 아니고 인간의 탈을 쓴 동물일 듯하다. 16세기 스페인 신부 디에고 데 란다의 〈유까딴 견문록〉을 보면 마야인들이 포로로 잡은 스페인 백인이나 동족을 제사 의식에 사용하기 위해 가죽을 벗겨서 만든 탈을 쓰고 춤을 추며 마을 축제를 벌이는 잔인한 마야인들의 이야기가 나온다. 정말로 인간이 잔인한 것인지, 시대가 인간을 잔인하게 만드는 것인지 인간의 정체가 가끔은 혼란스럽기도 하다.

현재도 마찬가지다. 러시아와 우크라이나, 이스라엘과 하마스 전쟁에서 무고한 민간인들에 대한 야만적 폭력행위, 끔찍한 살육이 계속 자행되고 있다. 니체는 "인간은 확정되지 않은 동물"이라고 했다. 인간 본질에 관한 문제는 신의 존재 문제와 인간이 신의 형상을 지닌 피조물인지의 문제와 직결된다. 이런 문제의 실마리는 모두 기독교적 인간관의 조명 속에 해답의 실마리가 있다. 철학적 인간관에서는 이성의 빛에 의해 인간을 탐구하지만, 기독교에서는 인간 이해의 전제조건이 신앙의 빛(성서를 진리로 믿는 데서 출발)에 의해 인간을 바로 이해할 수 있다.

신앙의 빛으로 본 기독교의 인간관에서는 인간은 신의 형상으로 창조된 존재에서 신에 대한 불순종으로 인해 신의 형상을 상실한 존재로 추락하였다가 인간과 신의 관계를 다시 화목하게 한 예수 그리스도를 통해 상실한 신의 형상을 회복할 수 있는 존재로 본다. 인간은 신적 구원을 해야 하는 존재로 성서는 증언한다. 신의 형상으로 창조된 존재인 인간은 신적인 기원을 지니고 있고 신을 닮은 존재로, 초월적이며 영생하는 존재이다. 허나 동시에 피조된 존재이기에 창조주와 같은 절대적인 주권과 자율성은 지니지 못한다.

불교와 달리 기독교 인간관에서 인간은 자신의 주인이 아니며 인간의 진정한 주인은 창조주이다. 신의 형상의 구성요소는 1. 인간의 혼, 영혼 2. 지성과 의지 3. 인간 본성의 지적이고 도덕적인 순전성 4. 하급 피조물을 지배하는 도구로서의 인간의 몸 5. 땅에 대한 인간의 지배권 등이고 기독교는 사람의 제일 목적을 창조주를 영화롭게 하는 데 있다고 가르치고 있다. 인간을 신의 형상을 상실한 존재로 추락시킨 당사자인 아담과 하와가 선악과를 따 먹은 것이 인류의 원죄라는 성경의 교리는 선뜻 이해하기가 쉽지는 않다.

원죄와 삼위일체는 같은 유일신을 섬기는 유대교, 이슬람교, 기독교 중 기독교만이 가지는 특징이다. 이슬람교는 원죄를 부정한다. 신은 자비롭기 때문에 아담과 하와가 선악과를 먹은 것을 용서했다는 입장이다. 인간은 태어날 때 원죄 같은 것 없이 깨끗하게 태어나며, 죄가 있고 없고는 그 사람의 선행으로 판단한다고 주장한다. 유대교에도 불순종한 죄는 인정하지만, 그 죄가 후손 대대로 이어져 내려온다는 원죄사상은 없다. 아우구스티누스 관점에서는 아담과 하와가 성인으로서 자유의지를 가지고 악의적으로 죄를 선택했다고 이해했지만 이레네오는 아담과 하와가 미성숙한 상태에서 취약함 때문에 죄를 지었다고 보았고, 이러한 관점에서 최초의 죄가 가지는 죄질과 인류의 본질에 대해 상반된 이해로 귀결된다.

아우구스티누스의 관점에서는 삶의 고통이 아담과 하와의 죄에 대한 하나님의 징벌이라고 볼 수 있지만 이레네오적 관점에서는 하나님이 본래 의도한 대로 인류가 자신의 완성된 모습에 도달하기 위해서는 세상에 선과 악이 공존하는 환경이 필요하기 때문에 그렇게 하였다고 볼 수 있는 것이다.

우리는 사람이 아담의 범법으로 인하여가 아니라 그들 자신의 죄로 인하여 형벌을 받음을 믿는다. 스피노자는 신이 존재한다면 아담이 선악과를 먹고 낙원에서 추방당할 가능성 자체도 존재하지 않아야 타당하다고 주장한다. 아담과 하와가 선악과를 먹는 행위가 악이라면 그러한 선택 자체가 불가능했어야 한다고 했다. 아담과 하와가 선악과를 먹으면 안 된다는 말은 그들에게 선악과는 치명적으로 해롭다는 의미였다는 거다. 인류의 첫 조상 아담과 이브가 인류의 대표자로 신의 명령에 불순종하여 신과 불화상태에 놓인 죄인으로 태어나 살게 되고 신에 대한 반역이탈로 신의 형상을 상실한 인간에게 어느 정도 법의식과 도덕성이 남아 있는 것도 전적으로 신의 자비에 기인한다고 본다.

인간이 신의 형상을 회복할 수 있는 존재인 것은 예수 그리스도의 속죄 사역으로 인류를 대신하여 십자가에 돌아가심으로 인류의 죗값을 치른 그것으로 인해 기독교는 성립되어서 이제 그리스도에게 고백하는 자에게 상실된 신의 형상이 회복될 수 있는 희망을 줬다는 것이다. 예수는 인간에게 하늘에 속한 형상을 새롭게 입혀준다고 성서는 약속하고 있다.

기독교 인간관의 특징을 요약하면 아래와 같다.

> 1. 신율적 인간, 인간을 신의 주권 아래에 있는 존재로 본다.
> 2. 영·육의 통일체로서의 구체적 인간으로 본다.
> 3. 관계적인 인간, 신과의 관계 속에 있는 인간은 인류 전체가 같은 신적 기원 속에서 한 형제자매로서 존재론적인 연대성 아래에 놓여 있다는 '신 앞에서의 평등'을 함의하고 있다.

인간을 목적 없이 존재하는 유전자의 다발로 보는 견해와 신의 형상을 지닌 특별한 피조물로 보려는 견해 사이의 논란은 최근 철학자들 사이에 쟁점이 되고 있다. 기독교에서는 인간을 이 세상의 순례자, 나그네로 묘사하고 있다. 그러나 신의 형상을 지닌 인간은 신과 함께 인간의 영원한 본향에 거주할 소망이 있는 존재이다. 결국 인간의 존재론적 전향에만 인류의 마지막 희망이 달려 있음을 성서는 증거가 되고 있다. 그러면 오늘날 종교 다원주의에서 주장하는 것처럼 오직 그리스도만이 인류를 구원할 수 있다라는 것은 과연 기독교의 마지막 독선의 그림자일까? 저자의 결론은 기독교에서의 인간의 존엄성과 인권은 인간의 신적 기원을 확보할 때 가능할 것이고 인류의 빛나는 유산인 휴머니즘도 기독교적 인간관의 토양 위에서 든든한 뿌리를 내릴 수 있다는 것이다.

5) 불교의 인간관

우물을 파다 보면 처음에는 흙탕물이 나오지만 계속 파다 보면 맑은 물이 나온다. 중간에 멈추면 맑은 물을 보지 못한다. "그대들은 중단없이 전진하라. 이것이 나의 마지막 말이니라"고 말하고 석가모니 싯다르타는 눈을 감았다. 석가모니의 마지막 말이다. 〈붓다의 치명적 농담〉(농담이 아니라 진한 이야기란 뜻 같다), 이 책에서는 '돈오가 깨닫는 경험 혹 사건'을 말하지 않고 깨달음의 성격에 대한 지적 통찰 또는 이해를 담고 있다. 불교는 위대한 생활 종교이자 철학이다.

어느 절이든 시간 나면 가서 한번 절에서 자보길 권유한다. 조금은 불교에 대해서 알 것이다. 불교가 어떤 모습인지를…. 나는 30대 시절 어느 날에 천안의 어느 조그마한 절에서 1일 숙박을 하며 스님들과 생활해 본 적이 있다. 곁에서 보는 것과 가까이에서 보는 것은 항상 다르다. 거기서 처음 느낀 것은 스님들 먹고사는 문제가 힘들어 보였다.

"이봐! 해 보기는 해 봤어?" 현대건설 고 정주영 회장의 말이 떠오른다. 항상 실천과 시도가 중요하다. 머릿속의 생각도 직접 시도해보면 다르고 또한 거기서 새로운 깨달음과 실패의 소중한 경험을 얻을 수 있다. 석가도 "인간이 아무것도 시작하지 않는 것이 우리 인생을 방해하는 것 중 하나"라고 질타한다. 하지만 일반적으로 일반 대중에게 불교는 시각, 다양성, 언어, 경험, 표현 때문에 어렵다는 편견도 있는데 한편으론 사실은 일자무식한 대중도 불교를 이해할 수 있고 깨달음을 얻고 실천하면 부처가 될 수 있다는 것이다.

어느 선사에게 누군가 물었다 "스님도 도를 닦고 있습니까?" "닦고 있지!" "어떻게 닦고 있어요?" "배고프면 먹고 피곤하면 잔다" "아, 그거야 아무나 하는 거 아닙니까? 그런 거라면 아무나 도를 닦는다고 하겠네요" "그렇지 않아. 그들은 밥을 먹을 때 밥은 안 먹고 이런저런 잡생각을 하고 있고 잠을 잘 때는 잠은 안 자고 이런저런 걱정에 시달리고 있지!"

전국 사찰에 가면 비치된 경전이 대승불교의 기본인 '금강경'인데, '금강'은 다이아몬드, 번개, 벼락을 상징한다고 한다. '벼락처럼 부숴버리는 힘과 다이아몬드처럼 단단한 지혜가 번뇌를 쳐부순다'는 의미일 것이다.

한국의 제일 큰 종단 절이 선종인 조계종 조계사이고 조계종은 금강경을 가장 중요시하고 있다. 그것은 바로 선불교의 아버지 격인 六祖혜능 대사가 금강경의 한 구절 "무주상보시"(無住相報施: 내가 내 것을 누구에게 주었다는 생각조차도 버리는 것) "응무소주 이생기심"(應務所住 而生基心: 무엇에든지 머무름과 집착함이 없이 그 마음을 활용하라; 온전한 생각으로 취사(取捨)하라)에서 큰 깨달음을 얻은 바가 있기 때문이다. '조계'는 혜능이 수행했던 조계산에서 따온 것이다. 조계종과 육조혜능 대사는 아주 깊은 연관이 있다고 봐야 한다.

서양에서는 인간관에 관한 논의가 주로 창조주와 피조물 사이의 종속 관계, 인간과 자연 사물 간의 우열관계, 인식주체와 인식객관 간의 이분법적인 구도로 전개되는 반면, 불교에서는 인간의 의식과 무관한 일체의 대상 세계를 인정하지 않는다. 인간의 마음 바깥에 그 자체로 실재하는 세계란 존재하지 않는다. 모든 대상적인 것은 마음의 산물에 지나지 않는다고 본다. 이처럼 모든 것은 마음의 산물이며 모든 것은 마음이 만들어 낸다는 '일체유심조(一切唯心造)'야말로 불교의 기본 입장이다.

불교는 우주가 존재하게 된 데는 어떤 원인이 있다고 보는데 이를 '연기(緣起)'로 설명한다. 연기와 관련하여 '죽기 전에 죽으라'는 말의 뜻을 음미해본다. 이것은 무언가를 할 수 있는 독립적 인간은 없고, 내가 내 맘대로 일어나고, 자고, 듣고, 보고, 내 마음대로 통제할 수 있는 것은 하나도 없다, 따라서 죽기 전에 '나는 행위자다', '내가 한다'라는 생각을 포기하란 뜻이다. 무언가를 할 수 있는 개인은 없다는 것을 받아들이고 행위자인 '나의 죽음'을 받아들이고 '"나'는 없습니다. 행위자인 나를 포기하세요", 이것이 '죽기 전에 죽으라'라는 말의 의미이고 나뿐만이 아니라 이 세상이 그대로 '연기'임을 받아들여야 한다는 것이다.

- 선불교 논쟁

1) 頓悟頓修(돈오돈수: 단박에 깨쳐서 더 수행할 것이 없다는 주장으로 대표적인 스님으로 혜능, 성철 스님이 있다.)

2) 頓悟漸修(돈오점수: 고려 보조국사 지눌 이래 한국불교 수행법으로서 돈오점수는 단박에 깨친다는 점에서 돈오돈수와 같지만 깨치고 나서도 수행을 해야 깨침의 경지를 유지할 수 있다는 것이다. 이에 대해 돈오돈수는 깨치고 나서도 더 수행할 것이 있다면 그것은 진정으로 깨치지 못한 것이라고 반박한다.)

선(禪)의 실질적 창시자 六祖 혜능(1대: 선의 전파자 달마대사(?~528)인도 왕자 출신 석가모니 28대 제자, 소림사 9년간 면벽 수행)이 칩거를 마치고 어느 절에 갔는데 두 스님이 '바람에 흔들리는 깃발'을 두고 싸우고 있었다. 한 스님은 "깃발이 흔들린다" 하고 다른 스님은 "바람이 흔들린다"고 맞서는데 육조 스님이 이렇게 정리했다. "바람이 흔들리는 것도 아니고 깃발이 흔들리는 것도 아니다. 다만 너희들 마음이 흔들린 것일 뿐이다" 주지가 그것을 보고는 바로 혜능임을 알아보고 상좌로 모신다. 세상이 불완전한 것은 우리들 마음이 흔들린 탓이다. 마음이 흔들리지 않으면 세상은 아무런 문제가 없이 평온해진다. 그러면 이 혼탁하여 불행한 세상을 그냥 두잔 말인가? 대답은 쉽지가 않다. 이것은 불교를 향한 근본질문이기도 하다.

너무나도 유명한 화두인 "내 마음은 거울이니 시시로 부지런히 거기 낀 먼지를 닦아 나가겠다"는 노승 신수의 말에 남방 오랑캐 출신이고 일자무식이며 20살인 육조 혜능은 "몸은 보리수도 아니고 마음 또한 거울이 아니다. 그리고 그곳은 먼지나 때가 끼는 곳이 아니다. 우리 마음은 이미 완전하기 때문에 더 닦을 것도 찾을 그것도 없고 그것이 돈오(頓悟)이다. 그래서 돈오란 깨달음이 이미 와 있다는 것이다. 그래서 선(禪)은 즉심즉불(卽心卽佛), 네가 곧 부처이니 어디 딴 데서 찾을 생각 하지 말라"고 다그친다. 그러면 "인간들은 이미 깨달았는데 왜 다시 수행이 필요한가?"라고 질문한다.

깨달음에 대한 지적 통찰은 그것을 구체적 삶의 현장에서 살아나가는 일에서 비로소 완성되기 때문이다. 그 노력을 우리는 점수(漸修)라고 한다. '돈오'는 그런 점에서 완전하지 않고 이제 시작이라고 볼 수도 있다. 돈오와 점수는 새의 양 날개와 같고 수레의 두 바퀴와 같다. 원효의 〈화엄경소〉에 보면 법계는 이미 완전한 세계이고 돈오를 가리킨다면 행적은 중생들의 노력이고 점수를 보여준다고 할 수 있다. 세계가 이미 완전하기 때문에 그가 어떤 역할을 맡고 있느냐는 중요하지 않다. 신분, 직업, 인종, 빈부와 귀천에 상관없이 그들은 이 완전한 우주를 화엄(雜花經:허접한 꽃들의 축제), 즉 꽃으로 장식하는 주인공들이다. 우리 중 누구 하나가 빠져도 이 세계는 완성되지 않는다. 그 큰 믿음과 자부를 가지고 이 짧은 한 생 책임지고 의미 있는 일을 하고 살자. 그것이 불교 붓다의 위대한 가르침이다.

頓漸二教(돈교와 점교)의 수행법이 있다고 한다. 점교는 순서를 거쳐 점차 오랜 수행으로 깨달음을 얻는 것이다.

돈오점수와 정혜쌍수는 선정(망상을 버리고 생각을 중지하는 것: 온 세상은 번뇌로 가득하고 번뇌로 인해 인간은 고통을 받고 있다. 이런 반복되는 윤회에서 벗어나 깨달음을 득하여 해탈하는 것, 즉 부처가 된다)과 지혜(미혹을 없애는 것)를 병행해서 수행해야 한다는 것이 수심결 강의에 나타난 지눌의 생각이었다.

일체유심조를 명심하며 매사 일희일비하지 말고 평안한 마음으로 슬기로운 생활을 하는 것이 현재를 살아가는 인간들에게 가능한 선불교 실천방법이 아닐까?

돈교(頓敎: 순서를 거치지 않고 일시에 깨달음에 도달하는 가르침을 의미)는 선의 표현인데 그것이 혜능 이래의 오랜 전통이다. 육조(六祖) 혜능의 5대 제자인 남악은 제자 마조에게 다음과 같이 말한다.

"자네 지금 무얼 하는가?", "보다시피 좌선 중입니다", "좌선을 해서 무엇 하려고?", "부처가 되려고요"라고 마조가 대답한다. 다음 날 남악은 마조의 선방 앞에서 기와를 숫돌에 갈기 시작한다. "왜 기와를 가세요?" 마조가 묻는다. 남악이 대답한다. "거울을 만들려고 그런다" 마조가 그것은 불가능하다고 말한다. 이에 바로 남악이 "그렇지! 기와를 갈아 거울이 안 되면 퍼질러 앉은 좌선으로 어떻게 부처가 돼?"라고 쏘아붙인다.

원효가 해골에서 마신 한 모금의 물이 돈오이고 굳이 바닷물이 짠 것을 확인하기 위해 바닷물을 다 마실 필요는 없다고나 할까? 수레가 안 가면

소를 쳐야 하는가? 바퀴를 쳐야 하는가?

마조는 할 말이 없었다. "너의 따지고 가리는 마음, 취하고 버리는 태도 때문에 부처가 질식하고 있다" 이 말에 마조의 눈이 문득 열리고 자신이 부처와 다르지 않음을 알고 "소 위에 타고 앉아 소를 찾고 있었네"라며 자신의 어리석음을 탓한다. 돈교의 깨달음이란 결국 '깨달을 것이 없다'라는 것이 아닐까? 조주는 어느 날 학인이 "스님, 깨달음이 무엇입니까?" 묻자 "차나 한잔 드시게"라고 했다.

단하(738~824)는 어느 날 춥다고 법당의 나무부처를 도끼로 패서 대웅전 앞마당에서 캠프파이어를 했다. 놀란 주지가 발을 구르자 "우리 부처님 사리가 얼마나 나오는지 궁금해서"라고 태연하게 대답한다. "나무부처에 무슨 사리가 나오냐"고 주지가 말하자 "사리가 없으면 부처님이 아니지요!"라고 말한다. 쏘아붙임, 초월적 깨달음도 헛소리다. 여기 있는 것이 전부이고 실제를 아무런 두려움이나 공포 없이, 욕망의 흔적과 조바심 없이 담담할 때 그곳이 곧 구원이고 법계인 것이다.

진리란 피곤하면 눕고, 졸리면 자고, 특별한 것은 아닌 듯하다. 오늘 지은 업이 마음의 창고에 아무런 찌꺼기나 흔적을 남기지 않고 또 내일 다가올 일을 걱정하지도 않는 사람, 그것이 다름 아닌 부처인 듯한데 다만 그렇게 살기가 쉽지가 않고 매우 어렵다.

절대계의 차원에서 보면 일단 참나를 깨달으면(돈오) '참나' 자리에는 더 닦을 것이 없다는 말이 맞다.(돈수) 하지만 현상계(현실)의 차원에서 보면 돈오를 했다고 해서 바로 부처가 된다는 것은 아니다. 돈오는 이제 불성에서 싹이 난 것일 뿐, 아직 온전한 나무가 아니다. 사람으로 치면 이제 갓 태어난 핏덩이지, 사람 구실을 다하지는 못하는 상태이다. 그래서 점수가 필요하다.

"깨달아 알면 부처다"라는 말은 이런 속사정을 모두 함축한 말이지, 문자 그대로 깨달아 알자마자 부처라고 봐서는 곤란하다는 것이다. 깨달음에도 여러 단계가 있는데 마지막 깨달음 단계가 궁극의 깨달음, 견성 성불이다. 초기 불교에서는 찰나, 열반을 처음 깨달아도 깨달아 냈다고 보았다. 그러나 현상계 내에서는 부처의 지혜, 자비, 신통, 변화를 갖추는 일은 견성했다고 되는 게 아니다. 돈오를 이룬 뒤에도 우리의 무의식, 생각, 감정, 오감을 모두 정화해야 하는데 이것은 단박에 되는 공부가 아니다. 점진적으로 이루는 공부다. 그래서 점수라고 한다.

깨달음: 중단없이 전진하라(시도하라)

화엄경, 대승기신론 등에 이런 공부의 각 단계가 소상히 밝혀져 있다고 한다. 그 길을 따라서 참선, 경전 공부든 길을 가면 된다. 어려울 것은 없다. 우리는 '몰라'라고 하는 순간, 곧장 참나를 깨닫게 된다. 보조 스님도 '다만 모른다는 것'만 똑똑히 알면 되니 이것이 바로 깨달음이다. 소크라테스의 '무지의 지'가 기억난다. "내가 정말로 아는 것은 내가 모른다는 것을 안다는 것이다" 오감, 감정, 생각은 우리의 본체가 아니고 그것들은 '쓰이는 것'들일 뿐이고 쓰는 자, 즉 사용자가 아니다. 사용자가 바로 참나이다. 현대에는 주인이 주인 노릇을 못 하는 경우가 너무도 많다. 우리는 현실의 삶 속에서 사회생활을 하며 주인의식의 부재에서는 일이 안 되는 경우가 너무나 많음을 본다.

– 석가모니 자기 수행 어록

1. 인간이 피해야 할 두 가지 극단이 있다. 향락에 몰두하는 것과 고행에만 몰두하는 것이다

2. 가장 위대한 기도란 인내하는 것이다

3. 우리 인생을 방해하는 두 가지가 있다

4. 마음이 선한 사람에겐 세상도 맑게 보인다

5. 우리는 생각하는 대로 존재한다. 모든 것은 생각과 함께 시작된다

6. 생각에 따라 세계가 만들어진다

7. 과거란 이미 버려진 것이다. 미래란 아직 오지 않았다. 그러므로 현재를 관찰하라

8. 흔들리지 말고 동하지 말고 다만 오늘 할 일을 열심히 하라

9. 쇳녹은 쇠에서 생기지만 그 쇠를 먹어버린다. 옳지 못한 마음도 인간에게서 생기지만 결국 그 인간을 잠식하게 된다

10. 실패한 사람이 다시 일어나지 못하는 이유는 교만함이다. 성공한 사람이 유지 못 하는 이유도 교만함이다

1. 죽일까? 살려줄까? 집 마당에 들어온 뱀

2. 치울까? 그냥 지나칠까? 로드킬 동물을 보며

3. 넣을까? 말까? 다른 종교인이 불교 사찰 시주함 앞에서

4. 비난할까? 말까? 스님이 고기를 먹는 것을

5. 틀까? 말까? 목탁 소리와 이웃 주민의 소음 전쟁

6) 유교의 인간관

나에게 예의염치(禮義廉恥), 관혼상제(冠婚喪祭)는 유교 하면 떠오르는 단어이다. 그리고 불교는 삶을 이해하려고 하는 그것으로, 유교는 삶을 살아가려 하는 것으로 느껴진다.

불교가 생노병사(生老病死)의 과정으로 인간 삶을 바라보며 괴로움과 번뇌의 극복을 위한 '깨달음과 해탈'에 집중했다면 유교는 관혼상제(冠婚喪祭)의 과정으로 인간 삶을 바라보며 예의염치(禮義廉恥)를 가진 인간으로서의 성장과 그 과정에서 관혼상제의 축제의식(Festival, Carnival)을 강조하며 삶을 보다 현실적으로 아름답고 재미있게 만들었다는 생각이 문득 들었다. 유교는 현실적인 삶 속에서 실제적인 가치이고 인간의 현재 삶 속에서 실현되고 있는 살아 있는 정신이란 생각이 든다.

나는 최근 모임에서 대만을 다녀왔다. 거기서 내가 알고 있었던 유교의 다른 모습 두 가지를 보았다. 그들이 한 첫마디 말은 공자의 "유붕이 자원

방래면 불역락호아!(有朋 自遠方來 不亦樂乎)"였고 이 말의 실제 모습이 한국에서 생각했던 의미와 너무나 다르게 다가왔다. 사실 살다 보면 벗은 부모 형제만큼 중요한 존재이며, 친구는 취향과 뜻이 비슷하고 잘 통하며 함께 어울려 놀 수 있는 사람이기에 멀리서 벗이 찾아온다는 것은 특히 즐거운 일이다. "친구가 멀리서 방문하면 기쁘지 않은가?"라는 공자의 구절을, 나는 중학교 때 처음 접하였는데 구체적으로 친구가 나를 멀리서 오랜만에 방문할 때 어떻게 대접하고 행동할지에 대한 방법은 생각해 본 적이 전혀 없었고 친구가 온 경험도 없었다.

이번 대만 방문에서 그들은 정말 우리가 멀리서 온 친구처럼 본인들이 기쁘고 즐거워하며 현실적으로 행동하고 있었다. 다른 유교의 구절도 우리는 피상적으로만 알고 있는 것들이 많지 않을까 하는 생각이 든다. 예를 들어 '친구'란 말도 이분들이 생각하는 개념과 우리가 생각하는 개념은 다르다고 한다. 한 번 친구는 영원한 의리 관계에 있다고나 할까? 서로 죽을 때까지 도움을 주고받는다고 한다.

다른 하나는 죽은 후 조상의 숭배 모습이 한국과 다른 점이 많았다. 무덤에 실제 작은 집을 지어놓고 조상을 살아 있을 때처럼 비슷하게 모신다는 것이었다. 그것이 좋다 나쁘다는 개념이 아니라 유교적 가치의 정신이 중국에서 발현하여 한반도에 전래하면서 약간 다른 모습으로 구현됐을 수도 있다는 생각이 들었다. 내가 생각했던 한국적 유교와는 다른 모습이었다. "밥 한번 먹자, 시간 내서 얼굴 보고 밥 한번 먹자"라는 유행가 가사가 있다. 밥 한번 먹기가 힘든 세상이다. 요즘 우리는 멀리서 친구가 오는 경우도 거의 없고 대접도 소홀하다. 바쁘다는 핑계로 스스로 바쁜 척하며 사는 것은 아닌지! 수고와 노력을 안 하는 경우가 대부분이란 생각이 들었다. 벗이 멀리서 방문할 경우 공항부터 갈 때 올 때 배웅하고 3박 동안 매일 한 끼씩 대접하고 중간에는 시간을 함께하며 환영해 주고 심심하지 않게 배려하며 불편한 거나 필요한 것이 있으면 말해 달라며 열과 성을 다해서 함께하는 모습에서 정말 유교의 실제적인 참모습을 경험한 느낌이며 그들의 행동에서 겉치레와 빈말은 없었다. 실제적이었다. 글자 그대로 감동을 전달받았다.

즐거움은 자기가 알고 느끼고 누리지 않으면 없는 것이다. 우리의 부모 세대들은 대부분 유교적 문화의 배경에서 자란 세대들로서 말이 적고 재미가 없으며 평생 출세와 성공을 지향하다가 죽을 때가 되어서야 살아온 삶의 방식을 후회하는 경우가 적지 않다고 한다. 유교는 형식적인 면에서 허례허식 등 비난을 받기도 하지만 현재 이 사회의 많은 문제점을 바로잡을 수 있는 정신적 가치를 제공해 준다. 유교는 "가난해도 아부하지 않고 넉넉해도 교만하지 않은 것도 훌륭하지만 가난해도 즐거움을 알고 부유해도 예를 좋아하는 것만 못하다"고 강조한다. 우리는 늘 근심을 가지고 있는 경우가 많고 범사에 감사하기를 잊고 살아간다. 이 혼탁한 시대, 세상에 대해 진지하게 고민하는 벗을 만난다면 이 또한 즐겁지 않을까?

주지하다시피 공자는 배움의 경지를 3단계로 구분했다. "아는 사람은 그것을 좋아하는 사람만 못하고, 좋아하는 사람은 그것을 즐기는 사람만 못하다(知之者 不如好之者, 好之者 不如 樂之者)" 즐기는 사람은 흥미와 열정을 가지고 몰두하므로 당연히 무한 에너지를 발산할 것이기에 즐기는 사람을 지향하며 살아가야 하지 않겠는가? 우리의 삶 속에 유교가 도입된 것은 고려 말 조선 초지만 유교사상은 현재까지도 한국 사회의 근본적인 부분으로 존재하며 도덕 체계, 생활방식, 노인과 젊은이 사이의 사회적 관계 등 많은 법률체계의 기초이기도 하고 자주 허례허식적이라는 비난도 듣지만, 유교는 우리 삶의 기초에 깔려 있다.

우리 사회에서 당신의 종교를 물었을 때 '나의 종교는 유교'라고 밝히는 사람은 거의 없다. 그러나 여전히 한국문화와 일상생활 속에서 많은 유교 사상과 관습이 존재하고 있다. 유교는 개인적으로 예의염치의 가치를 갖춘 인간 육성을 강조하며 일상생활에서는 관혼상제의 형식을 매우 중요시하며 인간관계 형성을 돈독히 하는 수단 및 의식으로 중요시한다고 볼 수 있다. 이는 오늘날에도 한국문화의 중요한 부분이다. 유교 영향의 강력한 증거는 가정생활에서 찾을 수 있다. 가족과 집단 중심의 생활방식을 강조하는 그것뿐만 아니라 유교 의식인 조상 제사 의식에서도 볼 수 있다. 대부분 명절에 제사를 통하여 돌아가신 조상, 부모에 대한 존경심과 효도를 이어간다. 그러나 최근 기존 결혼관의 붕괴, 남녀 차별 철폐와 여성의 권리 신장, 이혼율의 증가 등으로 기존 유교 윤리가 급속히 붕괴하여 가고 있는 것도 사실이다.

유교에서는 도덕 윤리 문제는 일단 인간세계 안에서의 인간관계를 중심으로 다루어야 한다는 점이 전제조건이다. 자아와 인격이 바로 도덕의 실체이고 자아는 나를 반성하게 하고 나에게 어떤 의지의 힘을 주어서 목적을 향하게 하며 심지어 나를 죽음이라는 극단까지 몰아넣기도 하는 진정한 주체로서 모든 행위를 근본적으로 제어하는 정신이다. 생명을 스스로 던질 수 있다는 것은 바로 자기 생명 이상의 것이 자아 속에 있다는 말이 된다. 어려서 효와 충을 배우고 익히며 수행하는 데서 나오는 것이 인격의 도야이다. 유교에서는 인격은 남녀문제에서 시작된다고 보았다.

— 가정과 인간관계

1. 남녀문제가 인륜 관계의 시작이다. 차별 자체는 어디까지나 차별로 있어야 한다고 보는 것이 동양의 남녀관이다. 남녀칠세부동석(男女七世不同席)도 사나이는 사나이답게, 여자는 여자답게 기르려는 배려에서 나온 말로 이해해야 한다. 차별과 차등은 다른 것이다.

2. 부부와 가정의 도리는 천지의 이치에서 나왔다. 부부를 인격과 인격의 가장 긴밀한 만남으로 보고 인격의 인간관계상 표현이 이로부터 시작한다고 본 것이다. 가정이란 인격의 최초 모임의 단위요, 도의가 비로소 교화되는 장소로 본 것이 동양 가족주의의 기틀이다.

3. 가정은 인간관계의 기본이다. 유교의 오륜(五倫) 중 부부 관계(분별), 부모 자녀 관계(친애), 형제자매 관계(우애)가 이에 해당한다.

4. 피는 물보다 진하다. 가정에서 종적 질서가 중심이 되어 차츰 횡적 관계도 정의적(情誼的: 서로 사귀어 친해짐)으로 질서가 채워진다. 가정윤리는 사회윤리의 기본이 된다. 조화만사성(家和萬事成)이고 수신제가치국평천하(修身齊家 治國平天下)인 것이다.

– 사회와 인간관계

1. 사회의 인간관계는 윤리가 아니라 도의다.

   개인의 인격은 가정이라는 정화조를 거쳐 사회로 나아가야 한다. 가정윤리가 정의(情誼) 중심의 질서라면 사회윤리는 그 정의(情誼) 중심의 확장과 함께 의리라는 덕목이 인간을 조정해야 한다. 정의보다는 규제적이고 요구적인 성격을 띤다.

2. 나를 미루어 타인을 본다

   가정질서가 곧 사회질서의 원형이 되어야 한다는 것이다. 사회도의는 붕우(朋友)관계에서 출발한다. 붕우관계는 신의(信義)에서 출발한다. 신의란 사회를 응결시키는 인화력이고 힘을 산출시키는 원동력이다. 힘을 공평히 쓰는 기준이 의(義)이고 정당성이다. 정당성의 기준은 형평이고 이는 사람이 모든 이해관계를 떠나 대아(大我)로 있게 되면 정확하게 판단할 수 있다.

3. 중화(中和)와 혈구지도(絜矩之道)는 "개체와 전체가 공존, 공영하는 것"이 중화이고 혈구지도는 "자를 재듯이 내 처지를 생각해서 남의 처지를 헤아린다"는 의미로, 항상 남의 입장에서 자기 행동을 조절한다면 인간관계는 자연히 원만하게 될 것이다.

4. 개인과 사회를 이어주는 네 개의 줄은 예의와 염치이다. 예(禮)는 질서의 기본 설정이고 의(義)는 약속된 원칙이다. 염(廉)은 일반적으로 청렴결백이다. 치(恥)는 부끄러움을 안다는 것은 양심이 살아 있기 때문이요, 부끄러워할 줄 안다는 것은 의(義)가 무엇인지 알기

때문이다. 염(廉)은 고초(高招)한 인격의 경지요, 치(恥)는 무구(無垢)한 양심의 유로(流露)이다. 인격을 거대한 건물에 비유한다면 양심은 내부의 충실이다. 그 속에 좋은 기물을 담아야 명실상부한 건물이 되는 것이다. 가정 도덕은 정주리종(靜主理從)이고 사회도덕은 이주정종(理主情從)이어야 한다. 이 두 가지가 충돌 시 선후를 가려야 할 경우의 선택 기준이다.

7) 동서양의 인간관 비교

내일 지구의 종말이 올지라도 나는 묵묵히 오늘 할 일을 하며 살아가야 하는 것이 인간인 나의 숙명이 아닐까? 희랍, 기독교, 불교, 유교의 관점에서 바라본 인간관 중 가장 덜 배타적이고 비상식적이지 않은 인간관으로 나의 마음에 다가온 인간관은 불교와 유교의 인간관이다. 그중에서도 굳이 하나를 선택하라면 어릴 때부터 친숙했던 유교를 선택할 것이다. 내가 이 세상에 태어나서 처음으로 경험한 전통의 제사 의식이 유교이고 전통장례식, 전통혼례식 등이 유교적 의식이었다.

일본의 장인들을 보면 3대 혹은 10대 이상에 걸쳐 한 가지 일에 매진하며 음식점을 운영하거나 도자기를 구우며 삶을 살아간다. 이들에게 종교관은 무의미한 것 같다. 살아가는 데 정신적으로 크게 곤란한 점과 고민이 없다. 물려받은 가업을 천직으로 여기며 열심히 일하고 소명의식을 가지고 자연에 순응하며 묵묵히 일가를 이루며 살아가기 때문이다. 그들에게는 성실한 삶이 종교이고 인간관인 듯하다.

하지만 전 세계 아니 우리나라의 현실만 보더라도 종교관이 서로 관점이 다르다는 이유로 개인들과 국가 간에 상대방에게 서로 배타적이고 상대를 비난하고 심지어 전쟁한다. 외모는 분명 인간인데 벼룩 잡으려고 초가삼 간 태우는 짓을 하는 자들을 자주 본다. 어처구니가 없는 경우다. 종교가 무의미하다고 느끼는 경우다. 하지만 주지하다시피 선한 종교의 모습도 우리의 주변에서 자주 본다.

이 지구에 인간으로 태어난 이상 우리는 주어진 삶의 시간 속에서 자기 일과 공동체의 일에 관심을 가지며 하루하루를 열심히 살아가야만 한다고 생각된다. 그렇게 해야 한다는 의무는 없지만 그렇게 하지 않으면 시간이 흐른 뒤 후회감이 밀려올 듯하다. 인생은 마라톤 경기가 아닌 축구 경기 같다는 생각이 든다. 마라톤은 홀로 뛰는 경기이다. 주변을 의식하지 않 고도 나만 생각하고 혼자 달려도 된다. 축구는 90분의 정해진 시간에 다 른 인간들과 협조하여 팀워크를 만들어 결과를 만들어 낸다. 경기 중에는 수많은 예상하지 못한 일들이 재미나게 벌어지기도 하고 기쁨과 슬픔, 분 노, 아쉬움, 환호가 교차하며 가끔은 기적 같은 일이 벌어지기도 한다. 초 반의 결과도 중요하지만 때로는 연장 후반 1초를 남기고 결과가 뒤바뀌기 도 한다. 인생의 축소판과 비슷하여 전 세계인이 가장 열광하는 스포츠가 되지 않았을까? 인간에 대한 관점은 종교와 철학에 따라 수만 가지일 수 있다. 우리는 어떤 인생관을 선택할 것인가 많은 고민을 하지만 결정적 순 간에는 선택해서 정해야 하지 않을까? 인간은 혼자 살 수 없기에 타인을 의식하고 협동하며 정해진 질서와 규칙을 준수해야 한다. 그것이 싫으면 자연 속에서 나 홀로 살거나 나를 믿는 아신교를 만들어서 살아도 된다. 요즘 TV 인기 프로그램이 〈나는 자연인이다〉라고 한다.

하지만 내가 태어나서 성장하며 이 세상 누군가에게 보이지 않는 도움을 받은 것은 분명하다. 지금까지 살아왔기에 당연히 이 세상에 빚을 진 것이고, 빚은 갚아야 한다는 관점에서 누군가를 위해 받은 만큼의 봉사를 해야 하는 것이 올바른 인생관이란 생각이 들었다. 인간의 본질과 사명을 무엇으로 이해하는가는 인간을 어떤 존재로 이해하는가에 달려 있다. 그러나 현대 진화론에 따르면 인간은 동물과 다르지 않다. 철학이 인간을 문제로 삼을 때는 이런 동물로부터 인간을 구분 짓는 창조적 자각 능력, 반성 능력에 초점을 맞춘다. 인간 안에 있는 초월적 정신, 그 자유의 정신을 철학적 사유의 기점으로 삼는다.

초월이란 인간이 발 딛고 사는 현상세계로부터 어딘가로 나아가는 것이다. 즉 인간과 우주의 근원이다. 희랍에서는 인간의 본질은 이데아를 인식하는 이성이고, 인간과 우주의 궁극적 근원을 '신'으로 간주하는 기독교에서는 신이 곧 신앙의 대상이기에 인간 본질은 바로 그 신에 대한 신앙이 된다. 반면 불교는 인간 본질은 곧 자기 자신의 근원으로서의 일심을 스스로 자각하여 무명과 그로 인한 집착을 벗는 일심의 회복, 즉 '해탈'이다. 인간과 우주의 궁극적 근원을 우주의 '천리'로 파악하는 유가에서는 '리'가 곧 우주 자연과 인간 심성의 도덕적 원리이기에 인간의 본질이란 바로 그러한 도덕을 수행 실천하는 도덕성으로 간주한다.

인간은 태어나 결국은 죽는다. 사후세계에 대한 물음 역시 형이상학적이다. 과학은 인간존재 자체가 물질에 기반했기 때문에 물질의 신체적 생명력이 다하면 다시 물질로 돌아간다고 본다. 자신의 근원으로 되돌아간다는 것이다. 희랍은 물질에서 독립된 이데아로 보았고 기독교는 심판과 부활을 기다린다. 불교는 인과 업보로 윤회하지만, 육도를 윤회하지 않는 불생불멸의 본래의 마음 해탈로 되돌아간다. 유교는 인간 생사는 기가 뭉쳤다 흩어져 사라지는 일시적 현상이라 본다.

관점은 상이하지만 인간의 죽음은 결국 인간을 인간 우주의 근원으로 복귀시키는 사건으로 이해하는 것은 공통적이다. 영혼이 불멸하여 이데아계에 이르든, 죽었다 다시 신에 의해 부활하든, 죽음 이후의 삶이 그 근원과 완전히 일치되지 않는 한 그 삶 역시 죽음 이전의 우리의 삶과 비슷할 것이다. 마지막으로는 오직 근원만 남고 인간의 죽음은 개체로서의 영원한 끝을 뜻한다는 유교 도가적 생각이 오히려 타당할 수도 있다. 우리에겐 근원이 주체적으로 자각되는 순간에 대한 마지막 희망이 남아 있다. 그때 우리 인생의 길은 해탈을 향한 길이 될 것이고 자기 각성을 위한 수행의 길이 될 것이다.

그래서 우리 인간은 사색의 시간이 필요하며 생각한 깊이와 넓이만큼 인생을 깊이 있게 더 넓게 살아갈 것이란 생각이 문득 든다.

2. 나는 누구인가?

1) 칸트의 인간관

우리나라에서 공교육을 받은 사람치고 '칸트' 이름을 모르는 사람은 없다고 한다. 18세기 독일의 철학자가 21세기 한국에서는 너무도 유명한 사실에 독일 사람도 놀란다고 한다. 참고로 박찬구 교수님이 독일 유학 중세 들어 살던 집주인도 칸트가 누군지 몰랐다고 한다. 작년 겨울, 박찬구 교수님의 명저 〈원전으로 이해하는 칸트 윤리학〉(세창출판사)이 출간됐다. 은퇴 후 출간하는 마지막 책이고 교수님께서 서울대 〈인간학 특강〉 마지막 강의 시간에 석·박사 수강생에게 20권을 친필 사인해서 각각 주었다. 이 기회에 나도 선한 일 한 가지 해야겠다고 다짐하고 책 100권을 구매해서 학부생 전원에게 배부하였다.

300년 전에 태어난 칸트(1724~1804)는 윤리학을 연구하며 '상황에 따라 차이가 나는 도덕이 아닌 모두가 인정하는 보편적이고 객관적인 도덕'을 추구하였다. 이것을 '칸트의 도덕법칙'이라 부르는데, 수단으로서의 명령이 아닌 명령 그 자체가 목적인 무조건적 명령, 즉 '정언명령'이라고 한다. 칸트에 의하면 인간이면 누구나 어떤 조건에서도 따라야만 하는 정언

명령에는 두 가지가 있다고 한다.

첫째, "네 의지의 준칙이 언제나 동시에 보편적 입법의 원리가 될 수 있도록 행위를 하여라"라는 칸트의 말은 타인이 그와 같은 행동을 해도 괜찮다고 생각되는 행동을 해야 한다는 뜻이다. 이는 공동체 사회생활을 하며 지켜야 할 사회적 관점에서의 윤리를 강조한 것일 수도 있다. 또한 "네 이웃을 사랑하라"는 기독교적 윤리와 우리의 전통적인 삶 속에서 우리에게 익숙한 유교적 정신인 이웃을 사촌처럼 친하게 지내며 사회 공동체 생활에서 협동 정신을 강조한 우리의 전통사상과도 일맥상통한다고 여겨진다.

둘째, "너 자신과 다른 모든 사람의 인격을 언제나 동시에 목적으로 대하도록 행위를 하여라"라는 말은 당시의 재연론적 인간관을 부정하고 모든 인간의 평등한 존엄성을 강조하면서 인간에게는 도덕법칙이 있다는 것이고 인간은 절대적인 가치를 지닌 인격체로서 다른 목적을 위한 수단이 아니라 그 자체로서 목적이며 그에 합당한 존엄한 대우를 받아야 한다는 것이다. 이는 '인간존중의 사상'이며 동학의 '인내천(人乃天)사상'과도 통한다고 보인다. 현재 우리가 처한 현실에 적용해 보면 너무도 당연한 이론이었지만 당시에는 너무나 앞선 이상적인 이론이었을 것이다. 그래서 칸트의 견해를 당시에는 코페르니쿠스적 전환의 발상이라고도 불렀다. 칸트가 오늘의 우리가 처한 현실을 예상하고 예언한 말이 아닌가란 생각이 들었다.

오늘날 자본주의 고용시장에서 인간을 정규직, 비정규직(1998년 IMF 이후 사회가 급변하며 국가 부도 위기상황에서 도입된 것으로서 현재까지도 당연한 것으로 여겨지지만 이는 비도덕적이고 불의(不義)한 것으로 하루빨리 제거돼야 한다고 주장한다)으로 구분하며, 자본주의 경제체제의 고용시장에서 인간이 인간을 수단과 부품으로 대하는 사고방식과 여기서 발생하는 비도덕적이고 부정의(不正義)한 현실 문제들의 해결을 위해서, 또한 더 나은 인간 삶을 위한 정신적 토대로서 칸트의 도덕 명령이 절실해 보인다. 오늘날 현대문명의 사회와 우리 사회는 솔직히 이성적 존재로서의 자유의지를 가진 인간이 도덕적으로 살기에는 무척 어려워 보인다. 위에서 언급한 비정규직, 정규직 등의 제도가 사회생활을 처음으로 시작하는 청년들의 경제적 삶을 힘들게 하는 하나의 원인일 수도 있고, 이는 위에서 언급한 기본적 삶 자체를 어려워 보이는 것이 아닌 불가능하게 한다는 것이다. 특히 요즘 현재 우리가 처한 사회는 더욱 그러하다. 가정이지만 다시 20대로 돌아간다면 나는 이런 문제를 해결하는 일에 도전해서 활동해 보고 싶다. 왜냐하면 그것은 해결하기 쉽지 않은 문제지만 도전만으로도 해볼 만한 가치가 있는 일이라 여겨지고, 그 일을 하는 순간들은 보람찰 것이라 생각한다.

칸트는 마지막에 인간이 필연적으로 신의 현존을 요청하는 인간의 운명을 언급한다. 신의 존재 요청은 이론적 관점에서 하나의 가설이지만 최고선 실현이라는 의무의식과 결합한 실천적 관점에서는 신앙, 즉 '순수한 이성 신앙'이라고 부를 수 있다. 칸트는 도덕법칙은 자기 자신의 자유의지가 세운 법칙이지만 이것을 우리는 최고 존재자의 명령으로 보아야 한다고 주장하였다.

칸트는 자신의 저서 논리학 강의 서론에서 제기한 세 가지 물음(1. 나는 무엇을 알 수 있는가? 2. 나는 무엇을 행해야만 하는가? 3. 나는 무엇을 희망해도 좋은가?)을 '인간이란 무엇인가?'라는 물음으로 종합 통일하여 형이상학의 역사상 최초로 인간의 본질에 관한 물음을 철학의 근본 물음으로 정립한 철학자로 추앙받고 있다. 그러나 칸트의 말년 제자들이 정리하여 출판한 〈실용적 관점에서 본 인간학〉(1798)이 인간의 본질을 철학적으로 해명하지 않고 경험적 인간학에 머무른 결과, 자신이 제기한 인간학적 물음을 성공적으로 전개하지 못한 철학자로 평가받기도 한다. 칸트는 인간의 본질에 관한 물음을 철학의 근본 물음으로 정립하였음에도 스스로는 인간의 본질에 관한 물음을 제대로 전개하지 않은 철학자로 비판하는 학자들도 있다고 한다. 그러나 이런 비판은 수정이 필요하다고 생각한다. 이 책은 칸트가 직접 출판한 것이 아니기 때문이다.

칸트가 바라본 인간은 이성적 존재자이다. 인간은 단순한 자연적 존재자가 아니라 순수 이성적 능력을 통해 자신의 형이상학적 욕구를 단지 자기 내에서 실현하는 것이 아니라 남과 더불어 사는 세계 안에서 실현하므로 칸트는 인간을 '세계시민'으로 규정하였다. 칸트는 논리학 강의 서론에서 세계 시민적 의미에서의 철학의 장을 다음 물음으로 구성한다.

'나는 무엇을 알 수 있을까?'는 자연 혹은 우주에 대한 인간의 인식론적 관점으로 〈순수이성비판〉(1781년)에서, '나는 무엇을 행해야만 하는가?'는 인격성과 자유를 확보하고자 하는 인간의 실천적 관심으로 〈실천이성비판〉(1788년)에서, '나는 무엇을 희망해도 좋은가'는 신과 하나가 되고픈 인간의 종교적 관심으로 〈판단력 비판〉(1790년)에서 이 물음들에 대하여 구체적으로 논의한다. 칸트가 제기한 세 가지 물음의 근저에는 인간 이성의 유한성에 대한 자각이 도사리고 있고 칸트는 유한성의 본질을 규명하지 못하고 있다.

이 세 가지 물음은 '인간이란 무엇인가?'에 대한 물음으로 종합 통일되어 거기서 발원하는 것으로 귀결될 수 있지만, 칸트는 인간 이성의 유한성 앞에서 물러선다. 칸트는 인간 이성의 유한성을 확인하고도 유한성의 본질은 묻지 않고 단지 유한한 인간이 추구할 수 있는 위대함만을 그려보고자 했기에 1)자연 세계의 입법자로서의 인간, 2)도덕 세계의 입법자로서의 인간, 3)자연의 합목적성의 정점으로서의 인간은 근대의 역사를 주도하는 주인공으로 당당히 등장한다.

자연 세계의 입법자로서의 인간: 칸트에게 자연법칙은 사실상 인간의 법칙, 즉 인간의 방식으로 이해된 자연의 법칙을 의미한다. 칸트는 불교와 비슷하게 모든 대상 세계를 주관이 지어낸 관념의 세계로 간주한다.

도덕 세계의 입법자로서의 인간: 인간의 이성은 주어진 세계를 있는 그대로 이해하고 인식하는 기능을 담당하지만 주어진 세계를 바꾸어 나가거나 세계를 기획하는 기능도 한다. 이를 실천이성, 의지라 부른다. 이는 도덕법칙을 세우고 인간에게 나아갈 방향을 분명하게 제시해 준다. 도덕법칙은 인간이 자신에게 명령하는 당위의 규칙, 곧 정언명령이므로 인격성의 소질이란 바로 이것을 받아들이고 자신을 거기에 따르도록 하는 의지의 자유를 의미한다. 다시 말해 자신의 본능적 욕구를 이성적 사고능력으로 통제할 수 있음을 보여주고자 한다. 평범한 인간도 옳고 그름에 대한 판단을 내릴 수 있다고 칸트는 자신한다. 네 의지의 준칙이 항상 동시에 보편적인 입법의 원리로서 타당할 수 있도록 행위를 하라는 것과 너 자신의 인격이나 다른 모든 사람의 인격 안의 인간성을 결코 단지 수단으로만 대하지 말고 항상 동시에 목적으로도 대하도록 행위를 하라는 것이다. 다른 하나는 도덕법칙을 실행하는 일의 어려움이다. 자연적 경향성을 극복하기가 어렵다는 것이다. 칸트는 인간이 인간의, 인간에 의한, 인간을 위한 도덕 세계의 입법자일 것은 너무나 당연하다고 보았다. 홀로 자유의지를 가지고 도덕법칙을 세우는 인간은 도덕 세계의 주인이며 마치 신처럼 자유로운 존재라는 것이다. 과거 신이 있던 자리에 인간의 이성을 앉혀 놓았으며 그것이 도덕철학에서는 자율개념으로 표현되었다는 해석도 있다.

영혼 불멸과 신의 현존을 요청하는 인간: 유한한 인간 자신의 힘만으로는 완전한 도덕적 완전성을 달성할 수 없기 때문이다. 도덕적 원칙과 행복을 완전히 일치시켜줄 자연의 원인인 신의 현존이 요청된다. 신의 현존을 가정하는 것은 도덕적으로 필연이다. 칸트는 "인간이 도덕적 존재인 한 인간은 덕과 복이 일치하는 최고선을 지향할 수밖에 없고 그 최고선 실현의 조건으로 영혼 불멸과 신의 현존을 믿을 수밖에 없다"고 보았다.

자연의 합목적성의 정점으로서의 인간: 자연의 궁극 목적은 인간이며 그것도 도덕적 존재로서의 인간이다. 그렇다면 도덕적 삶의 목적은 무엇인가? 그것은 인간의 정신이 형성해 가는 문화이다. 칸트는 문화를 통해 인간의 역사적, 문화적 삶 속에서 유한한 인간들의 결점들이 오랜 시간을 거쳐서 완전한 인간의 소질로 계발될 수 있다는 기대와 희망을 찾고자 하였다.

2) 키르케고르의 인간관

"지금 이 순간 내가 무엇을 해야 할 것인가?"를 정확히 사고하고 있다면 나의 삶은 바빠질 것이고 불안과 우울은 사라질 것이란 생각이 들었다.

키르케고르(1813~1855)는 개인의 내면세계를 철학적 사색의 근본문제로 등장시킨 실존철학의 선구자이며 일상생활에 매몰된 현대인의 운명을 예견하고 당시의 소시민적 사고와 삶을 비판하고 규탄했다고 본다. 200년 전에 현대인의 풍요롭고 편리한 삶 속에 인간의 자기 상실이라고 하는 무서운 병이 깃들어 있음을 미리 경고한 그의 절규와 선견지명을 보고 있다. 그의 많은 저작은 지금도 개성과 내면성을 잃어버리고 고독과 불안과 절망에 떨며 마음속 깊은 곳에 도사리고 있는 허무와 좌절감을 잊어보려는 우리 현대인의 영혼에 절실하게 호소하는 힘을 가지고 있다. 200년 전에 태어나 42세의 짧은 삶을 살다간 키르케고르는 분명 불행한 천재였지만 그의 많은 주체적인 사색들은 오늘날까지 강한 메시지를 전달하고 있다. 당시 키르케고르가 분명히 깨달은 것은 이 말이라고 했다.

"나에게 참으로 없었던 것은 '내가 무엇을 해야 할 것인가?'에 대한 확실한 자각이지, 결코 내가 무엇을 알아야 하는가가 아니었다."

윗글을 읽는 순간 나는 1985년 대학교 3학년 때 경제학과 '한국경제론' 과목을 수강하던 중 송병락 교수가 한 말이 갑자기 생각났다. 교수님이 갑자기 혼잣말하듯 "미국 학생들은 돈이 없으면 아르바이트해서 먼저 돈을 벌고 집이 없으면 도끼와 망치를 들고 산에 가서 오두막집이라도 짓는다. 그런데 한국 학생은 무조건 공부만 하고 나중에 취직해서 돈 벌려고 한다. 기업에 입사하면 기본 생활 태도부터 다시 교육해야만 한다고 대기업 임원들이 불평한다"고 하였다. 그런데 이 말은 현재와는 분위기가 좀 달랐다. 당시 상황은 먼저 아르바이트할 곳이 많지 않았다. 당시 학생들의 분위기는 경제적으로는 대부분 가난했지만, 정치적 민주화에 관심이 많았으며 졸업을 한 후에는 취업을 하여 경제적 문제를 해결하였다. 그러나 이상하게도 당시 분명히 나에게 참으로 없었던 것은 '내가 무엇을 해야 하는가?'에 대한 확실한 자각, 다른 말로 키르케고르의 주체적 사고가 그때 나의 머릿속에서 강렬하게 일어났던 것 같다. 그리고 졸업 후에도 송 교수님의 말은 나에게 많은 영감을 주었다.

2003년에 나는 다시 이곳 행정대학원 방송정보통신 최고경영자과정에 15기로 입학해서 6개월 매주 2번 공부할 기회가 있었다. 그때 당시 오00 교수가 행정대학원장이었는데 입학하자마자 본교 사범대 출신이 어떻게 이곳에 올 생각을 했느냐고 약간 의아해하시며 나에게 동기회 총무를 맡으라고 했다. 오 교수 아버님이 00초등학교 0사 출신이라고 하셨다.(상기 내용은 공공 인터뷰에서도 밝힘) 그리고 0사 아들인 자신이 교수가 된 것으로 만족한다고 했는데 당시 아버님 눈빛은 만족하는 기색이 아니었다고 한다. 그런데 몇 년 후에 다시 총장 선거에 나오셔서 3등으로 낙선했다. 그때 나는 그분이 재출마하면 될 거로 확신했다. 왜냐하면 그분에게는 '될 때까지 하면 된다'는 긍정 마인드가 평소 넘쳐 보여서였다. 그리고 다음번 선거에서 총장으로 당선됐다. 그리고 현재 울산대 총장을 연임하시고 있다.

이 이야기를 하는 이유는 사람은 주체적으로 사고하고 적극적으로 실천하면 안 되는 일이 없다는 생각이 문득 들어서였다. "남을 비판하는 데 조심하고 칭찬하는 데 인색하지 아니하며 모든 문제를 건설적인 방향으로 추진한다"와 "부당한 이득을 배제하고 정당한 방법으로 성공을 기도한다"라는 모임의 강령이 있다. 마음에 와닿는 문구를 내가 그것을 위하여 행동하고 진심으로 원하는 이념을 찾아내서 내 안에 생생하게 집어넣는 작업이 필요해 보인다.

그런데 가장 중요한 그것이 지금 나에게 없다면 그것은 참으로 인간다운 생활을 할 수 없다는 것을 의미한다. 이른바 객관적인 진리를 찾아낸들 그것은 나에게 아무 소용도 없다는 것이다. 즉 나와 아주 상관없는 객관적 진리가 아니라 나에게 진리인 진리를 발견하고 행동하는 것, 내가 그것을 위하여 살고 또 진심으로 원하는 이념을 찾아서 실천하는 것, 곧 '나'가 참으로 '나'가 되게 하는 이념을 찾는 것이라는 주체적 사고방식을 통해 찾은 이 주체적 진리야말로 키르케고르가 평생을 두고 불안과 절망, 좌절이 엇갈리는 삶의 한가운데서 방황하며, 23세 때 자살을 시도해 가며 삶을 치열하게 살면서 그가 찾아낸 소중한 진리라고 생각한다.

키르케고르는 '무엇을 알아야 할 것인가'가 아니라 '무엇을 해야 할 것인가'를 문제 삼았고, 구체적이고도 현실적인 문제를 가지고 씨름하였다. '너 자신을 알라'던 소크라테스와도 일맥상통하는 개념이라 여겨진다.

그는 이런 주체적 사고를 통해 '인간 실존의 개념'을 찾아 설명한다. 그에게 실존은 '실존하는 개인'이다. '나 자신', '자기'를 의미하며 실존의 진리는 개인 각자의 내면적인 자기 이해의 체험을 통해서만 깨달아지기 때문에 각자의 체험을 통해 간접적으로 전달될 수밖에 없다는 것이다. 자기생성을 위해 노력하는 정신이 곧 실존이고 주체적 실존과 종교적 실존으로 구분한다. 이는 서로 불가분의 관계이다. 이는 심미적, 윤리적, 종교적 실존으로 3단계를 거치며 자기실현을 위한 실존의 변증법적 구조이다.

심미적 실존은 미와 쾌락의 탐닉은 권태, 우울, 절망으로 연결되며 뉘우침과 양심의 작용으로 윤리적 실존으로 비약한다. 도덕적 선을 삶의 원리로 삼지만, 곧 실현 불가함을 깨닫고 회의와 절망에 빠진다. 그 이유는 인간은 자신의 자유에만 의존하는 존재가 아니라 자기를 설정한 타자인 신에 의존하는 존재이기 때문이다.

종교적 실존에서 인간은 신을 받아들이고 신앙으로 사는 삶의 자세를 취한다. 인간은 땅에 있고 신은 하늘에 있는데 서로 만날 수 있는 것은 신이 인간의 모습으로 우릴 구원하기 위해 다가왔고 이는 유한한 인간의 이성으로는 도저히 이해할 수 없는 역설이다. 이런 역설은 이성적 사유가 아니라 오직 신앙을 통해서만 이해될 수 있을 뿐이라고 주장한다. 즉 신이 그리스도 안에서 인간의 죄를 용서한다는 것을 믿을 때 신앙은 성립한다.

물론 이것은 모험이지만 모험 없이는 신앙도 없다고 한다. 키르케고르에게 있어 실존의 궁극적인 모습은 그리스도인으로서 신 앞에 서는 종교적 실존, 곧 그리스도가 걸어간 고난의 걸음을 본받고 따르며 참그리스도인이 되는 것이었다. 그러나 키르케고르의 이런 주장에 대부분 인간은 2단계의 윤리적 실존 단계에서 멈추는 것이 대부분이며 3단계는 선택이란 생각도 든다.

그는 서구 근대 문명의 나아갈 방향을 유신론에서 인간주의로, 그리고 유물론 혹은 자연주의로 진행하는 과정으로 보고 인간 정신을 좀먹게 하는 것으로 자연과학과 그에 따른 기술 문명이라고 주장한다. 자연과학의 성과를 가지고 인간 정신에 손을 내미는 것은 인간 정신에 대한 모독이며 모든 파멸은 최종적으로 자연과학으로부터 일어날 것이다고 하였다. 자연과학의 기술을 제어할 수 있는 인간이 문제인지 기술발전이 문제인지 의문이 가기도 한다. 키르케고르의 명언인 "진정한 정열이 없는 시대", "사실에 대한 감동이 없는 시대", "진리는 언제나 다수자가 아닌 소수자에게 있다", "대중은 비진리이고 단독자만이 영원한 진리이다" 이런 말들은 당시나 지금이나 통용되는 것 같다. 전체, 즉 국가가 진리라고 주장한 헤겔에게 맞서 '주체성'이 진리라고 선언한 키르케고르는 실존철학의 선구자임이 분명해 보인다.

현대인은 무엇을 해야 할 것인지 잘 알고 있지만, 결코 쉽게 행동하지 않는다. 그중 한 가지 이유는 이기적 방관자로서 안주하며 편하게 살기를 원하기 때문일 것이다. 다른 이유는 다 같이 생각해 볼 과제로 남기고 싶다.

키르케고르는 인간에게 가장 중요한 것은 '익명으로 전체의 한 부분이 되는 것이 아니라 스스로 주체적인 자기'가 되는 것이었다. 죽은 후 신 앞에 홀로 서서 신과 대면한 키르케고르의 모습이 떠오른다. 그가 던진 첫마디는 무엇이었을까? 이것은 모든 게 나의 꿈이었다.

3) 니체의 인간관

니체(1844~1900)는 〈차라투스트라는 이렇게 말했다〉에서 "자기 자신을 정확히 아는 것으로부터 시작하라. 자신조차 모르면서 상대를 알기란 불가능한 일이다", "작은 일에도 최대한 기뻐하라. 주변의 모든 사람이 덩달아 기뻐할 정도로 즐겁게 살아라. 마음이 이끄는 대로 마치 어린아이들처럼 싱글벙글 웃어라"라고 언급했는데 니체의 사상은 나에게는 지금까지의 수업시간에서 접하였던 사상가들과는 달리 매우 친근하게 다가왔다. 아마도 그것은 니체가 현실적인 삶에 대하여 논했기 때문인 것 같다. 먹고 사는 것이 중요한 세상이긴 하지만 살아간다는 것이 정신적으로, 경제적으로 힘든 시기이기에 현실적인 것에 더 관심이 간다고나 할까?

코미디 프로를 보다가 오랫동안 고통받아왔던 통증이 현저히 사라지는 경험을 한 후에 이를 연구하여 그 이유를 밝혀낸 웃음학의 아버지로 불리는 미국인 노먼 커즌스라는 사람이 있다. 웃으면 몸속의 500여 개 근육 중 231개가 움직인다고 한다. 그의 저서 〈웃음의 치유력〉에 따르면 웃음과 관련하여 "인생을 80세로 가정하고 하루 5분씩 웃어도 그 시간은

100일밖에 안 된다"고 한다. 잠자는 데 26년, 밥 먹는 데 6년 등등 삶의 반 이상의 시간을 허비하고 인간이 누리는 삶의 실질적 기간은 더 짧다고 한다.

조소(嘲笑), 비소(誹笑), 냉소(冷笑)만 아니면 박장대소(拍掌大笑), 요절복통(腰折腹痛)으로 산다면 한 번 웃을 때마다 믿거나 말거나 2일씩 수명이 연장된다고 한다. 나는 어린아이처럼 싱글벙글 마음껏 웃으며 살라고 이렇게 현실적으로 언급한 철학자가 지금까지 있었는가 반문해 보며 이 점에서 니체는 분명 키르케고르보다 유복한 소년 시기를 보냈을 것으로 상상이 된다. 왜냐하면 니체의 사상에서 긍정적 언어가 보이기 때문이다.

니체의 사상에서는 철학적이거나 종교적 이상을 부정하고 심지어 파괴하고 인생, 삶 그 자체를 어떻게 하면 더 잘 살아갈 수 있는지를 고민한 흔적이 보인다. 니체는 '신은 죽었다'라며 기존 종교적 색채의 철학에 대해 비판하고 '나'가 중심이 되는 사상을 주장했다. 현재는 당연시되는 사고였지만 150여 년 전 당시에는 파격적이고 반항적인 사상이었을 것이다.

인간은 누구나 특히 인생의 방황 시기에는 '자기'를 중심으로 세상을 보지 않을까 자문해 본다. 니체는 인간 정신을 낙타, 사자, 아기의 비유로 설명하였는데 주어진 환경에 무조건 복종, 순종하는 존재인 낙타와 같은 수동적 삶에서 탈피하기 위해서는 동물원이 아닌 밀림 속의 사자와 같이 자유를 위해 파괴하는 존재를 추구하지만, 창조적 삶이 없다면 여기서도 만족이 불가할 것이다. 새로운 가치를 창조하는 존재, 있는 그대로의 자기를 무한 긍정하며 현재와 미래를 향해 나아가는 존재를 아기로 비유한다. 자신만의 길을 찾고 발견하라는 것이다.

니체는 우리에게 '향상심'을 가지고 '초인을 향한 화살'이 되라고 주장한다. 여기서 향상심은 '늘 성장을 희망하는 마음'이다. 이런 마음을 가지고 완전에 가까운 인간이 되는 것이다. 수많은 위인의 자서전에서 보듯 이 세상은 '창조성과 도전'으로 매일 인류의 긍정적인 새로운 역사가 쓰이는 것 같기도 하다.

근대의 사상은 니체가 말한 '신의 죽음' 이후에 비롯된 '의미와 가치의 공백'을 메우는 것이었다. 니체는 자신의 시대와 다가올 20세기를 '니힐리즘이 지배하는 시대'라고 보았다. 니체는 그리스도교가 그 신빙성을 상실한 후 그 공백을 메우기 위해 나타난 자유주의나 인종주의, 국수주의 그리고 사회주의 등의 근대적인 사상이 사실은 그리스도교적 사유방식의 연장이기에 진정한 의미에서 이런 공백 상태를 메울 수 없다고 보았다. 그는 그리스도교적이고 형이상학적인 사유방식과는 근본적으로 다른 사유방식이 필요하다고 생각했다.

니체는 자신을 '다이너마이트'로 불렀다. 니체는 2,500년에 걸쳐서 서양에서 인간의 몸과 정신을 병들게 만든 주범으로 플라톤적 형이상학과 기독교를 지적하며 비판하고 그 영향 아래에 있는 서양철학 전체와 서양문화를 파괴하고 새로운 철학을 건립하려 했다고 본다. 니체는 서양의 전통문명에 대한 최대의 파괴자이면서 새로운 문명을 낳는 최대의 창조자가 되려고 했다. 니힐리즘은 허무주의라고 번역된다. 근대는 니체가 보기에 전통적인 형이상학과 종교의 허구성이 여실하게 드러나는 시대였다. 이런 시대 상황을 니체는 신이 죽은 상황으로 규정하고 있다. 사람들은 '신은 죽었다'는 니체의 말을 신이 존재하지 않는다는 의미로 종종 해석한다. 그러나 이 말은 '신이 있느냐 없느냐?' 하는 형이상학적 문제와는 상관이 없다. 그것은 하나의 시대 진단이다. 니체의 말은 신이 인간을 지배했던 힘을 상실했다는 것을 의미하고 이런 사태의 원인은 신의 지배를 받아들이지 않기로 한 인간의 결단에 의해서이다. 니체는 인간이 신을 죽였다고 주장한다.

신의 죽음이란 사태는 비극적인 의미를 가지며 이런 상황에서 인간은 어떻게 자신을 위로받을 것인가? 니체는 인간이 더 고귀한 역사를 건립하기 위해서는 신의 살해가 불가피하며 이 사건이 긍정적 의미가 있으려면 인간은 신이 되어야 한다고 보았다. 그러나 인간들은 신의 지배를 거부했음에도 여전히 자신들이 신을 믿고 있다고 생각하는 경향이 있다.

플라톤의 이데아의 세계와 그리스도교의 신과 같은 것은 우리 인간이 삶의 무상함을 견디기 위해 만들어 낸 신기루에 지나지 않는다고 니체는 말한다. 따라서 초감성적 세계의 설정 그 자체가 이미 니힐리즘의 원인이었다. 신의 죽음이란 사건은 신과 초감성적인 피안의 세계가 사실은 인간이 지어낸 환상에 지나지 않는다는 사실을 깨닫는 사건이었다고 할 수 있다. 여기서 우리가 인정해야 하는 건 생성 변화하는 것은 지상의 세계뿐이라는 사실을 철저히 자각하는 것이다. 이런 자각 위에서 니힐리즘을 극복할 길을 모색해야 한다. 이런 니힐리즘으로부터 도피하는 길이 피안이나 미래 등 인간의 외부에 존재하지 않는다면 그것은 인간의 내부에 존재할 수밖에 없다. 인간이 자신의 내적인 힘을 강화하는 것으로만 니힐리즘의 상황은 극복될 수 있고 이런 내적인 힘이 약해지면 인간은 항상 피안 세계에서 구원을 찾으려 한다. 이런 정신력을 니체는 '힘에의 의지'라고 부르고 니체에게 유일하게 존재하는 현실은 이러한 '힘에의 의지'이다.

'힘에의 의지'란 자신을 통제할 수 있고 자신의 주인이 되는 것을 의미한다. 즉 자기 극복이 '힘에의 의지'의 본질이다. 진정한 '힘에의 의지'란 자기 강화와 자기 극복에의 의지이며 자신의 힘으로 자신을 구원하고자 하는 의지이다. '힘에의 의지'는 니체가 보기에는 인간뿐만 아니라 모든 존재자의 근본 성격이다. 모든 존재자는 존재하는 한 '힘에의 의지'로서 존재한다. 그러나 종래의 형이상학과 기독교는 이러한 '힘에의 의지'를 강화하지 않고 오히려 그것을 약화했다. 니체는 '힘에의 의지를 강화'하는 것만이 가치 있는 일이며 그것이 새로운 가치 정립의 원리라고 보았다. 니체에게 가치란 이제 '힘에의 의지'가 자신의 유지와 고양을 위해서 그때그때 정립한 조건이다. 니체는 모든 가치의 전환을 목표로 하고 그것은 새로운 가치를 정립하는 것이 아닌 '가치들의 본질에 대한 규정'이 변화된다는 것, 다시 말해 '가치 정립의 원리가 변화한다는 것'을 의미한다. 그것은 더 형이상학적인 가치 정립을 반복하지 않겠다는 결의를 의미한다.

니체는 '힘에의 의지'의 철학에 근거하여 '선악과 행복과 불행의 기준을 새롭게 제시'한다. 선은 그 자체로 선한 것이 아니고 악은 그 자체로서 악한 것이 아니다. '힘에의 의지'를 강화하는 것만이 선이고 그렇지 않은 그것은 악이다.

'힘에의 의지'는 자신을 극도로 고양하기 위해 최대의 시련, 자신이 극복해야 할 최대의 장애가 필요한데 그것은 생이 아무런 목표도 없이 자신을 반복할 뿐이라는 '극단적 니힐리즘의 상태'야말로 '힘에의 의지'에 최대의 시련이 된다. 그러나 그것을 극복할 경우 '힘에의 의지'는 최고의 힘을 얻을 수 있다는 점에서 최고의 가치다. 이러한 극단적인 니힐리즘의 상태를 니체는 '영원회귀사상'을 통하여 더욱 철저한 형태로 제시하고 있다. 그것은 연약한 인간은 감당할 수 없는 최대의 무게를 갖는다. 영혼회귀사상은 니힐리즘을 극복하기 위한 하나의 실험적 사상이고 인간이 자신을 어떻게 구원할 수 있는가 하는 문제를 사유하고 그의 답은 '강한 인간이 돼라'는 것이었다. 니체는 영혼회귀사상을 주장하며 오늘을 사는 인간이 성취해야 할 목표로 초인을 제시한다.

지금까지 공부한 인간관들은 인간이 죽으면 기독교에서는 육신은 죽지만 영혼은 살아서 천국과 지옥을 경험할 것이고, 불교에서는 해탈하지 않는 한 사후에 윤회 속에서 다시 다른 종으로 태어나 순환한다고 하였다. 그리고 유교에서는 죽으면 그걸로 끝, 아무것도 없다고 하였다. 지금까지 우리는 대략 위 세 가지 사후관을 지침 삼아서 살아왔는데 니체는 여기에다 하나의 사후관을 더 추가한 것이다. '영원회귀'는 불교의 윤회와 비슷하지만, 완전 다르다. 그것은 죽은 후 다시 나의 자리로 되돌아온다는 것이다.

인간은 자신을 극복해 자신 위에 자신을 세워야 한다는 것이다. '초인'은 영원회귀에서 오는 니힐리즘을 극복한 사람이다. 이러한 초인의 경지에서 자신과 세계를 상실한 인간은 자신을 되찾고 세계를 되찾게 된다. 초인은 인간 모두가 이 땅에서 자신의 힘으로 성취해야 할 개인적 이상이다. 부처의 근본사상인 해탈을 통해 누구나 부처가 될 수 있듯이 자기 극복을 통해 누구나 될 수 있는 이상적 유형의 인간인 것이다.

니체는 초인에 이르는 방법으로 "자기 자신을 사랑하는 마음을 가지라"고 말한다. 자신을 사랑하는 사람은 어떤 시련과 역경에도 흔들리지 않는다. 자신이 어떤 일을 성공적으로 수행할 수 있는 능력이 있다고 믿는 기대와 신념이 필요하다고 본다.

사람을 사귀는 방법도 향상심 고양에 도움을 준다고 하였다. 나보다 뛰어난 사람, 새로운 자극이 되는 사람을 곁에 두고 사귀면 좋다는 것이다. 그렇지 못한 사람과는 사귈 필요가 없다는 것인데 이 점에서 역사적으로도 '근묵자흑(近墨者黑)'은 검증된 진리이기 때문에 니체의 사상은 부처의 가르침과 일면 비슷하지만, 차이점도 느껴진다. 관용보다는 단호한 일면도 보인다. 니체는 삶이 필연이며 우연을 믿지 않고 모든 우연이 모여 필연이 되고 여기서 '삶을 긍정하는 태도'가 시작되고 영원회귀사상과도 연관된다.

지금 우리가 살아가는 이 삶이 영원히 반복된다는 생각으로 살아간다면 지금, 이 순간 우리는 잘살기 위해 열심히 노력해야만 할 것이다. 나 자신의 삶을 이해하고 좋은 방향으로 이끌어야 할 당연한 의무가 있다고 느껴진다. 삶에서 가장 위대한 단어는 운명에 대한 사랑, 즉 아모르 파티이다. 인간은 자신의 삶에 나타난 모든 과정을 그저 견디는 데 그칠 것이 아니라 한 걸음 더 나아가 그것을 사랑해야 한다는 것이다.

생의 어둠과 밝음, 고통과 기쁨을 그대로 긍정하기로 결단한 자를 '초인'이라 부른다. 이러한 초인은 초인이 되도록 정해진 어떤 특정한 소수의 인간이 아니고 모든 가치를 '힘에의 의지'라는 유일한 원천으로 전환하는 과제를 인수하면서 '힘에의 의지'를 긍정적으로 실현하려는 인간 유형, 인간 형태를 의미한다. 그것은 모든 인간이 구현할 수도 있지만 어떠한 인간도 구현하지 못할 수도 있는 인간 유형인 것이다.

"신은 죽었다. 그러므로 이제 우리는 초인을 소망해야 한다"라고 니체는 말했다. 인간은 지금까지의 모든 가치의 전환에 의해서 존재자를 '힘에의 의지'로 경험하고 같은 것의 영원회귀를 유일한 목표로써 수용하는 것을 통해서 자신을 초월하면서 자신을 창조해야 하며 자신의 척도인 '초인'이 되지 않으면 안 된다. 그러나 이것은 쉽지 않은 일이란 생각이 먼저 든다. 왜냐하면 나와 우리는 하루하루 살기에도 힘들고 한가하지 않기 때문은 아닐까?

4) 셸러의 인간관

〈우주에서 인간의 지위〉라는 자신의 저서에서 막스 셸러는 "인간이란 무엇인가? 그리고 존재하는 가운데에서 인간이 차지하는 지위는 어떤 것인가?" 하는 물음이 자신의 마음을 사로잡았다고 주장한다. 이런 철학적 인간학의 문제의식을 느끼고 그는 인간의 위상과 인간을 다른 동물로부터 구분하는 본질을 탐구하여 인간을 다른 존재와 구분해 주는 본질로 그는 '정신'의 개념을 제시한다. 정신의 중심이 바로 '인격'이라고 주장하였다. 따라서 셸러의 사상을 우리는 인격주의 윤리학의 시조(始祖)로 부르기도 한다.

우리 삶에서 자주 접하는 단어 중에서 '정신일도 하사불성(情神一到 何事不成), 진인사대천명(盡人事待天命), 대기만성(大器晚成)'이란 말은 인간 정신과 인격이 스며 있는 말로 느껴지는데 요즘처럼 '빨리빨리'를 추구는 시대에서는 잘 통하지 않는 말일지도 모른다. 또한 불교에서 보았던 원효의 '일체유심조(一切唯心造)'의 마음과 셸러가 언급한 정신과 인격의 개념은 비슷한 면이 있는 것 같기도 하다. 과학기술의 발전으로 사회가 급변할수록 나 자신이 추구하는, 원하는 취미와 가치를 개발하여 전력을 다하여 완성하려는 태도가 필요해 보인다.

정신과 인격의 단어는 인격을 수양을 목표로 하는 유교사상에서의 기본 주제이기도 하여 친숙한 느낌으로 다가온다. 요즘 세상이 급변하는 것처럼 보이지만 사실 시간이 지나고 뒤돌아보면 본질적으로 크게 변화된 것이 없다는 것이 우리 인간의 삶 같다. 그래서 우리는 과거 인간들이 살아가면서 남긴 고전과 역사적 경험 속에서 현재 인간인 우리가 경험하는 정치적, 경제적 문제들의 해결책을 발견할 수 있다고 본다.

현재 우리 사회에서 자주 발생하는 인격과 정신의 불안에서 기인하는 사회적 문제들은 30여 년 전에는 지금처럼 많이 발생하지 않았던 문제들이라는 사실에서 출발한다면, 지금 이런 문제들을 해결, 극복할 방법이 나오지 않을까 하는 생각이 든다. 고통, 불행과 실패를 인내하며 이를 극복하기 위해 투쟁하는 경험도 필요하며 이런 과정에서 정신이 강해지고 인격이 성숙해지지 않을까? 이전에는 남자들은 군대를 갔다 와야 인간이 된다고 했는데 이는 우리가 살면서 집단생활을 처음 해보는 경험이 군대였고 그 속에서 많은 합리적, 비합리적, 이성적, 비이성적 인생 경험을 하며 그 속에서 정신력이 단련됐기 때문일지도 모른다.

정신이 똑바르게 박혀 있어야 사람이 사람답게 제구실을 한다는 말을 어릴 적 많이 들었는데 이는 우리 어른들이 정신과 인격을 동의어로 사용한 것으로 생각된다. 최근 우리 사회에서의 사회문제로 자주 언급되는 사이코패스, 소시오패스들의 범죄행위도 가정과 사회에서 관심을 받지 못하여 미성숙해진 인격 형성에서 비롯된 불완전한 정신의 문제인 듯하다. 셸러에 의하면 성격은 기질적인 것으로, 어릴 때 3~4세까지 거의 형성되는 것이라고 주장한 바, 가정교육과 부모의 영향이 인간의 성격 형성에 큰 영향을 미치고 있음을 말해주고 있다. 뇌 발달 이론들에 의하면 어린아이들은 태어나 보통 8개월이 지나면 옹알이를 하고 두 돌이 지나면 언어를 습득하는데 부모가 수다쟁이일수록 언어를 빨리 습득한다고 한다. 인간은 각자 가정환경, 교육, 사회문화 등의 영향으로 인하여 각기 고유한 정신생활을 하게 된다는 것이다.

막스 셸러는 가치 중에서 '인격 개념'을 모든 가치 위에 두는 최고 핵심 개념으로 사용하였다. 그에 따르면 인격은 인간에게 본래 존재해 있는 것이 아니라 인간의 정신생활을 통해서 점차 형성된다고 한다. 그는 인성에는 인격과 성격이 있으며 인격은 인격 고양을 통해서 훌륭히 할 수 있는데 반해서 성격은 심리요법이라든가 성격 교정에 의해서 교정할 수 있다고 한다. 전자는 윤리적 학습을 통해서 고양할 수 있으며 성격은 윤리적인 것과는 무관하게 교정할 수 있다.

인간에게는 '정신층'이라는 것이 있어서 정신적 삶의 토대가 갖추어져 있다. 그래서 인간은 감정, 이성, 의지작용을 할 수가 있고 이런 정신작용의 법칙성과 논리성은 보편적이다. 모든 인간이 같은 법칙성과 논리성으로 정신작용을 한다. 그러나 인간은 각자 가정환경, 교육, 사회문화 등의 영향으로 각기 고유한 정신생활을 하게 된다. 그런 고유한 정신생활 가운데서 인간 자신만의 인격을 형성하게 된다. 즉 정신은 하나인데 인격은 인간 수만큼 많다는 것이다. 바로 인격이 정신활동의 방향과 성향을 결정하지만 동시에 그 정신생활을 하는 가운데 또한 인격이 형성된다는 것이다.

인격이 잘 형성되기 위해서는 정신생활을 항상 잘하도록 유의해야 한다고 한다. 셸러의 윤리학은 결국 인격이 잘 형성됐을 때 해당 인간은 더 훌륭한 삶을 살게 될 것이고 더욱 윤리, 도덕적 삶을 살게 된다는 것이다. 〈윤리학에서의 형식주의와 실질적 가치윤리학〉 책에서 그는 인간을 인식하는 존재나 의지하는 존재가 아니라, 무엇보다도 근원적으로 사랑하는 존재로서 파악하고 있다. 인간의 인격은 지향적 의식의 핵심인 자아이자 윤리적 가치의 담지자(擔持者)로서 반성에 의해서도 절대로 대상화될 수 없다. 셸러에게 있어서 사랑이란 앎이나 의지보다도 좀 더 선험적이며 좀 더 근원적으로 앎과 의지를 근거 짓는 것으로서 사랑에 의해 세계가 인간에게 열려 있는 것이다.

사랑은 가치의 인식작용 중에서 가장 근본적인 작용이며 그 작용에 의해 가치의 서열이 매겨진다. 가치서열은 1)감성적 감정 2)생명감정(삶, 살아 있음) 3)심적 감정 4)정신적 감정(성스러움)으로 이루어지는데 좀 더 고차적인 가치는 저차적인 가치보다 객관적으로 영속성이 높고 주관적으로는 만족이 더 깊다고 한다. 이런 고차원적 가치가 우리의 시야에 들어오도록 하기 위해서는 이 감정들이 발로해 있어야 하고 그 방법은 '사랑하라'이다.

여기서 셸러가 말하는 사랑은 의미가 심장한데, 이성 간의 애정 활동이 아니라 모든 종류의 사랑을 포괄하고 모든 사랑을 총괄하는 것이다. 즉 세상의 모든 존재에게 아무런 편견과 장애 없이 가슴을 열어젖히고 지향하는 인간의 근본적 태도라고 할 수 있다. 이런 태도를 잘 유지한다면 세계에 대해 훌륭한 이해를 할 수 있다고 주장한다. 그러므로 우리는 사랑을 잘하면 더 높은 감정을 발로할 수 있고 따라서 더 높은 가치를 지향 추구하는 삶을 살 수가 있다는 것이다.

사람됨이란 인격이 잘 형성되어 동물 삶처럼 생명 삶에만 얽매이지 않고 정신적 삶도 잘 살고 자아 발전적 삶을 사는 것을 의미한다. 도덕적 삶이란 남에게 피해를 주지 않고 더불어 잘 살 수 있는 삶을 의미할 수도 있지만 자기 자신의 고양된 훌륭한 삶을 사는 것이라고 할 수도 있다. 셸러는 인간 삶은 다양성과 깊이로부터 파악되지 않는 바 그는 생을 그 자신으로부터 이해하고자 한다고 하였다. 칸트와 셸러의 차이는 다음의 말에서 구분할 수 있다고 한다. "물리학자가 철학을 하면 칸트가 되고 생물학자가 철학을 하면 셸러가 된다"

5) 하이데거의 인간관

하이데거(1889~1976)는 한마디로 인간은 '우연히 세상에 내던져진 존재자'이고 '죽음을 향해 가고 있는 개별적인 존재'로 본다. 그러나 모든 지구상 존재 가운데 존재가 무엇이냐고 물을 수 있고, 존재가 무엇인지 이해할 수 있는 존재는 '오직 인간'뿐이기 때문에 우리는 먼저 인간존재가 무엇인지 알아야만 한다는 것이다.

인간존재(현존재)는 실존이라 해석되는데 그것은 세계 안에서의 존재이고 현존재는 자기의 의지와 무관하게 세계 안에 던져진 채 세상일에 골몰하며 살아간다. 사물이나 타인에게 관심을 쏟지만, 그것 역시 자신과 관련이 있을 때뿐이고 본래의 관심은 언제나 자기의 존재로 향한다. 그리고 현존재란 죽음으로 향하는 존재이며 죽음 앞에 섰을 때 현존재는 결국 자신이 시간에 불과하다는 것을 체험한다. 시시각각 다가오는 죽음은 인간이 결국 한순간 살다 가는 존재임을 실감한다. 그러나 이 죽음은 외부에서 다가오는 것이 아니라 처음부터 인간에게 내재한다는 것이다. 인간이 찰나를 살다가 죽을 수밖에 없다는 사실이야말로 가치 있는 삶을 살도록 깨닫게 한다. 이제 죽음은 무작정 거부하고 부정해야 할 저주의 대상이 아니라 오히려 현존재의 삶을 유일하고도 가치 있는 것으로 깨닫게 해주는 긍정적인 의미가 있다.

그러나 죽음을 애써 외면한 사람은 비본래적이고 무의미한 세상에 몰두함으로써 일상적인 현존재, 즉 일상인의 위치로 전락하고 만다. 인간은 죽음에 대한 선구적 결의(先驅的 決意)를 통해 현존재로 바뀔 수 있다고 본다. 하이데거에게 언어란 결코 단순한 의사소통이나 교제의 수단이 아니라 존재가 스스로 빛을 뿜어내면서 말을 하도록 하는 매체이다. 곧 언어는 인간이라는 존재가 몸담은 집과 같은 것이다.

인간은 언제나 죽음 앞에 놓여 있는 유일한 시간의 존재이기 때문에 우리가 알고 싶은 것은 시간 속에서 죽음을 앞둔 우리가 알고 싶은 것은 정확한 과학적 지식이 아니라 우리 존재의 의미이다. 하이데거는 존재에 주목한다. 존재란 존재하는 어떤 것을 말하고, 존재란 존재자의 존재 상태, 존재 방식을 말한다.

갑자기 1975년 초등학교 5학년 때 친구인 반장 김만식 기억이 떠오른다. 그 친구의 조부가 훈장이어서 그는 한문에 관심이 많았고 본인은 천자문을 다 읽었다고 은근히 자랑하고 다녔다. 어느 날 수업 시간에 선생님이 미국은 어떤 나라인가 우리에게 질문했는데 선생님이 당시 예상하는 답변은 "이 세상에서 최고로 강한 나라"였다. 그런데 만식이가 미국은 '아름다운 나라'라고 대답했다. 순간 수업 분위기는 뜨거워졌다. 선생님은 "왜 아름다운 나라인가?" 하고 다시 물었고 만식이는 미국은 한자로 美(아름다울 미)+國(나라 국)이니까 그렇다고 대답했다. 그러자 선생님은 일본에서는 미국을 미국(米+國)이라 하는데 이는 일본이 태평양 전쟁에서 패전해서 적개심 때문에 앞으로 미국을 쌀처럼 씹어 먹고 싶어서 쌀 미 자(米)를 미국 이름에 쓴다고 말했다.

하이데거식의 표현을 빌리면 미국은 '존재자'이고 당시의 '아름다운 나라'는 '존재'의 개념 같은데 이 존재의 의미는 나에게 계속 변해서 다가왔다. 초등 시절에는 우리에게 빵을 주는 잘사는 부자 나라로, 해군 복무 시절에 접한 미국 해군들과의 만남 속에서 그들을 보면서 잘살고 자유롭고 살기 좋은 나라로(그때 영어 회화 선생인 미군 대령의 부인이 나보고 군부독재 한국은 희망이 안 보이니 제대 후 미 해군으로 다시 오면 어떻겠냐고 제안도 하며 추천서도 가능하다고 했다), 직장 한국씨티은행 다닐 때는 월급을 많이 주고 인간이 좀 더 대접받는, 그리고 인간 생명을 소중히 여기는 나라인 듯 다가왔으며 2000년 이후 3번 방문했는데 그때도 좋아 보였다. 그런데 IMF를 경험하고 시간이 지나며 이익을 위해서는 중동에서 전쟁을 일으키는 부도덕한 나라로, 최근 코로나 사태에서는 의료 체계 등 많은 것들이 허술하고 총기사고가 빈발하며 무역 거래에서는 자국의 국익만을 탐하는 불공정하며 폭력이 난무하는 나라 등의 이미지로, 인간이 살기에는 매우 불안한 나라로 나에게 다가왔다.

존재의 의미는 이렇게 시간에 따라서 변하는 것이며 이것이 당연할지도 모르지만, 영원한 것은 없다는 생각이 든다. 그러나 존재자 미국은 여전히 강국으로 존재한다는 것도 존재의 의미인가? 하이데거는 대학 총장 시절인 1933년 짧은 기간 국가사회주의당(나치당)에 1년 정도 애매하게 가입하여 그 후 커다란 곤욕을 치른 것으로 알려졌다. 이 사실이 존재자 하이데거를 평가할 때 어떤 의미가 있을까? 나에게는 별다른 의미가 없는 것으로 다가온다.

플라톤 이후 서양철학은 만물의 근원, 실체 등이 무엇인지에 집중했다. 그래서 하이데거는 존재자에 대해서만 주목하고 존재에 관해서는 이야기한 적이 없다. 서양철학의 역사를 망각의 역사로 부른다. 그는 존재가 무엇인지 밝히려면 먼저 인간이 무엇인지 밝혀야 한다고 보았다. 오직 인간만이 자신의 존재를 문제 삼을 수 있고 오직 인간만이 "나는 누구인가? 나는 왜 존재하는가?"라는 질문을 던질 수 있기 때문이다.

인간은 다른 존재자들과 관계를 맺으며 생긴 의미 속에서 존재한다. 현존재는 1)현존재는 실존하며 2)현존재는 염려하는 존재자이고 3)현존재는 세상에 던져진 존재자, 다른 말로 피투성이라고도 한다. 세계에는 현존재뿐 아니라 사물과 다른 현 존재도 있다. 도구의 존재 방식은 손안에, 눈앞에 실재한다. 중요한 것은 사물들의 존재 방식, 현존재와 관계를 맺는 방식인 '쓰임새'이다. '함께 있음'은 우리는 대상도 타자들과의 관계 속에서 본다는 것을 의미한다고 볼 수 있다.

그는 시간을 현존재의 존재 방식을 드러내는 지평이라고 한다. 즉 현존재는 시간의 관점에서 봐야 그 존재 방식이 드러난다는 것이다. 과거·현재·미래가 뒤엉켜 있다. 과거·현재·미래는 상호 의존적이고 동시적이라는 것이다. 현존재의 시간은 무한하지만, 시간성은 유한하다. 현존재는 현재를 초월하여 미래로 자신을 던질 수 있다. 따라서 현존재는 죽음을 미리 앞서가서 볼 수가 있다. '죽음의 선구(先驅)' 즉 죽음을 미리 경험해 봄으로써 내 삶의 방식을 바꿀 수 있다는 것이다. 죽음을 미리 앞서 봄, 즉 죽음을 앞두면 정말로 중요한 것이 보인다고 한다. 그것은 현존재의 가장 본래의 본성으로 돌아간다는 것을 의미한다. 애플의 창업자 스티브 잡스는 시한부 선고를 받고 투병 중에 다음과 같은 말을 남겼다.

"우리의 시간은 제한되어 있고 다른 사람의 삶을 사느라 인생을 낭비하지 마십시오. 가장 중요한 것은 가슴과 영감을 따르는 용기를 내는 것입니다"

하이데거의 사상이 현시대의 문제를 해결할 유일한, 최선의 길은 아니다. 그러나 그의 심원한 통찰은 공감이 간다. 하이데거는 이 시대의 철학적 사명은 잊힌 존재를 상기시키고 이런 존재의 기반 위에 다시 고향을 건립하는 것이라고 말한다.

하이데거는 키르케고르와 니체의 영향을 받아서 독일의 실존철학을 창시한 인물이다. 그는 철학적 인간학의 문제점을 전통철학이 존재가 아니라 존재자에게만 관심을 가져왔기 때문에 서양철학은 존재 망각의 역사로 규정하고 이는 진리의 상실, 세계의 붕괴, 인간의 소외를 초래했고 인간은 인간이 실존을 통해서 자신의 본래성을 회복해야 한다고 주장하며 자신의 존재와 진정으로 만날 때 비로소 자신의 본래의 모습을 만난다고 주장하였다.

우리는 과거 어느 시대보다 인간에 관한 다양한 지식을 가지고 있지만, 인간에 대해 더 모르고 있고 따라서 더 인간에 대한 물음을 던질 수밖에 없다.

그는 인간을 표현하는 용어로 1)현존재라는 용어를 사용한다. 이성적, 감성적, 신적, 영적 등의 제한된 규정 아래에서가 아닌 존재의 지금, 존재의 거기, 존재가 자기 자신을 드러내는 자리로서의 인간이라는 규정 아래에서 탐구하기 위해 선택한 용어이다. 2)인간을 있는 그대로 보아야 한다고 주장한다. 그는 인간을 가리키는 말, 즉 주체, 의식, 정신, 영혼이라는 표현 대신 현존재라는 용어를 사용한다. 자기 자신의 고유한 존재 방식에 내던져져 있는 존재자이다.

현존재의 특징은 그것이 가능한 존재라는 데 있다. 세계 내 존재로서 현존재가 세계 속에서 다양한 존재자와 관계를 맺고 공동 존재로 살아가는 반면, 타자로 인해 자신의 존재를 잃어버리고 살아가는 일상인이 있는데 이는 소외된 현대인을 가리킨다. 현존재의 본래 아닌 일상성에서 본래 근원으로 시선을 돌리도록 하는 것이 죽음이다. 죽음의 절대적 한계 상황은 우리가 본래 아닌 삶과 세계의 공허함을 깨닫게 함으로써 자신의 가장 고유한 존재 가능성에 이르는 길을 열어준다. 이런 죽음은 현존재가 종말을 향한 존재임을 의미하는 것이다. 죽음은 가장 확실한 가능성이지만 우리는 아직 죽지 않았다고 안도하며 죽음을 먼 사건으로 생각하는데 이는 사실 자신이 죽음에 처한 사실을 잊고 싶어 하기 때문이다. 불안을 통해 현존재가 그동안 안주해 온 일상적 세계는 의미를 상실한다. 인간은 죽음을 각오한 결단 속에서 그 자신이 되며 자신의 허무한 실존을 받아들이면서 자신이 되며 이제 그는 자신이 존재한다는 사실을 가장 큰 수수께끼로 경험한다. 불안을 통해 죽음의 민낯과 마주하는 것은 고통이지만 이 고통을 용기 있게 수용함으로써 우리는 새로운 인간으로 거듭나게 된다.

'죽음의 선구' 즉 '죽음으로 미리 달려가 봄'을 통해 우리 앞에 개시되는 세계를 하이데거는 존재 자체라고 부른다. 이는 탄생과 죽음 사이의 유한한 시간 속에 던져져 있고 죽음 앞에서 전율하는 구체적인 인간을 통해서 드러난다.

그가 보기에 현존재가 가져야 할 태도는 사물에 대한 지배가 아니라 사물에 대한 경외와 경이이다. 그것은 과학자의 눈이 아닌 시인(詩人, 言+寺의 구성으로 불교적 사색의 느낌이 난다)의 눈으로 세계와 사물을 바라볼 때 가능하다. 인간은 본래 시인이며 지상에 시인으로 거주해야 한다. 인간이 시인이 아닌 과학자, 기술자로 사는 한 자신도 모르게 항상 자신에 대한 불만, 불안, 권태에 사로잡히게 된다. 우리는 잃어버린 시적 감각을 되찾아 잊힌 존재자 전체가 소박하고 충만한 세계, 즉 우리의 고향인 근원적인 생활세계로 돌아가야 하며 이는 우리가 시인, 예술가의 삶을 살 때 비로소 가능해진다는 것이다.

발표 후 교수님이 질문하셨다. 내가 생각하는 시인, 예술가의 삶은 어떻게 사는 것인가? 나는 순간 대답했다. 이성적이 아닌 감성적으로 살아야 한다고 말이다. "따지지 말고 묻지도 말고 무조건 사!" 지난번 들른 양양 5일 전통시장에서 떠들며 물건 팔던 아저씨 말이 귓전을 스친다. 이것도 감성적 삶으로 느껴진다.

6) 레비나스의 인간관

레비나스(1906~1995)는 서양철학의 오랜 중심 주제였던 존재, 자아, 주체 대신에 타자의 존재를 철학의 근본 문제로 부각시켰다. 레비나스에 의하면 구체적인 타자와의 만남, 접촉 없이 전개되는 우리의 이성적 추론은 언제나 피상적이고 독단적이 되기 쉬우므로 참된 철학은 반드시 우리 눈앞의 타자와의 구체적인 만남에서 시작해야 한다는 것이다.

그리고 만남의 계기를 통해 우리는 우리 안의 자기중심적 세계에서 벗어나 새로운 세계로 나아간다고 한다. 이러한 점에서 우리 눈앞의 타자는 우리에게 주어진 구원의 손길이기도 하다는 것이다. 그는 부모, 두 남동생 모두 나치에 학살됐고 그 자신은 프랑스군으로 참전했다가 포로가 되어 독일 포로수용소에서 간신히 살아남았다고 한다. 이러한 경험으로 그는 인간을 전체의 한 부분으로 간주하는 전체주의 철학에 맞서서 인간의 존엄성과 책임의 이름으로 대항하고자 하였다.

나는 이를 접하며 기억이 나는 '만남'이 떠올랐다. 영동(충북)이 고향인 나는 고등학교 때까지 그곳을 벗어난 적이 거의 없었다. 중학교 졸업 후 고등학교에 입학하여서 한 학년이 200명이고 1-1반, 50명의 동기를 입학 후 처음으로 첫 수업에서 만났던 날의 기억이다. 그런데 신기한 것은 경상도 추풍령, 전북 무주, 나처럼 충북 영동 등 지역 출신 학생들이 3개 사투리를 골고루 쓰는 탓에 언어가 잘 통하지 않는 듯한, 처음 한 달간은 외국에 있는 듯한 언어적 혼란을 경험하였다.

특히 처음 듣는 경상도, 전라도 말의 악센트는 지금은 별 느낌이 없지만, 당시에는 신기하고 당황스러운 기억으로 남아 있다. 고2가 되니까 서로 중화되어 영동 말을 주로 사용하였다. 그곳은 역사적으로는 신라, 백제의 접경이었고 당시 급우 말에 의하면 자기 동네와 강을 사이에 두고 있는 건넛마을 사람들은 전라도 말을 쓰고 자기는 경상도 말을 쓰는 마을에 사는데 그 거리는 불과 2킬로 정도라 하였다. 그 후에도 수많은 만남을 통해 나의 인생은 수없이 변화를 경험하였다.

레비나스가 보기에 지금까지의 서양철학은 나와 다른 것, 또는 나와 구별되는 타자의 다름은 무시하였다. 타자의 다름은 그 자체로 인정받고 존중받기보다 나의 세계로 환원하거나 나와 다르다는 이유로 제외된다. 설사 타자의 존재를 인정한다고 하더라도 그는 기껏해야 나에게 필요한 사람이거나 나와 함께 사는 사람에 지나지 않는다. 레비나스는 이런 철학적 흐름에 대항하여 타자의 존재가 인간존재에서 차지하는 참다운 위상을 보여주고자 한다.

지금까지 서양철학이 주체의 철학이었다는 의미는 데카르트의 생각하는 나, 칸트의 자연 세계와 도덕 세계의 입법자인 나, 키르케고르의 신 앞에서 홀로 결단해야 하는 나, 니체의 스스로 자신의 가능성을 열어 가는 초인으로서의 나, 하이데거의 죽음의 불안에 직면한 나가 철학의 중심 주제인 데에서도 확인할 수 있다.

그런데 이런 주체의 철학은 두 가지 측면에서 문제점을 갖는다. 첫째, 허무주의에 빠지기 쉽다는 것이다. 즉 주체가 소멸하는 순간 모든 것이 함께 소멸하는 것이다. 둘째, 타자에 대한 폭력적인 지배를 함축한다는 점이다.

예를 들어서 생각한다는 주어인 자아는 존재하는 모든 것의 주체가 되고 생각되는 대상인 세계(타자)는 주체의 힘에 따라 지배할 수 있는 존재로 이해된다. 이는 자칫 타자에 대한 배제와 거부, 폭력적 지배로 이어질 수 있다.

여기서 레비나스의 철학은 내면성에 대해 외재적으로 존재하는 외재성을 타자의 일차적 의미로 보며 이를 총칭하여 타자라 부른다. 타자의 의미를 잘 나타내는 개념은 무한의 개념이며 윤리학적 관점에서는 '타인으로서의 타자'라는 개념으로 압축할 수 있다.

그의 관점에서 얼굴은 다른 사람의 존재를 보여준다. 얼굴을 본다는 것은 세계를 말하는 것이다. '우리의 얼굴은 타인을 위해 내어준 자신'이다. 얼마 전 코로나19로 인해서 서로 얼굴을 보고 만나기 힘든 현재 외로운 사람들의 마음을 이용한 로맨스 스캠이 횡행한 적이 있다. 이는 사랑과 우정이란 감정을 이용하여 피해자에게 두 번 상처를 입힌다는 점에서 보통의 금융사기보다 그 피해가 크다 할 수 있다. 그런데 가상의 얼굴과 사진을 이용해도 외로운 존재인 인간들은 사랑에 빠지기도 하며 사기에 당한다고 한다. 나이가 들수록 얼굴에 책임을 져야 한다는 말은 피할 수 없는 진실인 것 같다. 진실을 말하는 거울이기 때문이다. 철학적 언어나 논리적 언어로 설명하기 어려운 '얼굴' 즉 낯빛은 중요한 의미가 있다. 나를 보는 타인의 얼굴을 보면서 우리는 보고 느끼고 깨닫는다.

몇 달 전 대학 동기 모임을 했는데 36년 만에 처음으로 다시 보는 동기들의 얼굴들이 있었다. 오랜만에 보니까 말로 표현하지 않아도 정말로 동기의 얼굴에서 살아온 지난날의 흔적이 보였다. 그리고 앞으로 또 시간이 흐르면 나는 타인에게, 타인은 나에게 어떤 얼굴로 각인될 것인가? 풀잎에 연 이슬처럼 빛나던 눈동자는 사라져 버린 얼굴들이지만 우리는 이전보다 더 밝고 생동감 넘치는 모습의 얼굴로 다시 보기를 희망하며 다음 만남을 기약하고 헤어짐을 반복한다.

레비나스에게 선이란 무엇일까? 그것은 '타인의 호소를 수용하고 받아들이는 것'이며 그것은 '응답과 환대'로 나타나는데 그것은 일종의 자기희생이고 자기를 내주는 것이라고 한다. 이런 '줌과 희생'은 어떤 반대급부를 기대하지 않는다. 또한 우리는 오늘날 타인의 고통에 대해 둔감하게 살아간다. 이런 고통받는 얼굴과 마주침은 도전이며 고통스러운 얼굴이 우리를 불편하게 한다. 그러므로 우리는 고통 앞에서 냉정하게 객관적이거나 이론적으로 될 수가 없고 오히려 윤리적으로 될 수밖에 없다는 것이다.

타인의 고통은 어떤 권리를 가지고 나에게 요구하면서 나의 의무를 일깨우고 나의 행동을 촉구하는 것이다. 고통받는 타인의 호소에 응답한다는 것은 그를 위해 책임을 진다는 것, 그의 짐을 대신 들어 준다는 것을 뜻하고, 이것이야말로 순수한 의미에서 윤리적이라고 할 수 있다. 즉 윤리적으로 된다는 것은 타인의 고통과 고난에 자기 자신을 노출하는 것이다. 고통은 인간 상호 간에 윤리적 전망을 열어준다는 것이다.

레비나스가 말하는 타자는 '사회적 약자'들이다. 그에 의하면 우리의 눈으로 신을 볼 수는 없지만, 정의를 행할 때 다시 말해 없는 자, 가난한 자를 돌아볼 때 그들의 생존과 권리를 옹호할 때 그때 신을 볼 수 있다는 것이다.

　정확한 비유인지는 모르지만, 겨울이 오면 1년에 한 번 불우한 이웃을 위한 연탄 무료배달 봉사를 모임에서 한다. 그곳에 가보면 그들은 신을 이야기한다. 연로하고 가난한 분들이 이따금 혼잣말로 이야기하는 것을 들었다. '아이고 하나님 아버지! 감사합니다'라고….

　레비나스에 의하면 즉 "나는 타자를 통해서 신을 만난다"는 것이다. 신은 오직 타인의 얼굴에 자신의 흔적만을 남기고 우리 앞을 지나감으로써 간접적으로 드러날 수 있다. 그에게 있어서 타인과의 관계와 신과의 관계는 완전히 일치한다. 신과 관계 맺는 유일한 방법은 타자의 얼굴 요청에 응답하는 것이며 그것을 통해서 선하게 되는 것이다.

　형이상학 역시 신학의 문제가 아니라 바로 윤리학과 관련된 문제이다. 인간과의 관계를 떠나서 신에 관한 인식이란 있을 수 없으며 인간에 대한 실천을 외면한 채로 신과의 관계는 가능하지 않다. 그의 철학은 이웃의 인격을 존중하고 윤리를 가능케 하며 이웃과 삶을 통해 만날 수 있는 신에게 자리 아닌 자리를 부여하는 철학이다. 타인의 얼굴과 만남을 통해서 나의 삶에 의미를 얻게 해주는 의미의 철학, 삶의 철학이라는 것이다.

　다시 말하지만 레비나스는 유대인으로 가족의 학살을 경험하고 본인도 전쟁 포로가 되어 나치의 잔악상을 목격하며 경험하였다. 피해자가 증오 대신 용서와 관용, 사회적 약자를 이야기할 때 우리는 그의 언어에서 더 진실성을 느낀다.

7) 하이데거와 레비나스의 인간관 비교

실존주의자에게 '죽음'은 중요하지 않은 것 같다. 키르케고르에게 참으로 없었던 것은 "내가 무엇을 해야 할 것인가?"에 대한 확실한 자각이지, 결코 "내가 무엇을 알아야 하는가?"가 아니었다. 그러면 그 자각의 순간에 나는 무엇을 해야 하는가? 우리 인간이 삶의 무상함을 견디기 위해서 만들어 낸 신기루가 '기독교의 신'과 '플라톤의 이데아 세계' 같은 것이라면 니체가 생각했던 인간 삶은 생성, 변화하는 지상의 세계와 현실의 세계에서 자신을 극복하고 성취해야 할 '초인'이 되는 것이라면, 그것을 위해 나는 무엇을 해야만 하고 무엇을 할 수 있을까?

니체는 신은 죽었다 했지만, 어떤 의미에서도 그것은 절대 진리가 아니란 생각이 드는 것도 사실이다. 하이데거는 '인간은 우연히 세상에 내던져진 존재'이며 '죽음을 향해 가는 개별 존재'이고 인간은 '찰나'를 살다 가기 때문에 이 사실을 '선구적 죽음'을 통하여 깨닫는다면 인간은 가치 있는 삶을 살게 된다고 말한다. 그러면 "나는 정말로 무엇을 하며 살아야 하는가?"라는 생각이 절실하게 다가오며 나의 삶을 어떻게 살아가야 할 것인가에 대해서 고민하게 되지만 사실 이것도 진리는 아닌 듯싶다. 인간세계를 약육강식의 세상으로 인식하고 고민 없이 잘살고 있는 인간들도 많기 때문이다. 인간은 태어나 출생과 죽음 사이에서 수많은 선택을 통하여 삶을 살아간다. 출생과 죽음 사이에서 하이데거와 레비나스의 논쟁도 사실은 정답이 없다는 생각이 든다.

모든 철학자의 죽음과 출생, 인간에 대한 논쟁, 그리고 불교, 유교, 기독교 등 모든 종교의 사상들도 사실은 우리는 죽기 전까지는 알 수가 없다. 그럴 것이라는 막연한 생각뿐이다. 그러나 인간으로 태어난 이상 이 문제는 죽을 때까지 뇌리를 떠나지 않는 영원히 풀리지 않는 문제이기도 하다.

어떤 사회 속에서 인간으로 태어나 성인이 된 후 부조리, 모순, 회의, 고독, 우울 등의 사회적 삶 속에서 고민하며 생존하기 위한 삶을 영위하는 인생과 그 반대의 환경 속에서 특별한 고민 없이 살아가는 인생으로 구별되기도 하는 세상이다. 그러나 최대의 사색과 많은 고민 후, 인간 각자는 자신이 처한 환경 속에서 잘 살아가기 위하여 어느 순간 선택을 해야만 한다. 그리고 그 선택의 결과에 따라서 인생의 모습은 각자 다르게 나타난다.

목사를 선택하면 종교인의 길로, 교직을 선택하면 교사의 길로, 예술을 선택하면 예술가의 길로, 사업을 선택하면 사업가의 길로 인생이 펼쳐진다. 어떤 경우는 선택 없이 우연히 어떤 인생길을 가기도 한다. 그 결과와 의미에 대해서는 아무도 평가할 수 없다. 단지 시간이 흐르면 어느새 자신의 모습이 나타난다고 생각된다. 그러나 인간들은 거기에도 만족할 수가 없는 듯하다. 가보지 않은 길에 대한 호기심과 두려움, 불만이 교차하기에 만족이 안 되는 것 같다.

레비나스는 시간을 존재론으로 이해하는 것이 아니라 존재의 존재 양식으로 이해한다. 하이데거는 '존재는 시간'이라고 하였다. 즉 인간이 누리는 '순간순간의 시간'이 모여서 존재 전체를 이룬다는 것이다. 시간이 모여서 존재가 되는 것이다. 요약하면 인간이 태어나서 죽을 때까지 보내는 시간이 인간이라는 존재 자체라는 이해와 같다고 보인다.

　이에 반해 레비나스는 시간을 존재론적으로 보는 것이 아니라 시간을 하이데거와는 다른 관점으로 이해하는데 그것은 바로 '관계'이다. '시간이 관계'라고 주장하는데 시간 자체가 어떤 관계가 될 수 있을까? 시간이 무엇인지 정확하게 말하기 어렵기 때문에 관계는 어떤 의미인지 좀 더 이해가 필요하다. 인간과 시간은 관계를 맺기 위해 주어진 것이라 할 수 있다. 인간은 시간을 통해서 사랑하고 출산하고 이웃에 관심을 두고 타인의 얼굴을 만난다. 이러한 관계는 신비의 영역을 포함한다. 레비나스는 이 관계를 종교라고 부른다. 불교에서는 이를 인연으로 표현하기도 한다. 최근 "더 구할 것이 없으니 인연 또한 사라진다"는 문구를 남기고 소신공양으로 최근 이 세상을 이별한 어느 스님은 모든 관계를 순간 청산하고 어디로 간다는 것일까? 무엇을 다 구했다는 의미인지 궁금증도 생긴다.

　레비나스는 모든 인간은 '혼자'라고 주장한다. 그래서 인간은 '고독'할 수밖에 없다고 주장한다. 하지만 모든 인간이 고독을 느끼는 것은 아니다. 존재자 없는 존재는 존재하지 않는다. 존재자가 존재할 뿐, 존재자 없는 존재는 나타나지 않는다는 말이다. 그리고 존재자가 사라져도 존재가 사라지는 것은 아니라고 주장한다. 모든 사물, 존재, 인간이 무(無)로 돌아갔다고 상상해 보면 그 상태에서 그러면 우리는 순수 무(無)를 만날 수 있을까? 그 상태에서 남는 것은 어떤 것, 어떤 사물이 아니라 단순히 '있다'는 사실뿐이다. 모든 사물의 부재는 하나의 현존으로 돌아간다. 이런 관점에서 존재는 절대로 사라질 수 없다. "고독은 시간이 필요하지 않다"라는 문구는 고독을 '시간의 부재'라고 주장하는 것과 같은 의미로 다가온다. 시간은 타인과 맺는 관계 그 자체로, 고독을 위해서는 시간이 전혀 필요하지 않기 때문이다.

죽음은 인간에게 공포를 주는 것이기도 하지만 하이데거에게는 '자유의 사건'이다. 인간은 결국 죽기 때문에 죽음을 발판으로 자신의 가능성을 최대한 발휘할 기회를 만들 수 있다고 주장한다. 레비나스는 죽음이 문제가 되는 이유를 "죽은 다음에 인간이 어떻게 되는지 모른다"는 데 있다고 한다. 그는 죽음 이후에도 존재는 사라지지 않는다고 보았다. 인간은 죽은 후에도 인간이 절대로 모르는 죽음과 관계를 맺고 있다는 것이다. 죽음이 우리에게 주는 의미는 '절대 알 수 없는 그 무엇과 우리가 관계를 맺고 있다'는 사실에 있다고 보았다.

인간에게 생명이 주어졌다는 것은 일종의 신비인데 하이데거는 '인간이 세상에 던져진 것'으로 표현한다. 그 말이 일리 있는 것은 이 세상 누구도 자신이 원해서 이 세상에 태어난 삶은 없기 때문이다. 그래서 인간은 일단 세상에 던져진 이후에는 '능동성과 주체성'을 가질 수 있다. 아무리 노예 상태에 있는 인간이라도 능동성과 주체성을 조금이라도 안 가진 인간은 없을 것이다. 그러나 인간이 죽는다면 그다음에는 어떤 일이 일어날지 모를 타자성의 영역으로 들어간다. 이런 타자성의 영역과 관계를 맺고 있다는 사실을 인식하고 있어야 한다는 사실이 죽음이 가진 문제이다.

죽음을 제대로 인식한 사람만이 시간을 올바로 사용할 수 있다. 레비나스는 얼굴과 얼굴을 마주한 상황은 '진정한 시간의 실현'이라고 주장한다. 현재는 미래와 연결되어 있으면서 동시에 떨어져 있다. 현재 속에서 미래를 받아들이기 위해서는 타자의 얼굴을 마주 보고 타자성을 지닌 타인과 관계를 맺는 것이 필요하다. 레비나스는 이것이 바로 '시간의 실현'이라고 주장한다. 즉 '삶'인 것이다. 그러나 삶은 정해진 것이 아닌 선택이고 거기에는 책임과 의무가 따른다는 것이다. 그에게 인간은 죽음과 융합할 수 없듯이 인간은 타인과 융합할 수 없다. 모든 인간은 고립된 주체성을 가지고 있기 때문에 소유할 수도 없고 장악할 수도 없고 완벽히 인식하는 것도 불가능하다. 그런 대상이 있다면 그는 더 타인이 아니기 때문이다.

레비나스의 '시간과 타자'는 하이데거의 '존재와 시간'에 대한 반박이면서 '시간'에 대한 다른 관점을 제시하며 흥미를 주었다. 그리고 죽음에 대한 한계를 "죽은 후 벌어질 일을 우리는 아무도 모른다"고 공자처럼 명확히 서술하였다. 사실 우리는 죽음을 잘 모르고 앞으로도 그럴 것이다. 그렇다면 레비나스가 말한 대로 '절대로 잘 모를 것 같은 것'을 알려고 하는 것보다는 '잘 모르는 것과 인간이 관계를 맺고 있다는 것'의 의미가 무엇인지 생각해보는 것이 더 중요하다고 여겨진다. 즉 선택한 삶의 진의보다 만족하고 보람을 느끼며 선배들의 삶을 반추해 가면서 열심히 사는 방법도 하나의 길이란 생각이 든다.

하이데거는 인간은 불만, 불안, 권태 속에서 사로잡혀 살면서 이를 극복하려면 시인, 예술가로서의 삶을 살아가야 한다고 주장하였다. 앞선 누군가의 책임과 희생 없이 인간의 삶이 가능할까? 누군가의 선구적 희생 속에서 가치와 물질적 풍요가 쌓이고 후대는 만족스러운 삶을 누리고 살 수도 있다. 어떤 사람은 인간은 50세를 넘으면 인생관을 바꿔주면서 살아야만 한다고 한다. 양심의 가책, 질투 등 남을 쳐다보고 부러워할 시기는 지났다는 것이다. 이제 자존심, 꿈, 사랑은 버리고 오직 자신, 즉 나만을 위해서 살아가도록 집중해야 한다는 것이다. 앞으로는 지나온 삶을 후회한다는 표현은 쓰지 말고 지금까지 해온 일에 대해 다시 다양한 의미를 부여하는 적극적인 행동으로 해석하면 좋겠다는 생각이 든다.

타인의 시선을 의식하지 말고 연연하지 않아도 되는 주체적 삶을 살도록 노력해야 한다. 뜻밖의 일이 발생했을 때는 그 문제를 내가 조절, 해결할 수 있는 것인가? 이 관점에서 검토, 접근하며 많은 복잡한 집착과 욕심을 정리하면 평안함이 찾아오는 것을 경험한다. 자존심과 수치심을 버리면 젊었을 때는 무엇이든 할 수 있을 것 같았고 내가 한 일들을 뒤돌아보면 미미한 것처럼 보였다. 그러나 시간이 흐른 후 보면 그런 일들도 중요한 일임을 깨닫기도 하는데 이것이 인생의 성숙 아닌가 생각된다.

하이데거는 수다만 떨면서 시간을 낭비하는 행위를 추락이라 비판했다. 깨달음을 추구하고 삶을 살아가는 방식은 크게 구분하면 나 홀로 살거나 아니면 타인과 함께하는 방식이다. 불필요한 것을 정리하고 타인의 눈을 의식할 필요 없이 지금 있는 그대로 신체적 능력이 저하되고 업무능력도 저하되는 자신을 그대로 받아들이고 현재의 자신에 맞는 직업과 관심 분야를 찾아서 나에게 알맞은 활력과 삶의 의미를 찾는 방식이 그 하나이다.

레비나스가 보기에 데카르트의 생각하는 나, 니체의 초인으로서의 나, 칸트의 자연 세계와 도덕 세계의 입법자로서의 나. 키르케고르의 신 앞에 홀로 선 나, 하이데거의 죽음 앞에 홀로 선 나, 등 제목만 보아도 지금까지의 서양철학은 '나'와 다른 것에는 관심이 덜하였고, 무시하였다고도 무시하는 것처럼 보였다. 레비나스는 타인과의 관계 속에서 타인과 만남을 통해서 의미를 깨닫고 또한 만남이 변화, 발전의 계기가 된다는 것이다. 고독한 나의 모습을 성찰을 통해서, 때로는 불교적 참선을 통해서 나를 깨닫고 삶의 고뇌에서 벗어나 깨달음을 얻기도 하고 타인과의 선택적 만남과 관계 속에서 의미 있는 만남을 통하여 나의 존재 의미를 발견한다면 그 또한 괜찮은 삶의 방식으로 다가온다.

사색의 시간

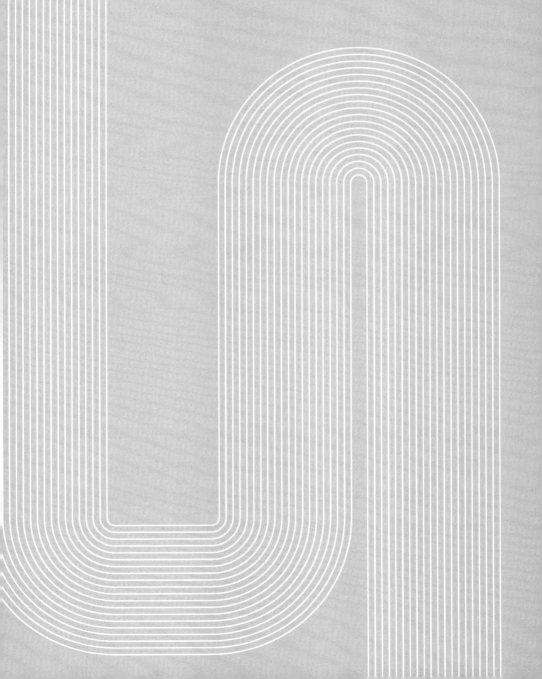

Ⅱ. 동양의 주요 인간관

1. 인간다움이란 무엇인가?

1) 동양 윤리사상의 배경

동양사상을 이해하는 데 전제적으로 이해해야 할 문제는 먼저 동양은 서양의 실체론적 사유와 대비되는 무실체론적 사유체계를 그 특징으로 한다는 점이다. 이 문제는 유가사상이나 노장사상, 불교사상을 이해하는 데도 염두에 두어야 할 중요한 문제의식이다. 서양철학은 "나는 어디에서 왔으며 어디로 가는가"와 같은 고대 그리스 철학자들의 문제의식으로부터 시작되었다. 서양철학에서 논하는 실체란 다른 것에 의지하지 않고 스스로 존재할 수 있는 존재라는 의미이다. 하지만 여기서 의문이 생긴다. 왜 어떤 절대적 실체가 있어야만 이 세상의 시작이 가능한가? 이 정형화되고 굳어진 틀을 동양에 적용하여 설명하는 잘못을 인제 그만두어야 한다.

동양은 서양과 달리 실체의 문제는 별로 중시하지 않았다. 이런 측면에서 동양사상의 특징으로 내향 초월을 강조하는 태도에는 나름대로 이유가 있다. 동양문화와 서양문화의 틀을 사상적으로 분석하고 논의할 때 동양을 내향 초월로, 서양을 외제 초월로 분류해 접근하는 것이 효과적인 설명 방법이다.

사색의 시간

동양사상은 '어떻게 사는 것이 인간답게 사는 것인가' 하는 현실의 윤리적인 문제의식에서 출발한다. 즉 어떻게 살아야 하는가의 문제가 가장 중요하였다. 유학이나 도가, 초기 불교도 사후 영혼의 존재 여부나 극락의 문제를 일종의 답이 없는 문제로 생각하여 답을 찾으려 애쓰지 말 것을 권했다. 유가는 사후세계나 죽음과 같은 문제보다 당시의 혼란 속에서 백성을 구제할 현실적인 방안에 관심을 가졌다.

동양에서 말하는 '자연(自然)'은 객관적인 자연 세계가 아니라 스스로 그러한 것을 의미한다. 동양에서 말하는 자연은 근대 서양에서 말하는 대상화된 세계로서의 자연의 의미가 아니라 '스스로 그러한(self-so)'이라는 뜻이다. 서양에서 말하는 자연은 기독교적으로 보면 창조된 것이고 근대 이후 기계론적 세계관으로 보면 이윤 창출의 원천으로 개발되어 죽어 있는 세계이다. 이와 반대로 동양에서 생각하는 자연은 살아 있는 것이고 그 자체로 기능하고 충만한 완전 자의 개념이다.

동양에서 선인들은 이런 자연을 스스로 기능하는 살아 있는 유기체이며 존재하는 것 가운데 최선의 존재라고 생각하였다. 자연의 모든 현상은 상호 의존적이기에 그 속에서 인간도 자연과 조화를 이루면서 살아가야 한다고 여겼다. 순환사관은 돌아감이 도(道)의 움직임이라는 반자도지동은, 이 현세에서 도의 활동은 최초의 시작으로 되돌아가는 움직임으로 나타난다는 것이다. 이는 도덕경의 구절이며 뒤 구절은 약자도지용(도의 작용은 약함으로 드러난다)으로서 약해 보이는 유연함과 부드러움이 삶을 살아가는 도리가 된다는 것이다. 도덕경에서는 상선약수(上善若水)라고 하면서 물이 바로 이런 도를 가장 잘 담지하고 있는 존재라고 말한다.

현재의 삶을 더 나은 방향으로 개선하려는 노력은 동양 문화의 핵심이며 이는 고전에서 자주 언급되고 있다. 이상적 인간관은 동양에서는 서양처럼 인간을 영육의 두 요소로 나누어 이해하지 않았다. 몸과 분리된 영혼이나 정신을 상정하지 않는다. 동양에서 생각하는 인생의 최고 목표는 최고의 이상적 인간이 되는 것이다. 이에 도달할 것을 최종 목표로 한다.

동양에서 가족 공동체주의는 유교 문화의 특징이다. 이는 학벌주의, 권위주의, 눈치와 체면 문화 그리고 권력 지향 주의나 지역주의 현상 등으로 동양 사회에서 여전히 작동하고 있다. 인공지능 기술의 발달로 세상이 급변하지만, 동양인의 문화적 유전자로서의 가족 공동체주의와 그 정서는 쉽게 바뀌고 있지 않다.

2) 공자의 사상은 무엇인가?

공자의 이름은 구, 자는 중니이다. 공자는 어려운 환경에서 성장하였지만, 그의 언행을 기록한 논어는 성서에 버금가는 인기 도서이다. 공자는 15세에 학문을 시작하여 30세에 학문의 이론체계를 정립하는 데 집중하고 40세에는 불혹, 부동심의 경지에 도달하였다. 50세에는 천명, 소명을 깨닫고 후진양성에 남은 생을 바친다. 60세에 공자는 이순(耳順), 귀가 순했다. 즉 성인의 경지에 도달했다. 70세에 욕구하는 대로 마음을 따라도 도리에 어긋남이 없었다. 즉 도덕률이 자기 내면과 일치를 이룬 상태가 되었다는 것이다.

예(禮)는 1)자연의 질서이다. 2)그렇기에 도덕 규율이다. 3)예는 정치질서 혹은 통치 도구이다. 인(仁)은 진정한 인간다움, 사람다움이다. 영어로는 humanity이다. 논어에서 공자는 인에 대해 분명한 정의를 내리지 않고 인을 실천하는 방안을 주로 논하였기에 후세에 인을 한마디로 규정하기 어렵게 만들었다. 인과 예의 관계는 예의 정신이 있어야 한다. 예는 외면적 형식에 그치는 것이 아니라 인간다움이라는 내면적인 정신이 그 예에 실려서 표현되어야 한다는 것이 공자의 뜻이다. 당시 예악 제도가 붕괴하여 예가 형식적인 것으로 여겨지자, 예에다가 인이라는 새로운 도덕적 기준과 바탕을 제시한 일이 공자의 소임이었다.

공자의 덕치(德治)는 통치자의 도덕적 자각과 수양을 전제한다. 도덕적 인격 완성을 위정자의 중요한 조건으로 삼아 지도자의 솔선수범을 통한 백성의 자발적인 복종을 유도한다. 덕치는 형벌에 의해 사회를 유지하려는 당시 정치 풍조와 대비된다. 형벌에 의한 강압보다 백성이 스스로 조정에 복종하게 하는 일이 덕정(德政)의 요체이다. 공자의 정치철학인 덕치는 예치(禮治)와 함께한다. 유가 정치철학에서 통치의 수단을 법이 아닌 예로써 해야 한다는 태도는 유가 특유의 주장이다.

공자가 예를 적극 장려하고 권장하는 예치 국가가 더 이상적이라고 판단한 이유는 예는 법처럼 하지 말아야 할 것뿐만 아니라 적극적으로 무엇을 해야 한다고 규정함으로써 이를 통해 백성을 일깨우는 적극적 규칙 혹은 규범의 성격을 갖는다. 법치는 법을 공지하고 이를 위반한 자를 처벌하는 것을 위주로 하기에 금지와 처벌에 초점을 둔다고 할 수 있다. 그래서 유가는 법으로 통치하고 형벌에 초점을 둔다고 한다면 백성들은 법조문을 피할 궁리나 하고 법을 어겨도 창피한 줄을 모른다고 지적한다.

예의와 염치를 가르치지 않고 처벌 위주로 백성을 다스리면 사회 풍속이 어떻게 될까? 요즘 우리 사회에 답이 나와 있다. 형벌로 처벌하는 방식을 함정을 파놓고 사냥감을 기다리는 일에 비유하며 반대한다.

정명(正名)은 명분, 이름을 바로 잡는다는 뜻으로, 구체적으로는 한 개인이 맡은 직책과 그 내실이 서로 잘 맞아야 한다는 의미다. 공자는 명분, 이름을 바로 세움으로써 사회를 바로 잡고자 하였다. 즉 질서 있고 안정된 사회를 이룩하는 데 가장 주요한 것이 정명이라고 주장한다. 공자는 임금은 임금답게, 신하는 신하답게, 아버지는 아버지답게, 자식은 자식답게 그 본분과 의무를 다하게 되면 사회가 질서 정연하게 정립될 것이라 보았다. 이런 면에서 공자의 예치 사상과 맥을 같이한다. 정명이 이루어져 더불어 평화롭고 화목하게 사는 이상적인 공동체가 대동사회이다.

공자는 늘 백성의 빈곤이 해결되면 그들을 모두 일정하게 교육해야 한다고 말했다. 이는 당시 매우 혁명적 교육관이었음을 쉽게 알 수 있다. 이는 세습적인 귀족 질서에 일격을 가하기 위해 덕망 있고 능력이 있는 평민을 교육받은 군자로 만들려는 공자 나름의 방식이었다. 공자에게 교육은 정치개혁과 밀접한 관련이 있었다고 볼 수 있다. 교육 내용은 학문과 행동거지, 진실함과 신뢰이다. 암기 주입식이 아니라 스스로 깨달음을 추구하는 자발성에 기초해야 한다.

공자는 제자와의 대화를 통해서 자질과 개성을 파악하고 각자에게 맞는 인재시교를 행했다. 그리고 폭넓게 배움, 간절히 답을 구하는 것, 공리공담이 아니라 일상의 일에 근거해서 생각하는 것, 배운 것을 실천하기 등이다. 물론 이런 방법은 유리되어서는 안 되고 통합되어야 한다. 이러한 논어의 교육론은 현대교육에도 많은 시사점을 주고 있다. 공자는 그의 생을 통해 정치적으로는 성공을 거두지 못했지만, 교육자로서는 혁혁한 성공을 이루었다고 볼 수 있다.

3) 묵자의 사상은 무엇인가?

묵자(기원전 479~ 기원전 381?)는 춘추전국시대에 활동했던 제자백가 중 하나인 묵가의 시조이다. 묵자와 그 제자들은 다른 학파와 달리 직접 노동하며 혼란한 사회를 안정시키려고 한 무사 집단이다. 사회 혼란이 극에 달하자, 묵자는 다시 하늘에 대한 종교신앙을 회복하여 하늘에 대한 믿음을 바탕으로 사회를 개혁하고자 하였다. 묵자에게 하늘은 전능한 권위를 가진 초월적 존재로 신앙의 대상이다. 묵가에 의하면 옳음은 지혜롭고 귀한 데서 나오는데 세상에서 가장 지혜롭고 귀한 것은 천(天)이므로 의(義)의 원천이다.

묵자는 천지, 천의가 모든 사람이 표준으로 삼아야 할 법도라 생각하고 사람들의 올바른 행동 기준이 되는 옳음 역시 하늘로부터 나온다고 생각한다. 하늘을 따라야 한다는 점은 유가나 도가의 입장과 외형적으로 비숫해 보인다. 그러나 묵자의 천 개념은 다른 제자학에 비해 인격적 성장이 상당히 두드러진다. 이는 묵자가 은대의 종교적 인격 천 개념을 계승했기 때문이다.

묵가는 천 이외에 천신, 지기, 인귀라는 영적 존재를 믿는다. 이런 영적 존재는 어떤 지위와 능력을 갖추고 있는지에 대해 묵자는 "귀의 지위는 하늘과 인간의 중간에 자리 잡고 있다. 따라서 이들은 성인보다도 밝은 지혜를 가지고 있으며, 또한 모든 것을 내려다보기 때문에 어디서나 인간의 선행과 악행을 지켜보고 있다"고 믿었다.

"유가는 사람들에게 공자의 인(仁)을 실천하도록 하기 어려운 이유가 무엇일까? 인간이 내면의 자발적 도덕성을 스스로 발현하기 어려운 존재라면 인간을 선하게 이끌기 위해 어떤 대안이 있을까?"라는 의문을 가지고 더 나아가 여기서 종교적 성향이 강했던 묵자는 신과 같은 절대 권위에 의지해 인간을 도덕적으로 만들 수 있다고 믿었다. 결국 묵자는 모든 인간이 서로 사랑하고 이롭게 해야 한다는 겸애(兼愛)사상을 종교적 권위에 의지해 역설한 것이라고 할 수 있다.

묵자는 당시 사람들이 믿고 있던 운명론과 숙명론을 적극 비판한다. 묵자는 "유가는 운명이 있다고 주장하는데 이는 사람들이 필요한 노력을 하지 않을 것이고 이는 천하의 옳음을 전복시키는 것"이라고 유가를 비판한다. 사람들은 숙명론에 기대지 말고 삶을 개척하기 위해 주체적으로 노력해야 한다고 주장한다. 그러나 실제로 묵자가 비판하는 것처럼 유가가 숙명론을 주장했을까? 한자 문화권에서는 어쩔 수 없는 상황에 봉착했을 때 이를 명(命)이라 부르는 관례가 있다. 유가가 운명 혹은 숙명을 주장했다는 생각은 묵자의 선입견에 불과하다. 즉 묵자는 유가의 천명론을 오해하였다.

겸애(兼愛), 즉 '두루 사랑함'은 묵자의 핵심 사상이다. 겸(兼)은 〈설문해자〉에 의하면 "벼 두 포기를 한 포기로 묶는다"라는 뜻이다. 묵자는 대상 전체를 겸이라 부르고 부분을 체(體)라고 한 것을 보면 겸은 부분인 체를 합치거나 겸이 분해되기 전 전체를 가리킨다. 즉 겸애의 겸이란 총체 또는 전체라는 뜻이다. 그러므로 겸애는 모든 이를 아울러서(겸하여) 사랑한다는 뜻이다. 묵가에게 겸애는 인(仁)이며 의(義)이고 인인(仁人)이며 의인(義人)이다. 이와 달리 자신이 맺고 있는 관계에 따라 차등적 사랑을 하는 것은 별애(別愛)이다. 묵자가 보기에 유가의 친친(親親)은 별애로서 이 세상을 혼란하게 하는 주원인이다. 그가 보기에 유교적 별애는 결국 가족주의적 이기주의나 공동체적 이기주의로서 보편 도덕 행위의 근거가 되기 어렵다는 것이다. 그렇다면 겸애는 구체적으로 어떻게 실천할 수 있을까?

겸애가 이상적 방안이기는 하나 실행하기 어렵다는 비판에 직면한다. 이에 대해 묵자는 군주나 통치자가 모범을 보이면 충분히 일반인도 실행할 수 있다고 주장한다. 묵자의 겸애는 서로를 이롭게 함이라는 측면에서 제기되었다. 겸애에서의 사랑은 결국 이로움의 논리를 통해서 실현된다. 내가 남을 사랑하면 상대방도 그에 대한 보답으로 나에게 사랑을 베푼다는 것이 두루 사랑하여 서로 이익을 얻을 수 있다는 견해의 핵심이다.

묵자는 의정(議政)을 정치의 바람직한 형태로 제시하며 이의 실현을 위해 먼저 상현(尙賢)을 주장한다. 상현이란 신분에 상관없이 덕이 있는 유능력한 현인을 숭상한다는 것으로 겸애를 실천하는 방법이자 정치의 근본이다. 이런 묵자의 사상 속에서 신분제 사회의 개혁 및 평등을 실현하고자 하는 염원을 본다.

묵자는 국가 간의 전쟁을 반대하지만, 방어 전쟁은 묵인한다. 실제로 새로운 병기를 연구하고 전쟁에 참여한 인물이다. 묵자는 절용, 절장, 비악편에서 불필요한 소비를 줄이고, 장례를 검약하게 할 것을 주장하는 한편 당대 사치스러운 귀족의 예악 문화에 반대하였다. 비악은 음악, 즉 예악의 사치성을 비판하는 것이다.

결국 타인의 이익을 위한 도덕적 결단과 행동이 자기 이익의 본령일 수 있다는 점은 자기 자신만의 이익 추구를 당연하게 여기는 현대자본주의사회에서 우리에게 시사하는 바가 매우 크다고 할 수 있다.

4) 양주의 사상은 무엇인가?

중국 역사서의 대부분은 사마천의 〈사기〉에 근거한다. 이는 그의 사관이 매우 실증적 사관에 기초하여 객관 사료에 바탕을 두고 기록되었기 때문이다. 그러나 당시에 도가 사상의 경우 사마천도 충분한 자료를 확보하지 못하였다. 도가 사상의 선구로 알려진 양주도 은둔자 중 하나로 그의 생애에 대한 정보는 없다. 그러나 맹자, 한비자, 장자에게 양주에 대한 언급이 자주 나타난다. 양주에 관한 내용은 대부분 맹자, 양주 편에 근거한다.

맹자는 "양주와 묵자의 말이 천하에 가득 차 천하의 말이 양주 아니면 묵자에게 돌아간다"라고 하며 이들을 막는 일이 자신의 소임이라고 하며 양주 사상을 비판한다. 맹자는 양주의 생명 중시 사상을 온 천하보다도 자기 자신을 우선시하는 극단적 이기주의로 이해했다. 그러나 맹자의 양주에 대한 극언에는 문제가 있다. 한비는 양주의 입장을 재물이나 명예 같은 자기 자신 이외의 외부적 요소보다 자신의 삶을 중시하는 경물중생(輕物重生)의 가르침으로 해석한다. 자기 몸과 생명을 가장 중요시하는 삶의 자세이다. 〈회남자(淮南子)〉에서는 양 선생님으로 호칭하며 묵자의 겸애와 상현사상을 양주가 비판했으며, 양주의 사상이 본성을 온전하게 하고 참됨을 보존하는 장점이 있다고 긍정적으로 평가한다.

양주에 대한 또 다른 오해는 그를 쾌락주의자로 평가하는 일이다. 그러나 이는 단면이며 그는 기본적인 의식주와 성생활이 충족되어야 한다고 여겼지만, 과도한 욕망 추구를 옳지 못한 삶의 형태로 보았다. 양주의 생명사상에 대하여 노자는 다음과 같이 간단한 질문으로 양주의 사상을 대변한다. "명예와 건강 중 어느 것이 더 중요한가? 건강과 재산 중 어느 것이 더 중요한가?" 장자는 풍부한 상상력으로 양주의 생명담론을 풀어낸다.

자신의 삶을 잘 도모하는 자는 세상의 주목을 받지 말아야 한다. 세상의 부름을 받아 쓰이는 자는 몸을 수고스럽게 할 수밖에 없기 때문이다. 장자는 이를 '쓸모없음의 쓰임(無用之用)'이라고 명명하여 쓰임을 추구해 화를 당하는 무리들을 경계한다. 과실나무, 아름드리 큰 나무, 상수리나무 중 상수리나무만 쓸모없음을 추구해 자신의 생명을 보존할 수 있었다는 것이다. 즉 과실나무는 자신이 만든 맛있는 과일 때문에 가지가 꺾이고, 아름드리 큰 나무는 궁궐의 기둥으로 쓰이기 위해 베임을 당한다. 당쟁 시대 과거급제자는 장자의 눈에는 관직에 출사하는 순간이 바로 권력이라는 불 속으로 뛰어드는 '한여름 밤의 나방'에 불과하다. 간단해 보이는 생명존중사상이 장자에게서는 '쓸모없음의 도'로 심오하게 표현된다.

5) 노자의 사상은 무엇인가?

노자는 기원전 5세기경 초나라 출생이고 성은 이(李), 이름은 이(耳), 자는 담(聃)이다. 사마천의 〈사기〉 기록에 의하면 노자는 도와 덕을 닦은 숨어 사는 군자였고 다른 이들처럼 자신의 이름을 세상에 남기고자 유위(有爲)하지 않은 현로(賢老)였다.

"도가는 생태주의를 주장했는가?"라는 주장은 가능하지만, 노장이 본래부터 자연환경이나 생태 문제를 염두에 두고 자연을 중시한 것처럼 설명해서는 안 된다. 도가의 도(道)는 만물을 초월해 있으면서 만물을 주재하는 초월적 존재가 아니다. 도는 천지 만물이 존재하는 근본원리이자 만물이 변화하는 과정에서 드러나는 형식이다. 이런 도는 천지 만물 속에 깃들어 있다. 노자는 먼저 언어가 도를 설명할 수 있는 적절한 도구가 아니라는 점을 지적하며 논의를 시작한다.

노장사상에서 무유(無有)관계는 두 가지 해설이 있다. 무(無)가 유(有)보다 근원적이라 보는 본무론(本無論)과 무와 유는 대등한 상호보완적인 관계를 맺는다는 유무상생론(有無相生論)이다. 본무론적 입장에서 노자의 무는 도덕을 포함해 인간 사회질서의 근원이 되는 것이다. 반면 유무상생론에서는 만물의 근원은 도 그 자체이며 무와 유를 동전의 양면과 같은 관계로 본다. 노자는 도의 움직임을 '되돌아감(反者道之動)'이라고 설명한다.

도의 움직임은 애초의 시작점으로 돌아가는 순환운동이다. 덕(德)은 천지 만물의 원리인 도가 만물에 깃들어 있는 것이다. 도에서 덕이 생기고 덕에서 구체적 사물이 생겨나는데, 구체적 사물이 생기면 바로 본성이 있게 된다. 도가 존재 형식과 관련된 범주라면 덕은 그런 도가 구체적인 만물이나 세상에 작용하는 모습, 즉 도에 따라 자라나고 성숙하고 변화하는 모습이다. 도에는 상덕(上德)과 하덕(下德)이 있고 상덕은 도의 운행 모습을 닮았다. 하덕에는 인, 의, 례가 있다. 하덕 중 가장 낮은 수준의 덕인 례는 사회 혼란의 원인이 된다는 것이다.

노자는 물이 지닌 성질에 비유해 자신의 인생철학을 설명한다. 물은 유약하면서도 강하다. 물은 항상 낮은 곳으로 임해 자신의 주장을 내세우지 않는다. 또 남과 다투지 않는 덕을 지니고 있다. 그러므로 사람들은 물을 통해 도의 모습을 보고 배울 수 있다고 주장한다. 노자가 생각하는 정치 지도자상은 백성들이 어렵게 여기지 않고 백성들 앞에 내세워도 백성들에게 방해가 되지 않을 사람이어야 한다. 백성들을 다스리기 힘든 이유가 무엇인가? 그것은 노자가 보기에 통치자가 작위를 일삼기 때문이다. 따라서 다스리기가 힘든 것이라 설명한다. 따라서 통치자의 무위는 백성이 자발성을 발휘하는 데 오히려 좋은 효과를 내게 된다는 것이다. 즉 노자는 작은 나라와 적은 백성(小國寡民)을 우상시하며 자급자족할 수 있는 소규모 촌락 공동체 사회를 지향하였다.

〈도덕경(道德經)〉은 반유가적이었나? 사마천은 "노자를 배우는 사람은 유학을 배척하고 유학을 배우는 사람 역시 노자를 배척한다"라고 하였다. 그러나 사회 상황이 변함에 따라 〈도덕경〉의 저자들이 강조하고자 하는 내용이 시대마다 달랐다. 초간본의 내용에서 저자가 유가를 적대시하지 않은 점을 분명히 알 수 있고, 이는 도덕경 현행본이 유교적 덕목을 직접 언급하며 비판하고 있지만 초간본은 그런 반유가 윤리적 내용은 없었다는 점과, 도가가 유교와 대척점에서 대립각을 세웠다는 내용이 죽간본에서는 없었다는 점에서 또한 사실로 증명된다.

6) 장자의 사상은 무엇인가?

장자(기원전 365?~기원전 270?)의 이름은 주(周)이고 사마천의 〈사기〉에 의하면 송이라는 작은 나라에서 귀족의 과수원 동산을 관리하는 한직에 있었다. 장자는 약소국 송의 비애와 고통을 목도하고 기아(饑餓)와 류망(流亡)을 직접 경험하며 성장해 자신의 사상을 확립하였다. 장자의 도(道)는 노자와 같이 형체가 없으며 감각의 대상이 아니다. 장자가 주장하는 성수반덕(性修反德)의 수양이 바로 자신에 내재하는 덕을 회복하는 일이다. 성수반덕은 본연의 심성을 되찾는 수양이다.

인간은 각자 자신의 기준으로 타인을 판단하는 일정한 신념 체계가 있는데 장자는 이를 성심(成心)이라 한다. 성심은 편견이며 주관이다. 장자는 인간사회에 쟁론이나 시비가 생기는 원인을 성심 때문이라고 본다. 장자는 이 성심을 털어내는 수양 방법인 심재와 좌망을 강조한다. 심재(心齋)는 마음의 재계이다. 재(齋)는 제사를 앞두고 몸을 정갈하게 씻고 음주와 요식을 삼가는 일을 말한다. 그런데 장자는 여기에 마음도 비우는 일을 강조한다. 좌망(坐忘)은 정좌한 상태에서 모든 외물과 자신마저도 잊어버리는 정신 경지이다. 실제로 장자학은 가장 중국화 된 불교인 선종의 형성에 깊은 영향을 준다.

"인의를 잊고 예악을 잊는다. 마지막으로 자신의 존재마저도 잊어버리는 정신 경계인 것이다" 이는 곧 망아(忘我)로서 분별이 사라진 궁극의 경지이다. 장자는 외부의 속박에서 벗어나 자족하며, 도의 관점에서 만물을 바라보아 결국 만물과 하나가 되는 이상적 인간상을 제시한다. 이런 이상적 인간을 일컫는 용어로 진인(眞人), 지인(至人), 신인(神人), 성인(聖人), 천인(天人) 등이 있다. 장자가 지향하는 진인은 자연적 본성을 이해하고 그 덕을 잃지 않는 참다운 인간(眞人)이다. 즉 진인은 분별하는 마음으로 도를 훼손하지 않고 작위로써 조장하지 않는 사람이다.

소요(逍遙)는 한가롭게 떠돌며 어디에도 매이지 않고, 자족하며 사는 것으로, 정신적 자유의 경지를 일컫는다. 장자를 펼치면 만나는 대붕의 이야기는 피로사회에 지친 현대인들에게 세상과 자신을 바라보는 새로운 시각을 제시해 준다. 군주는 제도, 법규, 규범 같은 획일적 틀을 설정 후 사회를 이끌어간다. 그러나 이런 인위적 장치가 피지배층의 상황을 더 나쁘게 만들 수 있다. 인위적이고 획일적 정치는 사람들을 질식시킨다.

죽음에 대해 사람들은 '나는 죽는다'는 표현보다 '인간은 누구나 죽는다'고 말한다. 삶과 죽음을 그저 때에 따라서 왔다가 때에 따라가는 자연의 순환과정으로 받아들여야 한다. 그래야 죽음이라는 불안과 공포 고통에서 벗어날 수 있다는 것이 장자의 설명이다. 장자는 아내의 죽음뿐만 아니라 자기 죽음까지도 관조한 사람이다. 장자는 천지를 관곽으로 삼고, 해, 달, 별, 만물을 죽음의 동반자로 삼고 싶다고 말한다. 즉 장자는 삶과 죽음을 하나로 여기고 달관할 수 있는 진정한 지인(至人)이었다고 생각된다.

7) 맹자의 사상은 무엇인가?

맹자(기원전 372~기원전 289)는 이름은 가(軻)이고 자는 자여(子輿) 혹은 자거(子車)이다. 맹자의 모친은 교육에 최선을 다해 맹모삼천(孟母三遷), 맹모단기(孟母斷機)의 고사를 남겼다. 사마천에 의하면 맹자는 가는 곳마다 제후들과 뜻이 맞지 않았다고 한다. 맹자는 말년에 추나라로 돌아와 후학양성에 힘쓰고 제자들과 함께 맹자를 저술하였다. 맹자 스스로 양주와 묵자의 사상이 천하의 대세라고 말한 점에서 알 수 있듯이 당시 공자 사상은 위협받고 있었다. 그는 공자의 도를 지켜내고자 위도주의(衛道主義)를 내세워 공자를 적극 추앙하였다.

맹자 이전 공자는 인성은 고정불변이 아니라 교육의 정도에 의해서 변할 수 있다고 보았다. 맹자는 인간이 선하다 보았고 다른 동물과 구분되는 인간만의 특성에 주목한 주장이다. 사단이란 측은지심, 수오지심, 사양지심, 시비지심의 네 가지 마음이다. 맹자는 사단을 확충할 때 인간은 비로소 도덕적 존재가 될 수 있으며 인의예지가 실현된다고 보았다. 즉 사단은 인간 본연의 마음이고 우리 본성에 내재하는 도덕적 선의 단서라고 주장한다. 즉 맹자가 본 인간 본질의 최대 특성은 도덕성이다.

서양에서 아리스토텔레스가 인간을 이성적 동물이라고 정의한 것처럼, 맹자는 인간을 도덕적 존재라고 규정지었다. 맹자는 요순과 일반인은 같은 사람이라고 단언한다. 모든 사람이 요순과 같은 성왕이 될 수 있다는 의미는 현실에서 이상적 도덕 사회가 실현될 수 있다는 정치적 의미를 내포한다. 맹자는 인간의 마음이 선하다는 점에 근거해서 본성의 선함을 주장한다. 악의 존재 이유는 인간에게 선천적으로 사단이 내재해도 후천적인 환경의 제약 때문에 선이 행해지지 못할 수가 있고, 즉 남귤북지(南橘北枳)인 경우가 있고, 감각기관의 영향으로 인해 불선이 발생할 수 있다.

이 지점에서 "맹자는 어떻게 사단을 확충할 것인가?"의 문제를 다루는 수양론으로 나아간다. 인간이 지니고 태어난 선한 마음인 사단을 확충하기 위해 마음의 작용을 방해하거나 왜곡시키는 일이 없도록 해야 한다. 이를 위해 맹자는 '놓아버린 마음(放心)'을 찾는 일(求放心)과 욕심을 줄이는 방법, 그리고 부동심의 확립을 주장한다.

부동심 확립의 방법으로 '나'는 타인의 말을 알며(知言), 나의 호연지기를 잘 길러야 한다. 지언(知言)과 양기(養氣)는 자신의 마음을 붙잡아 부동심의 경지에 이르는 방법이다. 이는 논어에서 "말을 모르면 그 사람을 알 수 없다"라고 언급한 것과 상통한다. 맹자에서 양기는 '양호연지기(養浩然之氣)'를 줄인 말로 호연지기를 지속해서 기르는 것을 의미한다. 호연지기는 우리 몸에 가득하여 있는 순수하고 성대한 천지의 정기를 말한다. 맹자는 그래서 "대인은 오로지 의가 있는 곳을 따를 뿐"이라고 하였다. 논어에서 새로운 이상 인격상으로 신군자를 내세웠다면 맹자는 신군자의 이상을 이어 나가면서 대인, 대장부라는 새로운 이상 인격을 주장했다. 요컨대 대장부란 자신의 도리를 다하고 하늘의 명을 기다릴 뿐이다.

맹자는 왕도정치와 패도정치를 구분하는데 왕도정치는 백성들에 대한 도덕적 교화를 중시하고 패도정치는 무력과 강압에 의존하여 정치를 한다는 데 큰 차이가 있다. 혁명론, 즉 왕조교체에 대한 공자와 맹자의 시각 차이는, 공자는 왕조의 정권 이양을 언급하지 않았다. 그 이유는 공자는 주나라 왕조를 다시 일으키려는 의도를 가지고 있었지만, 맹자는 쇠약한 주나라를 부흥시키는 일이 불가능한 시대에 살았기 때문에 새로운 왕조를 세우고자 하였다. 맹자 철학의 핵심은 백성이 국가의 중심이라는 민본주의적 관점이다. 즉 천의가 바로 민의이고 민의가 바로 천의이다.

맹자는 군주나 귀족의 치부를 적극 반대한다. 맹자는 국가의 자원이 군주나 지배층의 사적재산이 아니라 백성들과 함께 사용해야 하는 공동 재화라 주장한다. 국가 자원은 사람이 함께 사용해야 하는 공적 자산인 것이다. 맹자는 마지막으로 왕도정치의 선행조건으로 경제적 안정에 더하여 교육의 필요성을 역설한다. 백성의 생계 문제가 해결되면 우선으로 교육기관을 설립하여 그들을 가르쳐야 한다고 주장한다. 맹자는 배불리 먹고 따뜻하게 입고 편안히 살면서 가르치지 않으면 짐승에 가깝게 된다고 하며 백성에 대한 교육이 왕도 실행의 주된 요소가 된다.

8) 순자의 사상은 무엇인가?

순자(기원전 298~기원전 238) 이름은 황(況)이며 자는 경(卿)이다. 그는 20살 무렵 연나라 왕 쾌를 만나 이미 약관의 나이에 정사에 참여한다. 공맹은 인간의 덕성을 중시한다면 순자는 상대적으로 인간의 지성을 강조한다. 지(知)라는 용어를 사용할 때 순자는 경험적 지식이라는 의미에서, 공맹은 도덕적 앎이라는 뜻으로 사용한다. 천(天)이라는 용어도 공맹은 주로 도덕, 천(heaven)이라는 뜻으로 사용한다면, 순자는 물리적 하늘을 의미한다.

이런 시각 차이로 순자는 공맹의 예치와 달리 형벌의 사용을 더 강조한다. 순자 〈잡편〉에 보이는 정치사상은 이미 법가의 법치 단계에 진입하고 있다. 우리나라에서 성리학의 영향으로 오랫동안 순자가 상대적으로 경시되었지만, 순자가 공맹 이론의 부족한 측면을 보완해 줄 수 있다고 본다. 이런 의미에서 이제 순자를 포함하여 '오서(五書)'로 해야 할 시기가 되었다고 본다.

하늘과 인간을 분리하여 인식한 순자는 현대과학적 측면에서 천지자연의 작용을 이해한다. 순자는 확실히 유가 자연관에 새로운 지평을 열어준다. 순자는 자연에 대한 인간의 능동성과 인간의 주체적 지위를 강조한다. 순자는 성인만이 천(天)을 알려고 하지 않는다고 하며, 하늘의 일보다는 인간의 직분에 대해 파악하는 적극적인 자세를 가지고 있다.

순자는 인간의 특성을 "이익을 좋아하고, 질투하고 미워하며, 육체적 욕망이 있어 아름다운 소리와 빛깔을 좋아함"이라고 설명한다. 이런 특성은 동물도 가지고 있지만 인간은 이런 특성을 그대로 따르기 때문에 사회적 혼란이 온다. 본성 그 자체가 추한 것이 아니라 본성이 방치되었을 때 발생하는 사회적 무질서와 부정의를 순자는 염려하고 있음을 보여준다. 그래서 순자는 "인간의 본성은 추하다", "인간의 선은 인간의 노력 때문이다"라고 역설한다.

순자는 진흙으로 만든 그릇과 나무로 만든 목기로 예를 들며 그릇과 목기는 인간의 작위에 의해 만들어진다고 지적한다. 그가 후천적인 작위를 강조한 이유는 맹자의 주장을 반박하고자 함이다. 인성에서 선의 단서인 사단(四端)이 선천적으로 존재한다는 것을 부정하고, 도덕적 선은 인간의 노력으로만 구현된다는 점을 강조하고자 하는 의도가 있다고 보인다는 점이다. 그는 인간의 본성이 추하다고 여겼지만, 노력을 통해 본성을 교화할 수 있다고 주장한다. 인위를 통한 본성의 교화를 화성기위(化性起僞)라 하며 이런 경지에 이른 사람이 성인이라 칭한다.

인간은 태어나며 욕구를 갖고 이것이 충족되지 않으면 다툼이 생기고 이는 사회적 혼란으로 이어진다. 이를 해결하기 위해 선왕이 예(禮)를 제정했다고 주장한다. 순자는 훌륭한 예는 형식성과 인위적인 수식성이 있어야 한다고 주장한다. 이런 예는 사람이 마땅히 지켜야 할 도덕이자 사회에서 인간의 행위를 규제하는 기강으로 기능한다는 것이다. 한편 순자는 정명론에서 명칭은 사회적 약속이라는 점을 지적한다. 순자의 정명은 논리적 함의가 있지만 결국 공맹의 정명론과 같이 질서정연한 사회 건설을 지향하는 정치 윤리적 의의가 있다고 본다.

9) 한비자의 사상은 무엇인가?

한비자(기원전 280~기원전 233)는 법가사상을 완성한 사상가이다. 한비의 법치 사상은 그의 본성론에 근거하고 있기에 먼저 본성론을 보면, 순자의 주장과 매우 유사하다. 인간은 이익을 추구하는 기질을 선천적으로 가지고 태어나며, 나의 이익에 따라 움직이며, 타인을 고려하는 마음은 이익을 탐하는 마음을 넘어서지 못한다. 즉 인간은 이해득실을 따지고 이익에 따라 행위를 하는 존재이다. 상호이익계산은 천륜인 부자지간에도 예외가 없다. 그는 성인이 정치 수단으로 삼는 것은, 첫째는 이익(利)이고, 둘째는 위세(威)이며, 셋째는 이름(名)이라고 주장한다.

한비는 노자의 도(道)를 법(法)의 근원이라 여긴다. 도와 법의 관계에 대해 그는 도를 따라 온전한 법을 만들 수 있다고 주장한다. 노자와 유사한 방식으로 도를 이해하였지만, 한비는 이를 정치 현실에 적극 반영하여 법치의 토대를 만들었다고 볼 수 있다. 도는 만물이 시작하는 근원이며 시비를 정하는 근본이다. 한비에 따르면 "도에 따라서 법을 온전히 하므로 군자는 삶을 즐기고 큰 사악이 그치게 된다"라는 것이다. 도가의 "억지로 하지 않아도 안 되는 일이 없다"라는 주장은 법가의 통치술에 심대한 영향을 미친다.

무위는 인위적인 것을 배제하고자 하는 노장사상의 대표개념이고 무위지치(無爲之治)는 한비 법치 사상의 중요 요소이다. 그는 군주가 무위의 덕을 지녀야 한다고 본다. 군주는 마음을 비우고 정한 상태에서 실제 정황을 파악하고 직접 일을 처리하지 않고 신하에게 일을 처리하게 해서, 그 결과에 따라 상벌을 내린다는 구절을 군주의 통치 방식에 응용하였다. 결국 군주가 할 일은 구체적 지시를 내리기보다는 신하들이 스스로 공적을 내세울 수 있는 환경을 조성해야 하는 것이다.

일반적으로 한비는 법가 이론의 선구자인 신도의 세(勢), 상앙의 법, 산불해의 술(術)을 종합하였다고 알려졌다. 상앙은 법률과 제도를 뜻하는 법을, 산불해는 통치술을 뜻하는 술을, 신도는 군주의 권세를 의미하는 세를 중시하는데, 한비가 이를 종합하였다는 주장도 있다. 한자어 法은 형벌이다. 공평한 것은 물과 같아 水로 구성되었고 해태가 정직하지 못한 자를 쫓아내므로 去 자로 구성되었다고 한다. 〈설문해자〉에 의하면 水는 法이 물과 같이 고르다는 뜻에서 공평성을 상징하고 去 자는 '해태가 범법자를 뿔로 들이받아서 쫓아버리는 동작'에 비유되어 범법자를 몰아내는 의미를 담고 있다. 이는 법의 의미가 본래 형벌을 의미했다는 것을 의미한다. 서경(書經)뿐만 아니라 다른 초기 경전에서도 법은 모두 형벌을 의미한다. 이처럼 성문법에 기초한 법치(法治)는 군주의 지위를 보장하고,

지배층의 전횡으로 야기된 사회문제를 해결해 부국강병을 성취하는 데 있다는 점이다.

술(術)은 군주가 신하를 다루는 통치 기술 방법이며, 이는 공표된 법과 달리 군주가 혼자 독점해야 하는 것이다. 신상필벌은 군주가 권력과 위세를 유지하기 위해 실제로 사용하는 통치 수단이다. 신상필벌은 공이 있는 자에게는 반드시 상을 주고 죄가 있는 사람에게는 반드시 벌을 준다는 뜻으로 상벌을 공정하고 엄중하게 실행하는 일을 말한다. 이런 신상필벌은 군주가 신하를 제어하는 유효한 수단으로 술론의 핵심이다.

우리는 법가사상에 대하여 마치 윤리나 도덕과 배치되는 사상으로 이해하는 경향이 있었다. 이런 이해는 유가적 이해 방식으로 판별한 것이라서 공정하지 못한 방식이다. 한비는 유가의 덕치 체제가 갖고 있는 주관성과 모호성을 넘어 통치의 객관성을 지향하면서 강력한 법치 시스템을 구현하려 하였다. 법치와 도덕이 함께 작동될 때 인간사회는 이상적 사회가 구현된다는 것이 진리이다.

2. 유가사상의 전개와 신유학의 완성

1) 가속하는 기술력, 부동의 심성

변역(變易)과 부역(不易) 관련하여 조만간 통신속도는 5G에서 6G 속도로 변화할 전망이다. 그러면 현재보다 100배 정도 통신속도가 빨라지며 현재 최신 기술이 접목된 챗GPT 4.0은 70년대에 나온 TV 수준의 기술 정도로 보일 것이라 한다. 향후 5년 내 인간들은 커피를 제공하고 설거지 등을 하며 인간과 대화할 수 있는 사람과 비슷하게 생긴 인공지능 로봇을 하나씩 가질 것이라고 한다. 미래에는 변하지 않는 심성이 존재할 것인가? 그것은 무엇일까?

한국인은 리(理)를 강조하고 리에 관심이 많고 일본인은 기(氣)에 관심이 많아서, 즉 한국인은 천리, 마음 등 리(理)적인 것을 중시하고, 일본인들은 기(氣)적인 몸, 신체 등 현실적인 것에 관심이 많다는 주장이 있다. 그래서 우리 조상들은 정해진 리(理)적 구조에 익숙한 주자학을 그대로 수용하여 창조성이 부족하다는 지적이 있다. 일본인들은 기(氣)적으로 주자학을 수용하여 노벨상을 많이 받았다는 주장도 있다. 이는 근거가 있는 말일까?

2) 대학과 중용의 이해

〈대학(大學)〉이 유가 철학의 전체 규모에 입각한 실천적 강령을 명확하게 밝히고 있는 유학의 개론서라면, 〈중용(中庸)〉의 내용은 대부분 추상적 내용을 다루고 그 결과 일상적인 내용을 언급하는 것이 적고, 철학적 주제를 말하는 부분이 많다. 또한 대학과 중용은 표리(表裏)를 이루고 있다. 대학이 유학의 전체 계를 잘 드러낸 저서라면 중용은 각 체계에 대한 상세한 설명이 부가된 책이다. 그래서 대학과 중용은 통합적으로 이해해야 한다고 한다.

대학의 용어는 첫째, 교육기관으로서의 대학이다. 소학에 대칭되는 국립대학을 의미한다. 둘째, 책 이름, 또는 독립된 장의 제목으로서의 대학이다. 예기에 주를 단 동한의 정현과 당대의 공영달은 대학 편의 내용을 위정자 또는 천자가 올바른 정치를 하는 도리를 논한 글, 곧 제왕의 학문이라 하였다. 그러나 송대에 와서 주희는 지역 사대부의 정치적 성장에도 깊은 관심을 가져 사회를 올바로 끌어 나갈 책임 있는 사대부들의 학문을 하는 방법과 원리를 논한 책이라 하였다. 셋째는 학문의 범주로서의 대학이다. 주희는 그의 저서 〈대학 장구〉에서 대학이란 대인의 학문이고 여기서 대인이란 위대한 사람, 즉 덕 있는 군자를 말한다.

대학이란 용어는 일상생활을 위한 실용적 차원의 학문이나 지식이 아닌 사회지도층이 익히고 연마해야 할 배움을 담고 있는 경전이다. 대학은 이상적 지도자가 되기 위한 세 가지 목표와 이 목표를 이루기 위한 8단계의 과정을 말하고 있다. 삼강령(三綱領)은 대학의 궁극적 목표이며 그중 '명명덕(明明德)'은 밝은 데를 밝힌다는 뜻이고 '신민(新民)'은 백성을 새롭게 한다는 의미이며 '지어지선(止於至善)'은 지극한 선의 경지에 머물러야 한다는 뜻이다.

팔조목(八條目)은 삼강령을 이루어 가는 단계이고 나의 명덕을 밝히는 일은 격물(格物)-치지(致知)-성의(誠意)-정심(正心)-수신(修身)의 단계를 거쳐 완성되고 백성을 새롭게 하는 일은 수신(修身)-제가(齊家)-치국(治國)-평천하(平天下)의 단계를 거쳐 완성된다. 삼강령과 팔조목은 나를 닦아 다른 사람을 다스린다(修己治人)는 유가의 이상과 맞닿아 있음을 알 수 있다. 이처럼 대학은 유학이 지향하는 정치적 이상을 제시한 책이다.

3) 〈주역(周易)〉과 역전 이해

주희는 〈중용장구〉에서 중(中)은 치우치지 않고 기대지도 않으며, 지나치거나 못 미치지 않는 것의 이름이고, 용(庸)은 평범한 것을 말한다. 그러나 이는 고정된 상태에서 정의이며 변화하는 상황에서 중은 시중이나 중화와 같은 개념이 나타난다. 그래서 중용에서의 중은 중심의 중과 미발의 중, 중화의 중, 시중의 중이 있다.

용은 바뀌지 않는 것이다. 삶에서 음식을 섭취하는 것은 일상의 바뀌지 않는 일 중의 하나이다. 그러나 너무 일상적이다 보니 사람들은 그 중요성을 잊고 살아간다. 그래서 용(庸)을 천하의 정리(定理)라 하며 이런 관점에서 중용(中庸)은 고정불변의 중심이나 원칙이 아니고 상황에 따라 유연하게 적용되면서도 항상성(恒常性)을 가지는 것이다. 즉 도덕 행위는 지속되고 반복되어 삶 속에서 습관화되고 일상화되어야 한다. 현재 우리가 접하는 주역은 우주와 삶에 대한 지적 통찰의 결과를 집대성한 내용이며 시간의 흐름 속에서 수정된 것이다.

현존하는 주역은 64괘, 괘사와 효사 그리고 십익(十翼)으로 구성된다. 주역은 괘라는 상징체계를 통하여 변화의 도리를 표현한다. 굳이 문자가 아닌 기호를 통해 표현하려 한 이유를 공자는 다음처럼 표현한다. "글은 말을 다 표현하지 못하고 말은 생각을 다 표현하지 못한다. 그렇다면 성인의 생각은 알 수 없는 것인가?" 공자가 대답하였다. "성인은 상(象)을 세워서 생각을 나타내고 괘를 베풀어 참과 거짓을 밝혀내며, 글귀를 덧붙여서 그 뜻을 다한다." 태극, 양의, 사상, 팔괘를 거쳐 나온 64괘는 역에서 도를 표현하는 기호체계이자, 그 전체 내용이다. 그래서 이 중 괘를 해석하는 일이 역(易) 이해의 핵심이 된다.

역(易)에는 3가지가 있다. 첫째는 이간인데 여기서 易 자는 '쉬울 이'로서 만물의 변화 원리는 단순하고 이를 이해하기도 쉽다는 의미다. 둘째는 번역인데 현상세계의 끊임없는 변화를 의미한다. 셋째는 불역이다. 이는 만물이 변화하는 가운데 변하지 않는 원리가 존재함을 의미한다. 번역과 불역은 모순 관계인가는 모든 진리는 상대적이라는 주장은 앞의 '모든 진리'에 해당하지 않는다. 즉 "모든 만물은 변화한다"라는 번역과 "변화한다는 이 원칙은 변하지 않는다"라는 불역이 양립 가능하다는 점을 이해한다면 이 문제는 쉽게 이해된다.

4) 새로운 시대, 새로운 유학사상

신유학은 위진 시대, 수당 시대를 거쳐 도가·도교와 불교의 융성으로 유학은 영향력이 감소하여 북송대에 이르러 유학자, 즉 사대부들은 교유 사상인 유학의 부흥을 최대의 지상과제로 생각하였고 이를 위해 불교, 도교의 형이상학적 이론을 받아들여 유학사상 중 인성의 형이상학적 근거를 이론적으로 정교하게 재구성한다.

5) 주돈이와 〈태극도설〉

주돈이는 저서에서 자신의 형이상학적 우주창생론과 윤리학을 논한다. 주돈이는 〈태극도설〉에서 만물의 생성 과정을 고찰하여 무극(無極), 태극(太極)에서 음양(陰陽)으로, 음양(陰陽)에서 오행(五行)으로, 오행에서 만물로 이어지는 우주창생론을 설명하고 있다. 이 〈태극도설〉은 공맹 원시 유학의 가르침에서 찾기 어려운 당시 새로운 사상적 경향을 보여준다. 특히 무극과 오행 개념을 사용했다는 점은 그가 도가·도교의 사상을 받아들였다는 점을 분명히 보여준다. 〈주역 계사전〉은 태극·사상·팔괘 개념을 사용하고 있지만, 무극은 노자와 장자 그리고 도교 경전에서 보이지만 불교에서도 다루고 있는 개념(무한 무궁의 의미가 아니라 피안의 세계를 지칭)으로 사용된다. 초일명삼매에서도 큰 지혜를 행하여 무극에 이른다 거나 무극의 지혜 같은 용례가 보인다.

이 오행은 수, 화, 목, 금, 토를 의미한다. 이는 전통적인 오행설을 채용한 것이다. 태극도설은 현상계의 근본이 무극, 태극이라는 입장을 분명히 밝히고 음양, 오행이라는 질료적 요소의 조화와 변화 때문에 모든 존재가 생성되며 각 존재는 끊임없는 변화의 와중에 있다고 설명한다. 여기서 문제가 되는 것은 무극과 태극의 관계로, 이미 송대부터 이 개념의 관계에 대한 주륙논쟁, 즉 무극이면서 태극인가?(무극이태극), 무극으로부터 태극인가?(자무극이위태극) 하는 논쟁이 발생한다.

6) 장재: 우주는 기의 덩어리

태허라는 무형의 원초적 상태에서 기의 응집과 취산 과정을 거쳐 만물이 생성된다고 주장한다. 그의 핵심 주장은 기철학(氣哲學)이다. 태허는 아무것도 없는 것이 아니라 기(氣)가 희박한 상태이며 이 희박한 기가 모여서 음양이기를 구성하고 다시 이 음양이기가 응축하여 만물을 구성한다. 만물은 생명을 다하고, 점차 없어지는 것이 아니라 최초 모습인 태허로 돌아간다.

장재는 태허의 운동 원리와 변화의 과정을 신화(神化)와 기화(氣化)의 개념으로 설명한다. 그는 인간의 본성을 천지지성, 기질지성, 공취지성으로 설명하는데 천지지성은 태허의 본성이며 이 본성은 인간에게 체현되면 인의예지의 덕성으로 나타나고, 천지지성(천성)은 지고지선하다. 기질지성은 기가 모여 형질을 이룬 후 생긴 속성으로 성격이 강함, 유함, 조급함, 느긋함 등 품성을 가리킨다. 본성과 지각을 합하여 마음이라 한다. 마음이 이치에 도달한 것, 앎에는 견문지가 있다. 견문지는 감각기관을 사용하여 사물을 지각한 것이다. 덕성지는 본성에서 나오는 앎이다. 공부론에 대해 장재는 학문함의 큰 이익은 스스로 기질을 변화시키는 데에 있다. 그렇지 않으면 성인의 심원함을 볼 수 없다. 장재는 서명과 동명을 기록했는데, 서명에 인간을 천지건곤의 자녀로 설정해 우주와 국가를 한 가정으로 그 구성원을 가족으로 여기는 가족적 삶의 태도를 '서명'은 담고 있다. 여기서 장재는 모든 사람이 한 가족이라는 우주적 가족주의를 선언하고 있다.

장재(1020~1077)는 중용(中庸)을 공부하고 불교, 도교를 이론적으로 비판 후 기본론(氣本論)을 확립하였다고 한다. 장재에 의하면 우주의 주요 구조가 태허 ↔ 기 ↔ 만물로 이루어져 있고 이것은 동일한 실체의 다른 방향이고, 물질적 실체로서의 기는 시간적으로든 공간적으로든 영원하다고 주장한다. 그리고 기로 규정된 것은 일시적이기 때문에 도교에서 말하는 장생불사는 환상에 불과하다고 비판한다. 장재는 이러한 우주 만물의 변화 운동을 주관하는 필연적 존재를 천리로 보았는지 아니면 신의 존재를 인정한 것인지 궁금하다. 그리고 천리와 신의 개념은 통하는 것이 있을까?

우주는 '허공이 없으며 허공은 기의 형태'이다. 기는 실체로서 영원히 동일하며 소멸하지 않는다. 따라서 불교에서 말하는 허(虛)와 공(空)이라는 교의는 미망에 불과하다고 비판한다. 장재가 말하는 우주의 '허공 구조'

주장은 오늘날 현대 물리학에서의 '양자장 이론'에서 말하는 이론과 개념들과 유사하게 보인다. 장재는 철학사상가라기보다는 자연과학자로서도 손색이 없어 보인다.

오늘날 과학 사상사의 입장에서 장재의 '태허(太虛)는 기(氣)'라는 학설은 어느 정도 장(場)의 존재를 추측한 것으로 본다. 양자장론 이론은 "우주와 인간과 모든 살아 있는 것들이 시간과 공간 안에서 하나로 연결되어 있음"을 말한다. 이것은 모든 개별적인 입자들이 네트워크 안에서 작동하며 장(場)에 의해 엮어진 시스템의 중요성을 말한다. 장(場)은 연속적인 것으로 입자의 성질을 지니고 있고 입자는 응취(凝聚)로 간주할 수 있다. 장재가 무형의 공간을 일종의 물질 실재로 간주하고 이런 물질 실재가 모여 기와 만물로 될 수 있다고 본 사상은 현대 물리학과 진화론의 주장과 일치하는 점이 매우 크다.

장재의 주장은 만물과 기의 관계는 동일한 취산 관계이고 그러므로 우주에는 진정한 허공이나 허무가 존재하지 않는다. 형상이 있고 모양이 있는 물질은 유(有)이며 기는 흩어져 태허로 돌아간다는 것이다. 그것을 볼수는 없지만 결코 진정한 무(無)가 아니며, 따라서 우주는 무한한 실재이고 그중에는 단지 '밝고 어두운 차이'만 있고 유무의 구별은 없다는 것이다. 장재의 입장에서 볼 때 전통적으로 유무로 부르는 것은 모두 기이다. 장재는 이것을 '유와 무가 뒤섞여 하나인 상태'라고 주장한다.

장재의 자연 철학은 기일원론의 유물주의 철학으로 볼 수 있다. 그리고 장재는 우주의 통일성을 물질적 실재인 기로 귀결시켰다. 불교의 업보와 윤회 사상과 달리 장재는 우주의 과정을 물질 운동의 영원한 순환으로 파악했던 것이다. 만물은 기에서 생겨나고 만물은 기로 되돌아간다. 기는 실재로서 없는 곳이 없으며 영원히 같다. 장재의 기일원론은 중국 고대의 기론사상이 본체론적 형태로 상당히 완성된 것으로 볼 수 있다.

장재는 그의 우주 자연 철학 체계에서 변화의 실체는 기(氣)이고, 변화의 과정은 도(道)이며, 변화의 향상된 법칙은 리(理)이고 변화의 본성은 신(神)이며, 변화의 동인은 기(氣)이고 변화의 총체는 역(易)이고 변화의 점진적인 것은 화(化)이며 변화의 두드러진 것은 변(變)이라고 주장하였다.

장재는 변화의 과정에서도 질서와 규칙이 있다는 점에 주목하고 그것은 어떤 필연성(必然性)의 지배로 발생하는 것으로 파악하고, '전체 세계는 추측하기 어려우며(神) 신묘하지만 항상됨(理)이 있는 것'이라고 표현한다. 장재사상에서 중요한 개념은 신(神)이다.

장재는 신화(神化)의 학설을 통해 '운동의 근원'이 '세계 자체'에 있다는 점을 긍정하고 양일(兩一)의 학설을 통해 모순의 대립과 통일의 변증법적 관계가 운동의 내재적 근원임을 주장한다.

장재가 제기한 사위(四爲)는 인간이 태어나 살아가야 할 목표를 제시한 것으로 이해된다. 이는 교육자, 정치 지도자, 모든 인간에게 해당되는 명언이라 생각된다. "하늘과 땅을 위해 마음을 두고, 백성을 위해 명(命)을 세우며, 옛 성인을 위해 끊어진 학문을 이어 나가고, 만세(萬世)를 위해 태평시대를 연다"라는 대업에 유한한 생명을 바쳐야 한다는 것이다. 이는 봉건시대 사상가들의 이상이었다. '사람은 모두 내 동포요, 만물은 모두 내 짝'이라는 생각은 이런 지식인들의 정기가(正氣歌)였다. 이것은 송 명리학의 일관된 전통이며 중국 지식인의 문화 심리 구조에 큰 영향을 끼친 사상이다.

7) 정호와 생생(生生)의 원리

정호사상의 핵심은 천리라 할 수 있다. 그는 "나의 학문은 타인에게 받았지만, 천리는 나 자신이 체득한 것"이라 하였다. 그에게 천리란 하나의 도리이다. 우주 안에는 천도, 물리, 성리, 의리 네 가지가 있다. 정호는 천리가 이 모든 원리를 관통한다고 보았다. 즉 천리는 보편법칙이다. 정호의 사상은 합일적 특징을 가지고 있고 〈정성서(定性書)〉에서 사물을 대립적으로 이해하는 구도를 부정하고 양망(兩忘)을 주장한다. 양망하면 마음을 편하게 할 수 있다는 것이다.

현대과학은 고귀한 인간과 하등한 바퀴벌레도 같은 원자 DNA로 되어 있다는 사실을 증명했다. 성현이나 현시대 천재 인간들도 지금 우리가 사는 현실은 가상 꿈의 세상일 수 있다고 생각한다. 장자의 호접지몽, 그리고 화성 이주를 꿈꾸는 머스크는 지금 우리가 사는 세상이 가상 세계가 아닐 확률은 1/60억이라고 했다. 부처 눈에 비친 세상은 홀연히 생겼다가 사라졌다고도 할 수 없는 세계였다. 일체유심조(一切唯心造)의 원효는 머리가 아닌 몸으로 해골 물을 마심으로 이 세상이 가상의 세계임을 깨친 것으로 볼 수 있다. 여기서 정호의 마음 즉 살려는 의지, 심즉리, 식인(識

仁)의 개념들이 의미 있게 다가왔다.

정호의 주장, 즉 "인간이 이상적 척도이며 생의(生意)가 있는 것들이 인(仁)이다"라는 사상과 이를 공부하는 방법으로서의 정좌법은 현대인에게 시사하는 바가 크다. 마음을 컨트롤하지 못함으로 괴로워하며 병에 시달리며 심리상담을 받으며 생활하는 현대인의 모습에서 마음의 중요성을 미리 간파한 정호의 선견지명이 돋보인다.

정호는 심시리(心是理)를 주장하며 주로 미발(未發) 시에 일리(一理)를 체인해야 한다고 보았다. 이것이 식인(識仁) 공부이다. 반면 정이는 심시리가 아닌 성즉리(性卽理)를 주장한다. 그는 리일(理一) 체인을 주로 미발 시가 아닌 이발(已發) 시에 해야 한다고 주장한다. 이발 시에는 리일을 체인하는 격물치지 공부를 미발 시에는 단지 평정한 마음을 유지하는 재중 공부를 해야 한다는 것이다.

주희는 정이처럼 성즉리를 택한다. 그리고 양면성을 간파한 주희는 여러 이유로 정호의 구중이 아닌 정이의 미발 함양을 발전적으로 개발한다. 주희는 구체적 공부법으로 정좌와 일상생활 속에서 몸을 가다듬는 소학을 제시한다. 이런 사상적 흐름에서 주희의 미발 함양이 완성된다.

정호의 미발(未發) 공부는 심시리이고 '살려는 의지(生意)'만으로써 자연스러운 생을 유지하는 생명 그 자체를 긍정한다. 저절로 알을 깨고 나와 걷고 벌레를 쪼는 병아리, 맥박(脈搏)에서 정호는 '생의가 있는 것'들이 '인(仁)'이라고 보며 감탄한다.

살고자 하는 의지 자체가 선한 덕성이다. 타고났기에 알고(良知), 후천적으로 밖에서 배울 필요가 없는(良能) 수준이 정호가 인간에게 기대하는 수준이다. 그렇기에 동시에 인간은 덕행을 당장 행하도록 그 능력이 활성화되어 있다는 것이다. 심은 리(理)이고 리(理)는 심(心)이며 목소리는 음률이 되고 몸은 척도가 된다. 보고 듣고 사려하고 움직이는 것 모두 하늘(天)이다. 현재 보고 듣고 마음으로 생각하고 목소리를 내고 몸을 움직이는 것이 곧 이상적 척도이다. 내 마음이 성인의 마음이면 성인인 나는 그저 이끌리는 대로 편히 행동하면 된다.

마음이 더러우면 경(敬)으로서 다스려 마음을 확충하면 된다. 사람이 잠시 방황하여 실수한다고 해서 심시리(心是理)의 원리가 틀리게 되는 것은 아니다. 이미 알고 이미 할 수 있으니 혼자 노력으로는 알 수 없고 할 필요가 없다. 배움을 쌓는 일이 굳이 필요하지 않다.(선불교 사상) 정호는 글을 배우지 않아도 예의 뜻은 이미 얻었다고 말한다. 이는 사물을 관찰하고 경전을 분석하는 일은 정이의 대표적 격물치지 공부법이고 이는 정호가 정이의 격물치지의 실효성을 비판한 것이라 볼 수도 있다.

심시리(心是理)이기에 이미 일리가 활성화되어 있다면 굳이 이발의 공부를 숱하게 누적함으로써 일리를 체인하지 않아도 된다는 것이다. 미발 때에 잠시 붙은 사욕을 떨치는 것으로 일리 체인이 가능하다. 정호는 중(中)을 천지간에 "위아래로 통하는 바른 이치라 하며 하늘로부터 받은 중은 하늘이 명한 성이니 중즉성(中卽性)"이라고 주장한다. 그리고 심(心)이 곧 하늘이자 성(性)이기도 하다. 즉 심즉성(心卽性)이다. 인(仁)은 혼연히 사물과 동체가 되고 의예지신이 모두 인이다. 배우는 자는 우선 인을 깨달아야 한다. 정호는 일리인 중·성을 직관적으로 인으로 표현한다. 그의 인은 사덕 중 일부가 아닌 전덕(全德)이다.

정호는 일리 체인을 직관적으로 식인(識仁)으로 표현한다. 정호의 궁리(窮理)란 본체를 증험하는 식인이다. 치지(致知)는 격물(格物)에 있다. 격(格)은 다다름이다. 리(理)를 궁구하고 사물에 이르면 사물의 이치를 다한다. 궁리진성하여 명(命)에 이른다. 이는 세 가지 일이 나란히 일어나 본래 순서가 없다는 말이다. 정호의 미발 공부의 구체적 방법은 정좌이다. "명도 선생께서 진흙으로 빚어 붙인 사람처럼 앉아 혼연히 한 덩어리의 온화한 기운이셨다" 식인을 향해 묵묵히 잠기는 정호의 정좌법은 이후 양사, 나종언, 이통에게 계승된다고 한다.

그런데 동생인 정이는 정호와 왜 다른 견해를 갖게 된 것인가? 첫째, 마음에 대한 신뢰가 떨어졌기 때문이다. 둘째, 심시리에서 도출되는 묵좌법을 실천한 유학자들이 불교나 도가에서 언급되는 심리상태를 경험하는 사태가 빈번했다. 정이는 정(靜)을 경(敬)으로 대체하고 경 공부(主一無適) 외에도 궁리(窮理) 공부를 역설한다. 셋째, 춘풍태탕(春風□蕩)인 정호의 성격과 다르게 정이는 추상열일(秋霜烈日)의 다소 건조하고 냉정한 성격을 지녔기 때문에 차이가 난다는 것이다.

이런 이유로 정이는 객관적으로 현실을 직시하여 성즉리(性卽理)를 주장했다. 정호의 이발 공부와 정이의 이발 공부는 세목(細目)이 서로 다르지만, 상대주의적 관점에서의 견해차며 이정의 미발 공부는 차후 이발 공부를 잘하기 위해 미리 분수의 성을 기르는 공부란 것이다. 정호에게 인간의 본성은 생(生), 즉 생명(生命)이 천지의 작용이고 인(仁)이 만물의 생의(生意)였다. 인은 곧 만물과 만인이 자기와 함께 살아가길 바라는 마음일 뿐이기 때문이다. 생명을 존중하는 입장은 천(天)의 입장이며 그 입장은 인간의 마음인 인(仁)을 내용으로 한다. 정호의 사상은 리와 기를 대립되는 것으로 보지 않는 것으로 보인다. 정호의 '유동과 혼연함'이라는 입장은 이 불상잡, 불상리의 문제를 해결해 줄 실마리를 제공해 줄 수 있다고 본다.

정호가 태허를 주장한 반면, 정이는 철저히 리(理)의 형이상학을 주장한다. 정이가 리(理)를 체(體)로, 상(像)을 용(用)으로 채워, 원리와 형상의 혼동을 방지하긴 하였지만 그 둘의 근원은 같다. 체와 용이 상즉하는 것은 결국 정호가 말한 혼연함과 일맥상통한다고 보인다.

8) 정이와 리기(理氣) 이원론

천리는 정호가 체득한 것이지만 분명 리(理) 개념은 정이에게도 핵심적 개념이다. 어떤 기(氣)는 동물의 몸을 이루고 어떤 기는 식물이 되고 식물 중에도 같은 기가 장미가 되고 동백이 되는 차이를 설명해야 한다.

여기서 리(理) 개념이 등장한다. 정이와 주희 계열의 주장에 따르면 이 세상의 만상은 장재처럼 기의 산출에 의한 것이 아니라 기와 리의 산물이다. 동백과 장미는 각각의 이치에 따라 기가 응집된 결과이다. 이런 이치는 그 개별존재보다 논리적으로 먼저 존재한다. 정이에게 있어서 인간의 가치표준 근거는 본성에 있다. 맹자에게는 사단이 마음의 본성이지만 정이는 본성과 마음을 구분한다. 그는 측은은 사랑에 속하는 감정이지, 본성이 아니라고 하는데 이것은 정이가 심, 성, 정의 의미를 구분하고 있다는 뜻이다. 또한 함양은 경으로 해야 하고 학문의 발전은 치지에 달려 있다고 하였다. 정이는 주일무적, 정제엄숙을 경의 공부법이라 한다. 정이는 격물에서 격은 탐구이고 물은 이치를 의미한다. 격물은 사물의 이치를 탐구하는 일이다. 마음의 지각 작용을 통해 사건, 사물에 대한 앎을 확충하는 게 바로 격물이다.

9) 주희와 신유학의 완성

주희는 이정의 사상을 기초로 하고 주돈이, 장재 같은 북송의 사상가들에게 사상적 감화와 영향을 받아 자신의 이론체계를 확립하였다. 그는 동시대를 대표하는 학자인 여조겸, 장식, 진량, 육구연 등과 교류하며 논쟁하면서 방대한 리학체계(理學體系)를 건립하였다. 주희의 형이상학적 이기론은 주돈이의 태극도설을 바탕으로 장재의 기, 이정 형제의 형이상, 형이하 및 리기의 구분 논쟁을 소화하여 융합하였다. 주희는 특히 이정의 철학 중 리와 사물의 관계에 대한 논의를 탐구 계승하여 이를 진일보시켜 자신의 이기론을 확립하였다.

주희는 태극을 기로 보는 이전의 관점을 버리고 태극을 리로, 음양을 기로 파악한다. 주희는 리기로 모든 존재를 설명한다. 리는 사물의 본질이나 법칙 규율을 의미한다. 주희에 의하면 리란 소이연(所以然)과 소당연(所當然)이란 측면이 있다. 소당연으로서 리는 최고의 표준이다. 기는 사물을 이루는 내용 사물의 물질적 형태나 형상 그리고 현상적 존재의 측면을 의미한다. 형이상학적 존재인 리와 다르게 기는 형이하학적 존재이다. 리와 기의 선후 문제는 현실 세계에서 리와 기는 분리될 수 없다. 그러나 논리적으로 따져보면 리가 기보다 먼저 존재한다고 할 수 있다. 시간적 순서가 앞선다는 것이 아니라 리가 더 근본적이다. 리가 있기에 기가 있다는 것이다.

주희는 태극을 리로 생각하였기에 리로 규정한 태극이 동정(動靜)할 수 있는가 하는 문제가 발생한다. 리는 동정할 수 없지만 리가 동정하는 기를 타기 때문에 리는 동정할 수 있게 된다. 태극이 동정한다는 것은 바로 이 이유이다. 리일분수(理一分殊)는, 리는 하나지만 각 사물에 내재해 있다는 뜻이다. '만물은 하나의 이치'라는 것은 만물이 개별 이치 모두가 같다는 뜻이 아니라 그 이치들이 같은 보편 원리의 표현이면서 통일성을 지니고 있다는 의미이다. 주희는 존재 전체를 관통하는 태극과 각 개체에 분유된 태극의 관계를 달이 만개의 냇가에 도장처럼 찍혀 있다는 월인만천(月印萬川)으로 비유했다.

주희 심성론은 유가 심성론의 바탕을 이룬다. 마음과 본성, 감정에 관한 주희의 연구는 내성의 완성을 목표로 하는 송대 신유학의 중심에 자리 잡고 있다. 많은 이가 이기론을 주자학의 핵심으로 이해하지만, 사실 이기론의 목적은 심성론의 형이상학적 근거를 제시하는 데 있다. 주희 심성론의

근간은 마음, 본성, 감정이다. 중화신설은 성을 체로, 감정을 작용으로 파악한다.(중화구설의 반대개념)

사람도 리와 기가 합하여 태어나는데 리를 받아서 본성을 이루고 기를 받아 육체를 이룬다. 천리가 사람에게 품부되어 이루어진 성을 천지지성이라 한다. 근데 이것으로 인간의 추악함이 설명되지 않는다. 리가 기질의 영향을 받아 진화된 것이 기질지성이다. 이는 분리될 수가 없고 따라서 주희는 기질성의 제약을 극복하기 위해 천지성을 드러내는 공부가 필요하다고 한다. 여기서 리는 약하고 기는 강하다는 성리학의 문제가 드러나고 도덕교육의 측면에서 이 문제는 수양론의 중요성을 일깨워 주지만 동시에 약점이 된다.

주경 함양은 주희의 수양 방법론을 대표한다. 주경의 함의는 방종한 마음을 수렴하여 경외의 상태를 유지하는 것이다.(정이는 주경을 주일무적으로 설명) 주희는 격물을 궁리로 풀이하는 정이의 해석을 계승 발전시켜서 격물론을 자신의 윤리학 체계에서 중요한 사상적 특징으로 만들었다. 그는 대학 이해에서 가장 중요한 점이 바로 격물(格物), 두 글자를 올바로 이해하는 데 있다고 역설했다. 격물 공부가 노장이나 불교와는 다른 차별적인 유교적 수양 방법론의 특징을 보여줄 수 있다고 생각했기 때문에 주희는 격물 공부를 매우 중시하였다. 그에게 격(格)이란 이른다(至)는 것이고, 물(物)이란 일(事)과 같다. 즉 사물의 이치를 끝까지 궁구하여 그 지극한 곳에 이르지 못함이 없도록 하는 것이다.

지와 행의 문제에 대해, 주희는 지행의 문제 중 주요한 것은 치지와 역행의 관계라고 보았다. 선후를 논할 때는 마땅히 치지를 우선해야 하고 경중을 논할 때는 마땅히 역행을 중시해야 한다. 도덕교육의 목적은 도덕적 인간을 길러내고 도덕적 삶의 방향을 제시해 주는 데 있다. 이 점에서 주희 철학의 목적과 도덕교육의 목적은 실제로 일치한다는 것이다.

10) 진량과 공리주의

주희는 어떤 결과를 통해 그릇된 행위를 정당화하거나 옳은 행위를 폄하하는 일에 반대한다. 그러나 진량의 경우 옳은 행위라면 그에 부합하는 좋은 결과가 뒤따라야 한다. 즉 그의 관점에서 보면 좋은 동기에서 행한 일이라도 그 결과가 좋지 않으면 그 행위도 좋은 행위라 할 수 없다. 이는 당위성과 유용성의 관계를 어떻게 설정하는가에서 기인한다. 진량은 반대하고 주희는 구분해야 한다고 주장한다. 진량에게 도(道)란 내재적이고 상대적이며 인간 중심적인 현실적인 진리이다. 역사적 맥락에 따라 도(道)는 변한다는 것이고, 주희는 도(道)를 초역사적이고 불변하는 것으로 보았다.

11) 왕수인(왕양명): 내 마음이 바로 도덕법칙이다

양지(良知)는 양능(良能)과 함께 맹자에 의해서 처음으로 언급된다. 맹자는 "사람이 배우지 않고도 능한 것은 양능이고 생각하지 않고도 아는 것은 양지"라고 하였다.

양지는 선천적 도덕 자각 능력을 의미한다. 양명은 양지와 양능을 하나로 통합하였다. 양명은 양지란 헤아려 보지 않고, 배우지 않아도 시비(是非)를 자각적으로 판단하는 도덕심이라 보았다. 이는 인간의 도덕적 성장을 통해 발현된다. 양지설의 주요 내용은 시비지심으로, 사람은 누구나 선험적으로 옳고 그름을 판단하는 준칙을 가지고 있음을 명확하게 표현한 것이다.

주희 철학에서 지(知)는 일반적으로 인식의 견문지 성격이다. 하지만 양명의 철학에서 양지는 마음의 본체이자 본심으로 도덕적 행위원칙이 된다. 주희는 리기로 나누어 설명하는 이원론으로 우주와 인간을 설명하지만, 양명은 리(理)는 기(氣)의 조리요. 기(氣)는 리(理)의 운용임을 들어, 리즉기(理卽氣)로 일원화하여 우주와 인간을 설명한다. 마음은 곧 리(理)로서 성즉리 관계로 설명한다. "나의 마음이 도덕 판단의 준거"라는 심즉리의 설이 확립되어 양명사상의 근간이 된다.

주희는 심즉리와 대비되는 성즉리이다. 이치가 본성에 구현된다는 것이다. 양명은 지행합일(知行合一), 마음이 리(理)라는 기반 위에서 지행합일을 주장한다. 양명은 양지의 실현을 위해 심즉리, 심외무리, 지행합일 등 자신의 모든 학설을 치양지(致良知)로 종합한다. 이는 맹자의 양지와 대학의 8조목 중 하나인 치지(致知)를 종합하여 새롭게 해석한 것이다.

12) 청대 이후 동서양에서 유학의 전개

신해혁명 이후 중국에서는 군주제가 무너지고 과거제가 폐지되고, 공교육에서 유교경전이 사라져 버렸다. 최근 중국 사회주의 정부는 각 대학에 공자 아카데미를 개설하고, 유교 중화주의라고 할 정도로 유교 부흥 운동을 추진하고 있다. 일본에서는 유교의 역할이 거의 사라져 버렸고, 베트남은 근검, 절약, 성실, 공정함 등의 유교적 가치가 사회적으로 중시된다. 서양에서 유교 연구는 유교의 가르침에서 자신들의 부족한 점을 찾아내서 자기 삶과 문화를 더 풍요롭게 하자는 것에 주목적이 있다. 이미 유학과 신유학은 세계 사상사의 한 부분으로 정착하였다.

3. 신유학 이론의 실천 방법: 유가 명상이론

1) 미발심(未發心)과 이발심(已發心)

처음 접해보는 유가 명상의 이론은 마음·본성·정서의 세 가지 요소가 상호작용하면서 미발심(未發心)과 중(中), 이발심(已發心)과 화(和)라는 두 가지 마음 현상이 일어난다. 마음의 대표적 속성은 심(心), 성(性), 정(情)이다. 거울을 심(心)이라 보면 빛이 사물이 있는 곳을 비추어 보아 거울에 상이 맺히는 현상은 정(情)이며 거울이 빛을 비추어 상을 형성할 수 있는 근거는 심(心)에 내재한 성(性)이다.

성과 정의 관계는 성이 발하여 정리된다. 따라서 성은 미동이고 정은 이동인 것이다. 그래서 성은 미발(未發)이고 정은 이발(已發)이며 성은 물의 고요함 같고 정은 물의 흐름과 같다. 성은 고인 물처럼 미발심(未發心)이고 정은 흐르는 물과 같아 이발심(已發心)이다.

그리고 심·성·정의 관계는 심이 성과 정을 통괄 통제한다는 것으로 정리된다. 심은 성을 갖추고 있으며 정을 발출하는 것이기도 하다. 여기서 명상의 수양에서 심·성·정과 기의 관계는 기를 매개로 심·정, 즉 마음은 몸 및 숨과 긴밀하게 연결된다. 마음도 기(氣)이고 몸과 숨 또한 기(氣)이다.

어진 마음은 신체의 장수에 긍정적 영향을 주고 강한 의지는 그 지향하는 바를 실행할 체력을 강화한다. 명상의 측면에서 미발심은 마음의 눈이 사물·사태에 주시하지 않고 고요히 몸속에 있는 상태를 말한다. 이발심은 특정 사물·사태에 주시하고 그곳에 마음의 기운을 펼치는 상태이다. 즉 생각이나 감정을 일으키는 상태이다. 천하 만물을 낳을 큰 근본으로서의 이상적인 미발심을 중(中), 천하 만물로 펼쳐 나가 천하 만물을 절목에 맞게 처리하는 이상적인 이발심을 화(和)라 한다.

미발 명상을 요약하면 첫째, 미발심에는 주시가 불필요한 사물들만 있고 주시가 필요한 사물은 없다. 둘째, 고요한 마음은 흔들리거나 흐릿해지지 않으면서 본성들을 함양해야 한다. 셋째, 맑고 또랑또랑 깨어 고요한 마음을 다스려야 한다. 넷째, 살피고 깨우는 마음 현상은 필요한 순간 잠시 나타나고 의식이 맑게 일깨워진다.

2) 명상 목표: 中의 마음 경지

중(中)이란 투명하게 또랑또랑 깨어 있는 상태이며 은근하게 밝고 따뜻한 사랑의 기운이다. 즉 가치적인 깨어 있음이란 뜻이다. 미발 명상을 통해 소란스러운 사욕이 잦아들면 인의 따스한 마음이 생긴다. 배꼽 아래 단전에 집중하며 미발 정좌 명상을 하면 단전을 중심으로 체온이 오르고 마음은 편안하고 부드러워진다. 그리고 나의 기운과 천지 만물의 기운이 조화롭게 어울려(和) 나와 천지 만물은 하나가 될 것이다. 이발 시에는 심(心)이 자신으로부터 나가서 자신과 이어진 정에 영향을 주고 정을 다스린다. 이때 정이 잘 다스려지면 중절이나 화의 상태가 되고 이발 시 일어나는 생각, 감정, 언행 등의 정을 도덕적 측면에서 분석하면 인심(人心), 인욕(人慾), 도심(道心)의 문제와 연결된다.

주희에게 인심과 인욕은 일반적 욕구나 감정을 의미한다. 천리에 맞는 선한 욕구와 감정은 도심이라 불리기도 한다. 그러나 이 또한 본질적으로 인심, 인욕이다. 불선한 몸의 마음을 인심, 인욕, 사욕이라 표현하기도 했다. 마음을 보존하면 도심이고, 마음을 잃어버리면 물욕이 지나쳐서 인심이 된다. 이발심에는 내가 접한 사물·사태에 부합하는 이치를 파악하는 마음이 있다. 나아가 내 생각, 감정, 언행 등을 살피고 이 마음이 옳은지 그른지 판단하고 바른 생각, 감정, 언행을 명령하는 마음이 있다.

인의예지 사덕의 본성, 즉 의리에서 생기는 도심이 형성되고 측은, 수오, 사양, 시비라는 바른 욕구와 감정을 지시하는 도심이 형성된다. 도심과 인심은 마음속에서 종종 신경전을 벌인다.

이발 명상을 요약하면 첫째, 이발 시에는 주시가 필요한 사물이 등장한다. 둘째, 그 사물과 관계된 본성이 발현되고 마음의 힘이 쓰이면서 생각·감정·언행, 즉 인심이 나타난다. 셋째, 그 사물 사태에 적합한 천리를 판단하여 도심은 인심에 명령을 내리고 인심을 주재한다. 넷째, 이발 시 수행자는 경하여 도심과 인심을 구분하고 도심을 강화하여 도심의 승리를 이끈다. 이발 명상이 목표하는 경지인 화(和) 혹은 중절(中節)의 마음이 어떠한 마음인지를 살펴보면 욕구의 크기가 도심이 요구하는 정도에 맞으면 화이고 작거나 크면 불화이다. 기쁨, 즐거움, 좋아함이 무조건 커야 중절인 것은 아니다. 유가 명상의 토대는 경이며 미발 함양, 격물치지, 이발 성찰이라는 공부법이 있다.

3) 명상의 토대: 경(驚)

경(驚)은 약간 두려워하며 소중한 어떤 것을 보호하려는 행위이다. 주희는 경이 외(畏) 자와 비슷하다고 보았다. 경의 주목할 특징은 경이 정(靜)과 동(動) 혹은 미발과 이발을 관통한다는 점이다.

정호, 정이 형제를 계승한 주희는 동정을 관통하는 경 개념을 부각하며 경 개념을 발전적으로 체계화한다. 그러면 경의 집중 상태는 어떤 원리를 통해 얻을 수 있을까? 주희는 선현의 말을 토대로 네 가지 경의 원리를 소개한다. 첫째, 주일무적(主一無適): '마음은 한 곳에' 정도로 쉽게 표현할 수 있다. 둘째, 정제엄숙(整齊嚴肅): 집중할 때 옷과 몸을 가지런히 하라는 뜻이다. 정제엄숙을 이루는 예의 조목으로 사물(四勿)과 구용(九容)이 있다. 사물은 비례물시(非禮勿視), 비례물청(非禮勿聽), 비례물언(非禮勿言), 비례물동(非禮勿動)이며 구용은 족용중(발걸음은 신중), 수용공(손 모양은 공손), 목용단(눈은 단정), 구용지(입은 다물어), 성용정(목소리는 조용히), 두용직(머리는 곧게), 기용숙(분위기는 엄숙하게), 입용덕(서 있는 자세는 덕스럽게), 색용장(표정은 장엄하게), 즉 의관을 바르게 하라는 의미이다. 셋째, 상성성(常惺惺): '정신은 또랑또랑' 정도로 표현할 수 있다. 넷째, 기심수렴 불용일물(其心收斂 不容一物)은 '방해물은 물리쳐' 정도로 표현할 수 있다. 주일무적과 비슷하다.

경의 네 가지 원리는 표면적으로는 내용이 다르지만 결국 서로 연결되어 있다. 즉 네 가지 원리는 동정을 관통하는 것이다.

4) 명상의 방법

미발 함양은 마음을 중(中)의 상태로 만들어 본성을 함양하는 공부이다. 미발 함양 명상은 마음을 중의 상태로 만들어 줌으로써 수행자에게 고요한 평안을 가져다준다. 미발 함양의 전개 과정은 첫째, 주시할 필요가 없는 일에 마음이 쏠리지 않게 주변 환경을 정돈하고 행동을 삼가야 한다. 둘째, '지금 여기'라는 현장감을 느끼며 중의 상태를 자각해야 한다. 거경(居敬)은 중(中)의 상태를 뜻한다. 미발 정좌 명상을 할 때는 다음 측면을 고려해야 한다.

첫째, 앉은 자세는 가지런히 해야 한다.

둘째, 눈은 시선을 몸 가까이 두고서 부드럽게 뜰 수 있고 감을 수도 있다.

셋째, 단전호흡한다. 단전은 기의 바다이며 배꼽으로부터 1.5~3cm 아래 양 신장 사이에 있는 곳이다.

넷째, 명상 시간은 겨울이나 봄이 선호되고 달 밝은 밤, 맑은 새벽, 맑은 아침이 좋다.

다섯째, 명상을 하는 공간은 문을 닫은 자기 방, 산수 좋은 풍경의 바위 위 등 조용한 곳이면 된다.

'미발 정좌' 용어를 사용한 이유는 '이발 정좌'도 가능하기 때문이다. 이발 정좌는 정좌한 채 곰곰이 생각에 잠기는 것이다. 이렇게 미발 정좌는 종종 이발 정좌와 연결된다. 동과의 연계성이 있는 주희의 미발 정좌는 동을 중시하는 유학의 특성을 반영하고 있다.

다음으로 소학은 일상에서 예로써 몸을 다스리는 공부이다. 소학은 그 이름처럼 주로 어린 학생을 위한 것이지만 평생 수양서이다. 여기서 의문점은 '소학을 통해서 미발 공부를 해야 하는가'이다. 정좌를 오래 하다 보면 어느 순간 깊은 고요에 빠질 위험이 있고 이런 상태에서는 어떤 사물 사태가 다가왔을 때 이에 즉각적으로 대처가 힘들다. 미발 정좌와 구분되는 소학의 특징이나 장점은 무엇인가? 주시가 크게 필요한 일이 생기면 즉각 마음의 힘을 써서 일을 처리할 수 있는 미발 공부가 필요하게 되며 이 미발 공부가 바로 소학인 것이다. 주시의 강도가 약할수록 미발에 가깝고 주시의 강도가 강할수록 고도의 사유나 풍부한 감정이 일어나는 이발에 가깝다. 주희는 미발 정좌, 쇄소응대진퇴(灑掃應對進退), 예악사어서수(禮樂射御書數) 공부의 특징을 고려하여 공부의 순서를 제시한다.

첫째, 쇄소응대진퇴의 예절 공부를 예악사어서수의 육예 공부보다 우선해야 한다.

둘째, 소학에서는 3단계까지만을 주 범위로 삼고 이를 바탕으로 대학에서 네 단계로 나아가야 한다. 미발 정좌 및 소학 외에도 미발 함양의 효과를 볼 수 있는 공부법으로는 기 체조, 걷기 명상, 바디 스캔 등이 있다. 기 체조 중 대표적인 것은 팔단도인법이다. 이는 퇴계가 필사한 〈활인심방(活人心方)〉에 소개된 체조법이다. 팔단도인법은 몸, 숨,

|| 마음의 기를 바라고 건강하게 다스리는 체조이다.

5) 격물치지: 독서 명상을 중심으로

　명상의 측면에서 격물치지 공부란 사물·사태에 내재한 이치를 연구하고 이를 되뇌면서 마음을 다잡는 공부이다. 정이의 '격물'에서 격(格)은 '이르다'라는 뜻이며 물(物)은 일(事)이다. 정이는 일이란 모두 이치가 있고, 그 이치에 이르는 것이 격물이다. 격은 궁구와 같고 물은 이치와 같다.

　격물치지의 공부 대상인 사물의 범위는 신(身), 심(心), 성(性), 정(情)의 덕과 인륜 및 일상의 규율에서부터 천지 귀신의 변화와 날짐승·들짐승·나무·풀의 마땅함에 이르기까지이다. 즉 인식 대상의 범위가 몸에서 일어나는 사회현상 그리고 자연현상까지 아우른다.

　격물치지 공부의 인식 내용은 바로 사물의 이치인데 이치를 파악한다는 것은 구체적으로 무엇을 하는 것인가? 먼저 소당연(所當然), 그리고 나아가 소이연(所以然)을 파악하는 것이다. 소당연은 마땅히 그렇게 되어야 하는 것, 혹은 그렇게 해야 하는 것을 뜻한다. 소이연은 그렇게 되는 까닭 혹은 그렇게 해야 하는 근거이다. 소당연은 가치의 차원이고 소이연은 사실의 차원이므로 별개의 것으로 볼 수도 있으나 주희에게 있어 이 둘은 밀접한 관계가 있다.

　주희는 소이연을 알게 되면 소당연을 실천하겠다는 의지가 강해지고 소이연을 알기에 그 뜻이 미혹되지 않고 소당연을 알기에 행동이 어긋나지 않는다고 말한다. 비판 능력을 발휘해 소이연을 파악하면 창의성을 발휘해 상황 맥락에 맞는 소당연을 구성할 수 있다. 태풍이 오면 당장 꽃이 쓰러질 수 있으니 일단 꽃을 실내로 옮긴다. 이런 예를 보듯이 인간은 바뀐 삶의 조건에 맞추어 능동적으로 살아가야 한다. 격물치지의 세부 공부법으로 독서 명상법을 살펴본다. 주희는 〈대학〉, 〈논어〉, 〈맹자〉, 〈중용〉 순으로 사서를 읽으라 권한다.

> 첫째, 책의 내용을 정확히 파악해야 한다
> 둘째, 책을 반복적으로 소리 내 읽어야 한다.
> 셋째, 책의 내용을 암송하며 그 내용을 되뇌어야 한다.

책을 읽는 태도는 내용을 정확히 이해하기 위해 객관적이고 비판적인 태도로 읽어야 한다. 또한 책의 내용이 내면화되도록 절실하게 책을 읽어야 한다. 책의 내용을 자신의 몸으로 직접 체험하면서 그 내용을 살필 수 있어야 한다. 그러면 곧 몸으로 효과를 증험한 것이 무르익으면서 자신의 마음이 곧 성인의 마음이 된다.

6) 이발 성찰

이발 성찰 공부란 이미 발한 마음을 성찰하여서 불선한 마음은 줄이고 선한 마음은 확충하여 마음을 최종적으로 화(和)의 상태로 만드는 공부이다. 공부법에는 첫째, 이미 발출한 언동에 대한 반성 공부이다. 둘째, 아직 언동 수준으로 발출되지 않은 기미부터 성찰하고 조율하는 공부에 중범을 두었다. 기미란 미발 시 고요히 모여 있던 마음의 기운이 어떤 사물·사태에 접하자 치우쳐 움직이는 것을 의미한다. 이 움직임에는 단계가 있다. 몸 밖으로 아직 발출되지 않은 단계와 아직 언행으로 발전하지 않은 것이다. 뒤 단계는 마음의 기운이 발출되는 상태이다. 기미는 앞 단계에 들어간다. 주돈이는 기미가 형체가 있음과 없음의 사이에 있다고 한다. 미발심은 아니고 형체가 선명하지 않은 마음, 생각, 감정이 아직 크기가 작아 언행으로 발출되지 않은 것이 바로 기미이다.

주희는 사후반성 공부의 한계를 지적하며 사전 기미 조절 공부를 강조한다. 불선한 마음은 줄여서 언행으로 발출되지 않게 하고, 선한 기미는 키워서 언행으로 발출되게 해야 한다. 궁극적으로 일은 선한 마음을 굳게 지키는 것이다. 즉 도심(道心) 편의 기미에 힘을 실어 주어야 한다. 그렇다면 어떻게 힘을 실을 수 있을까? 그것은 선한 마음대로 행해야 하는 소이연을 생각하여 악한 마음의 유혹을 줄이는 것이다.

이발 성찰의 신독(愼獨) 공부는 주체적 자유성이 크게 요구되는 홀로서기 공부이다. 오직 자신의 힘으로 악의 유혹을 이겨내고 선의 승리를 얻은 수행자는 자신에게 자부심을 느끼면서 도덕적 자존감과 마음의 평안을 얻게 된다.

Ⅲ. 롤스 정의론의 차등 원칙과
기본소득의 소통

1. 기본소득과 롤스의 차등 원칙

1) 이론적 근거 배경

최근 과학기술의 급속한 발전으로 인하여 사회적 환경이 급변하며 인공지능, 공장 자동화 시스템, 무인 자율 자동차 등의 출현에서 보듯 자본가들이 더는 노동자들의 노동력이 필요하지 않으면서 이전과 다른 방법으로 자본을 축적하여 막대한 부를 축적하는 시대가 다가오고 있다. 또한 인공지능으로 인해 이제 엄청난 양의 일자리가 사라질 것이란 보고서들이 빈번하게 보고되고 있다. 기술의 발전은 언제나 다른 일자리를 새로 만들어 낸다는 이전 경제학자들의 주장이 인공지능의 시대에도 가능할까?

질문에 대한 답은 부정적이다. 왜냐하면 새로 생겨날 어떤 일자리도 과학기술과 로봇이 인간의 노동력을 대신할 것이라고 보기 때문이다. 그리고 개인 간 소득의 격차를 더욱 확대할 거라는 예상도 된다. 그 이유는 자본은 언제든지 인간의 노동을 기계나 로봇으로 대체할 것으로 예상하기 때문이다. 한편으로는 인공지능의 발전에 함축된 자본주의 시대의 미래는 노동 없는 생산이며, 이는 노동 없는 생산이 산출하는 거대한 생산물들을 대체 누가 구매할 것인가 하는 문제도 발생한다.

역사적으로는 1929년 미국의 경제 대공황과 2008년의 세계 금융경제위기 등의 사례에서 당시 개인 간 빈부 격차가 극에 달해 있었으며 우리는 이런 심각한 경제위기를 경험하며 이 과정에서 개인들이 얼마나 엄청난 피해를 받는지 경험적으로 알고 있다. 위 사례에서 개인들의 구매력을 유지해 주어야 자본주의가 존속 가능하다는 역사적 교훈을 체험하였다. 이 챕터의 내용은 이에 대한 적절한 해결책을 제시할 수 있는 이론적 근거이기도 하다.

이런 상황에서 일부 학자들의 주장과는 다르게 '롤스(J.Rawls: 1921~2002)의 차등 원칙 이론'과 '기본소득 개념'은 사회경제적 불평등과 빈부격차 해소 및 모든 사회 구성원의 삶의 기대치를 높일 수 있는 새로운 구상을 위한 확실한 이론적 토대라고 생각된다. 또한 이에 대한 적절한 해결책을 제시할 수 있는 이론적 근거이기도 하다고 여겨진다.

2) 기본소득과 도덕성

기본소득은 인공지능 시대에 상응하는 새로운 자본주의 체제의 한 부분이 되어야 한다. 현재 모든 사회에서 인간 노동력의 수요 감소와 인간의 노동에 기반한 직업군의 소멸 등으로 사회 구성원들의 비자발적 실업이 증가하였다. 또한 이러한 영향으로 경제적, 사회적 부의 불평등이 커지며 최소 수혜자의 절대 빈곤이 사회문제화되기도 한다. 이러한 문제의 해결책으로 최근 기본소득 지급의 필요성이 대두되며 그 정책의 시행에 대한 논의가 증가하고 있다. 이 논의의 핵심은 '기본소득이 도덕적으로 정당화될 수 있는가?'에 있으며 한편으로는 이에 대한 의구심이 존재하며 기본소득의 시행에 부정적 견해도 존재한다. 그 주요 이유는 게으른 자에게 무조건 기본소득을 지급한다는 것이 불공정하고 노동에 대한 의욕을 저하한다는 염려 때문이다. 그러나 현재의 시대적 상황은 본인의 의지와 무관하게 일하고 싶어도 할 수 없는 사회 구성원들이 증가하며 이는 사회체제의 불안 요소로 작용할 수도 있다. 이러한 상황이 지속한다면 기본 사회구조가 제 기능을 발휘할 수가 없다. 오히려 기본소득을 지급하는 것이 사회체제의 안정과 발전에 필요하다는 주장도 만만치 않게 대두되고 있다. 기본소득은 소득 불평등 해소, 존엄한 삶 영위, 경제 활성화 등의 장점과 재정적 부담, 세금증가, 근로 생산성 저하, 물가 상승 등의 우려가 존재한다. 본 연구에서는 현대적 관점에서 1971년 정의론 출간 이후 기본소득의 지급에 반대 관점인 것으로 알려진 롤스(J. Rawls; 1921-2002) 정의론의 상호성, 노동, 여가 개념에 대한 논의를 기본소득과 관련하여 고찰하고 롤스 정의론과 기본소득의 소통 가능성을 살펴보며 기본소득을 지지하는 입장의 대표 주자인 판 파레이스(P.Van parijs: 1951~)의 관점과 롤스 이론의 차이점 그리고 미드(J.E.Meade: 1907~1995)와 롤스의 재산소유 민주주의와 기본소득의 상호 의존성을 살펴보고자 한다. 마지막으로 절대빈곤의 문제를 해결하고자 하는 의도에서 출발한 기본소득의 합리적 적용과 가능성을 검토해 보고 최근 노동에서의 질적 차이에서 벌어지는 개인 간의 커다란 소득 격차와 이로 인한 사회경제적 불평등의 해결방안을 고찰해 보고자 한다.

3) 기본소득의 개념 및 출현 배경

기본소득(Basic Income)이란 수입의 수준에 따라서가 아니라 모든 개인에게 무조건 최저한의 생활을 하는 데 필요한 돈을 일률적으로 지급하는 제도이다. 그리고 정기적으로 지급되는 현물소득을 말한다. 기본소득은 시민소득, 대중 교부금 등으로 불리기도 한다. 18, 19세기 기본소득에 대한 체계적 논의가 시작되며 기본소득은 토지로 대표되는 자연에 대한 모두의 평등한 권리에 기초하여 주장되었다. 자연은 특정 개인이나 집단이 창출한 것이 아니므로 모든 구성원의 공유라는 것이다. 인간은 평등하기 때문에 모두가 이 공유지에 대해 평등한 권리를 갖는다는 것이다.

오늘날에 이르기까지 가장 많은 기본소득 이론가들이 전제하는 분배 정의는 초기 기본소득론자들과 유사하게 평등과 각자가 자신의 노동을 통해 생산에 이바지함으로써 얻는 기여소득에 기초한다고 볼 수 있다. 옥스퍼드대학 조지 콜(G.D.H.Cole: 1889–1959) 교수는 1935년 출간한 〈경제계획의 원칙들(principles of economic planning)〉에서 필요의 원칙과 노동 기여의 원칙을 제시하고 분배 정의의 관점에서 기본소득을 공동재산에 대한 평등한 공유권이라는 원칙에 의해 정당화를 주장한다. 소득의 원인에 대해 따라 기본소득을 지급하는 이유를 각 시민이 소비자로 제기하는 요청, 곧 생산력이라는 공동의 유산에 참여하고자 하는 요청을 인정하는 것이다. 콜(G. D.H. Cole)에게 있어서 기본소득의 지급 근거, 즉 모두가 기본소득에 대한 권리를 갖게 되는 직접적 근거는 공유지에 대한 평등한 공유권이라고 보는 것이 합당하다.

기본소득에 대한 이론적 주장은 페인(T.H.Paine: 1737–1809), 푸리에(M.C.Fourier: 1772–1837), 밀(J.S.Mill: 1806–1873) 같은 사람들의 초기 저서에서 찾아볼 수 있다. 특히 1796년 페인이 출간한 〈농업에서의 정의

III. 롤스 정의론의 차등 원칙과 기본소득의 소통

〈Agrarian justice〉에서 최초로 체계적으로 '기본소득 개념'을 제시하였다. 여기서 그는 '전국적 기금'을 창출하여 이를 두 가지 방식으로 전 국민에게 분배할 것을 제안했다. 첫째, 모든 국민이 21세가 되면 모두에게 15파운드를 지급할 것. 둘째, 50세 이상의 생존자 모두에게 사망할 때까지 매년 10파운드를 지급할 것을 제안하였다. 현재의 관점에서 보면 첫 번째 방식은 기본재산이고 두 번째 방식은 기본소득이라고 할 수가 있다.

푸리에는 그의 저서 〈가짜산업(La Fausse Industries)〉에서 '토지로 대변되는 자연에 대한 모두의 공동 소유권'을 주장하였다. 또한 아무런 의무 부과 없이 가난한 계급에 최소한의 충분한 생계수단을 지급할 것을 주장한다. 그러나 그는 재산조사를 통해 선발한 가난한 사람에게만 제공할 것을 주장한다. 이런 측면에서 기본소득을 주장했다고 보기는 어렵다. 밀은 〈정치경제학 원리〉 저서에서 공동체의 생산물은 우선 공동체의 모든 구성원의 생존을 위한 기본소득으로 분배되어야 하고, 나머지는 노동이나 자본 재능을 통한 각자의 생산적 기여에 따라 분배되어야 한다고 주장한다. 그리고 지구에서 나오는 원자재의 공동 소유권을 주장한다. 밀은 무엇보다 기본소득을 통하여 생계가 보장됨에 따라서 사람들이 자유롭게 노동을 선택할 수 있다는 사실을 강조한다. 그는 기본소득의 지급이 '자유'를 강화하는 효과가 있음을 인정한다. 그러나 그는 자유 또는 자유의 강화를 기본소득을 지급해야 하는 직접적인 근거라고 주장하지는 않았다.

지구적인 기후 위기와 제4차 산업혁명을 배경으로 기본소득에 대한 관심과 논의는 현재 전 세계적 차원에서 확산 심화하고 있으며 현재 우리나라 경기도는 2019년 연간 1인당 일백만 원의 기본소득을 만 24세 청년을 대상으로 도입하고 있다.

　기본소득에는 다양한 의미가 내포되어 있다. 첫째, 생존할 기회 둘째, 인권 셋째, 경제의 민주화 넷째, 사회체제 유지 등이다. 예를 들어서 청년들의 높은 청년실업률은 그 자체로서 정치 사회적 질서와 구조를 불안하게 만든다고 여겨진다. 벨기에 출신의 정치철학자인 필리프 판 파레이스(Philippe van parijs)는 "19세기가 노예해방의 세기였다면 20세기가 보편선거권의 도입의 세기였고, 21세기는 기본소득의 세기가 될 것"이라고 말했다. 현재 미국 알래스카주에서는 실제로 기본소득이 실현되고 있다. 1982년부터 1년 이상 알래스카 거주 주민을 대상으로 '영구기금 배당'이라는 이름으로 매년 배당금을 지급하고 있다. 연간 1~2천 달러를 지급한다고 한다. 이는 석유 천연자원에서 발생하는 판매수익의 최소 25%를 조세로 거두어 조성한 기금이라고 한다. 이 기금은 그곳의 빈곤율을 2011~2015년간 2.3% 낮추는 효과를 가져왔고 모두가 우려하는 '노동 의욕 저하 현상'은 발생하지 않았다고 보고되었다.

　기본소득의 다양한 주장 이유는 첫째, 더욱 좋은 사회를 위해 중요한 도덕적 가치의 실현을 위해 필요하다는 것이다. 예를 들어 판 파레이스는 무엇보다 '자유'를 위해 기본소득을 주장한다. 둘째, 기본소득은 다양한 정책적 효과를 이유로도 옹호된다. 예를 들어 기본소득은 절대빈곤을 완화하고 창업기금으로 활용될 수 있으며 기술변화에 따른 사회 경제의 급격한 변화가 초래하는 개인의 충격을 완화할 수 있다.

　기본소득에 대한 일차적 논의는 '기본소득이라는 특정한 소득을 모두가 분배받는 것이 정의로운 것인가'라는 차원에서 정당화되어야 함을 의미한다.

기본소득을 지급할 경우 복지 사각지대가 사라진다는 효과가 있다. 나아가 소득이 있어도 지급되므로 기존의 복지 수혜층에 노동 유인을 제공한다. 그 결과 당사자와 다른 가족 구성원의 삶 모두를 개선할 수 있다. 판 파레이스는 무엇보다 자유를 위해 기본소득을 주장한다. 그렇지만 그는 동시에 원할 수 있는 것을 하기 위한 수단을 동반하는 실질적 자유가 자원과 소득에 대한 분배 정의에 기초하여 통합되어야 함을 잘 인식하고 있다. 판 파레이스는 기본소득을 주장하기 위해서는 사회정의보다 구체적으로는 분배 정의 차원에서 기본소득이 정당화되어야 한다고 주장한다.

4) 기본소득과 롤스의 차등 원칙

롤스의 정의론과 기본소득의 관계는 매우 논쟁을 일으키는 주제이기도 하지만 롤스는 기본소득을 반대한다는 견해가 강한 편이었다. 하지만 만약 모든 사회 구성원이 생산적 일에 참여한다는 전제가 현실적으로 어렵다는 것을 롤스가 인지하거나 인정했다면 롤스는 기본소득을 인정했을 것이란 생각이 든다.

생산적 노동의 문제는 두 가지 점에서 접근할 수 있다. 첫째로 가족 구성원 중 재생산에 참여하면서 소득이 없는 사회 구성원도 존재한다. 이들에게도 최소한의 소득을 보장하여 차등의 원칙을 실현해야 한다는 생각이 든다. 둘째는 일할 수 있지만, 자발적 실업을 선택한 사람의 경우 그가 여가를 즐기고 소비 활동만 할 경우 그 사람의 단면과 그 사람의 생애 전제 모습과는 다르다는 것이다. 충분한 여가 후에 그 구성원은 재충전하여 다시 사회 구성원으로 복귀하여 일할 것이라는 예상이 타당하기 때문이다. 또한 비슷한 경우인 질병 또는 사고로 인하여 사회 구성원의 역할을 못 하는 경우를 가정하더라도 마찬가지로 이런 경우라면 롤스 이론은 충분히 최소한의 소득을 보장하여 차등의 원칙을 실현할 것이기에 이런 관점에서 기본소득을 수용할 수 있다고 생각된다.

롤스는 복지국가 자본주의를 비판하면서 이런 체제가 개인에게 충분한 경제적 수단을 제공하여도 시혜나 동정의 차원이라면 자존감 형성과 상충하기 때문에 문제가 있다고 보았다. 롤스의 노동개념에 의하면 각 개인이 어떤 방법으로 소득을 획득하느냐는 매우 중요하다. 롤스는 복지보다 노동에 의존하는 것이 자존감을 높이는 길이라고도 하였다. 그러나 롤스의 이런 주장은 비현실성 때문에 지지받기 어렵다. 왜냐하면 가장 열악한 대우를 받는 노동자의 경우 노동이 자존감 형성에 도움이 되기는커녕 자존감을 박탈당할 가능성이 매우 크기 때문이다. 그런데 충분한 기본소득은 반대로 기존의 열악한 환경에서의 개인의 노동을 줄이고 시간과 여유를 좀 더 제공함으로써 개인의 자존감 형성에 이바지할 수 있다. 한편으로 기본소득의 지급은 모두가 받기 때문에 절대빈곤의 사각지대가 사라지고 관료제의 폐해와 낙인효과를 완전히 없앨 수 있다는 장점이 있다. 그러한 일례로 예를 들어본다면 보편적 무상급식이 시행되는 상황에서는 가난한 학생이 교사나 동료 학생으로부터 가난한 학생이라는 낙인찍히는 일도 생길 수가 없다.

기본소득에 대한 윤리적 비판 중 하나가 기본소득이 상호성의 원리를 위배한다는 것이다. 롤스의 차등 원칙은 상호성의 원칙이다. 이는 용인되는 불평등이 자신뿐 아니라 타인에게도 이익이 되는 조건을 충족시켜야 한다는 원리이다. 롤스는 모든 시민의 생산적 노동에 참여와 완전고용을 바람직한 것으로 간주하고 이것을 사회적 협동의 핵심원리로 본다. 그러나 이는 강제적 수단이 아닌 참여와 사회적 협동에 도달해야 할 목표로 제시한다. 이를 위해 롤스는 시민교육의 중요성을 강조한다. 이러한 관점을 요약하면 롤스의 기본소득에 대한 반대 견해는 한층 완화된다고 볼 수 있다.

그러나 롤스는 정치적 자유의 공정한 가치의 보장을 넘어 다른 기본적 자유의 공정한 가치의 보장으로까지는 나아가지 않았다. 그 이유는 롤스의 관점에서 후자는 정의의 두 원칙이 의미하는 평등을 넘어서는 것이었다. 롤스는 실질적인 정치적 자유의 보장과 차등의 원칙과 함께 다른 사회경제적 영역에서의 균등한 기회보장을 주장하는 것에서 멈춘다고 볼 수 있다. 여기서 차등의 원칙을 어떻게 이해하는가가 중요하다고 할 수 있다. 많은 기본소득 지지자들은 기본소득이 이 차등의 원칙을 충족시킨다고 해석한다. 이 차등의 원칙을 가장 불리한 처지에 있는 사람에게 가장 큰 혜택이 돌아가는 한에서 사회경제적 불평등이 허용되는 것으로 해석할 경우 기본소득이 이 원칙을 충족하는 것은 이론의 여지가 없어 보인다. 기본소득은 모든 사회 구성원에게 같은 액수의 현금을 지급하는 것이므로 가장 열악한 환경에 처한 사람들에게 가장 큰 영향을 미친다. 왜냐하면 기본소득은 소득이 없거나 가장 적은 소득자에게 가장 큰 비율로 소득의 증가를 가져다줌으로써 가장 큰 상대적 차이를 만들어 내기 때문이다. 하지만 여기에서 롤스의 차등 원칙이 기본소득과 직접 연결될 수 있다고 주장하는 것은 롤스의 견해와 거리가 있음을 알 수 있다.

롤스가 구상한 사회의 기본구조는 사회적 협동의 원칙 아래에 모든 사회 구성원이 생산적 노동에 참여한다는 전제 위에서 모든 구성원에게 이익이 실현되지만, 그 가운데서 최소 수혜자가 최대 이익을 보는 차등의 원칙이 실현되는 체제이다. 이러한 전제가 현실에서 실현된다면 롤스의 차등 원칙과 기본소득의 관계를 둘러싼 많은 논쟁이 종식될 것이다.

기본소득에 대한 롤스의 부정적 태도는 그의 이론이 기본소득의 개념과 충돌하기 때문이 아니라 이런 전제와의 충돌 문제 때문이라고 보는 것이 더 타당하다고 보인다. 즉 롤스의 정의론이 호혜성(reciprocity)에 대한 가정에 기초하며 특히 차등의 원칙이 '사회 구성원 모두의 노동의무에 기초하는 호혜성을 차등 원칙의 실질적인 내용'의 하나로 명시적으로 포함한다는 사실이다. 이 호혜성 원칙을 따를 때, 일하지 않고 일할 의지도 없는 사회 구성원인 게으름뱅이에게까지 지급되는 사회적 급여는 정의롭지 못하므로 기본소득 역시 정의롭지 못하다는 것이다. 이에 대해 1988년 파리에서 열린 〈정의론〉 불어판 출판 기념 학술대회에서 롤스는 판 파레이스의 질문에서 이런 이유로 기본소득 지급에 반대하였다고 알려졌지만, 이는 좁은 시각에서의 분석이며 롤스의 전체적 시각에서 보면 그렇지 않음을 알 수 있다.

2. 롤스의 차등 원칙과 판 파레이스의 공유지 기반 기본소득

1) 공유지 기반 기본소득과 차등의 원칙

'공유지'란 개념은 자유와 평등에 기초하는 정치공동체의 구성원 모두가 실질적으로 공유지를 평등하게 누릴 기회에 대한 권리, 곧 '공유권'을 갖는 자원과 재화'다. 공유지에 대해 사회 구성원 모두가 이런 공유권을 가질 수 있는 이유는 이러한 자원과 재화가 특정 개인이나 집단의 순수한 생산적 노력의 산물이 아니기 때문이다. 따라서 공유지는 분배 정의의 원칙 곧 각자 또는 특정 집단의 기여에 따른 분배의 대상이 아니라는 의미이다. 또한 자유와 평등이라는 근본 가치를 수용한다면 구성원 누구에게나 이에 대한 향유의 기회가 주어지는 것이 합당하다. 이런 의미에서 공유지란 사회 구성원 모두에게 주어지는 선물이라고 할 수 있다. 공유지는 자연 또는 자연자원, 즉 자연적 공유지로 한정되지 않는다. 사람들의 순수한 노력을 제외한 생산력은 모두를 위한 '공동의 유산'이라고 할 수가 있다.

1978년 노벨 경제학상 수상자인 미국의 정치경제학자인 허버트 사이먼(H.A. Simon: 1916-2001)의 주장으로는 현재 미국이나 북서 유럽 국가들에서 발생하는 소득의 90%가 이러한 공동의 유산, 특히 '축적된 지식'

이라고 할 수 있는 '사회적 자본'이 창출하는 것이라는 결론을 제시한다. 그 결과 70%의 정률세를 도입할 경우, 이를 통해 정부지출 자금을 모두 충당하게 될 뿐만 아니라 기본소득을 지급하여 소득 수취자들에게 기존의 3배에 달하는 소득을 제공하게 된다는 것이다.

결국 공유지는 공동체 구성원들이 평등한 권리를 갖는 자연적, 역사적, 사회경제적 자원 내지 재화를 포괄한다. 이러한 분배 정의론, 즉 자유와 평등의 실질적 보장이라는 근본 가치에 기초하여 추론한 분배 정의론은 롤스의 분배 정의론의 한계를 극복한다고 볼 수 있다. 다시 설명하면 롤스의 정의와 분배 정의의 기준은 기회의 실질적 평등으로서의 실질적 평등과 실질적 자유의 보장이다. 여기에서 정의로운 분배 모형은 롤스가 기초하는 재산의 평등한 분할소유 관점의 한계 곧 기회의 실질적 평등이 지속해서 보장되지 못한다는 한계를 극복한다. 재산 또는 공유지를 평등하게 나누어 개인이 소유 처분하게 하는 것이 아니라 공유하는 대신 공유지에서 산출되는 공유부를 평생 배당하기 때문이다. 이때 배당되는 공유부의 총액은 롤스에게서 가능한 사회상속분 곧 기본재산에서 파생되는 소득 + 차등 원칙에 따른 몫보다 많을 것으로 예상한다. 롤스의 사회상속 모형에 따를 때 조세저항과 회피로 인해 사회적 상속을 위한 실효 세율이 높을 것으로 예상하지 않기 때문이다.

다른 한편으로 인격적 자원에 따른 불평등 문제도 분배 정의론이 더 잘 해결한다는 주장이 있다. 롤스의 차등 원칙은 인격적 자원에 따른 불평등의 해결도 목표한다고 할 수 있다. 왜냐하면 그가 처음부터 평등한 재산분배라는 전제 아래 차등 원칙을 전개했기 때문이다. 그러나 기본소득을 지급하게 될 때 인격적 자원의 차이에 따른 불평등은 더 잘 해결될 수가 있다. 기본소득이란 공유지 소득의 배당이다. 또한 선별과정에 따르는 자존감의 훼손이나 행정비용을 초래하지 않는다. 나아가 판 파레이스가 강조하듯이 모두에게 주어진다는 특성을 고려할 때 기본소득은 돈벌이와 관련된 재능만이 아니라 다양한 인격적 자원과 관련되는 불평등 모두를 어느 정도 보상하는 것이라고도 볼 수 있다. 그는 만장일치로 선호하거나 선호하지 않는 경우에 과세하거나 보상하는 원칙인 비우월적 다양성(Undominated Diversity)을 적용하여 모두가 선호하지 않을 가능성이 높은 인격적 자원의 불평등, 예를 들어 장애에 대해서는 기본소득에 추가하여 별도의 지원을 하는 것이 더 정의롭다고 주장한다. 이와 관련하여 판 파레이스는 '모두를 위한 기본소득'에서 별도의 지원금을 기본소득의 재원에서 갹출할 것을 제안한다. 그러나 그 후 이를 수정하여 장애인에 대한 보상 의료서비스의 확장과 강화를 통해 해결할 것을 제안하는 것으로 변경한다.

2) 판 파레이스의 분배 정의와 기본소득

판 파레이스는 자유주의 전통을 대변하는 대표적 기본소득 이론가이다. 그는 미드(G.H.Mead: 1863-1931)로부터 영향을 받았다고 한다. 예를 들어 1995년 출간된 〈모두를 위한 자유(Real Freedom For All)〉에서 그는 실업을 예방하기 위한 하나의 제도로 기본소득제에 연계된 협력 기업을 추천하고 있다. 판 파레이스의 후기 기본소득론의 기본소득정책은 지속 가능한 최대의 기본소득이다. 그의 기본소득론이 추구하는 가치가 '자유' 정확히 말하면 '원할 수 있는 것을 행할 수 있는 실질적 자유'이기 때문이다. 그는 이 실질적 자유의 극대화를 추구하는 실질적 자유지상주의(real libertarianism)를 추구한다. 그 결과 자유를 위한 최소한의 물질적 수단, 곧 기본소득의 최대화 물론 지속 가능한 최대화를 주장한다고 본다.

기본소득의 경제철학을 체계적으로 제시한 자유 지상주의 주창자인 판 파레이스는 롤스, 드워킨(R.Dowrkin: 1931-2013), 노직(R.Nozick: 1938-2002)의 주장을 일부 비판, 수용하여 기본소득과 복지를 정당화하는 분배 정의의 개념을 재구성하였다고 볼 수 있다. 그는 사회정의란 "스스로 좋은 삶이라고 생각하는 것을 실현할 수 있는 실질적인 자유의 평등한 분배"라고 정의한다. 여기서 실질적 자유는 자유를 실현할 수단과 기회를 포함하는 개념이다. 그런데 판 파레이스가 중요시하는 것은 결과의 평등이 아니라 기회의 평등이다. 그는 결과가 불평등하더라도 그것이 개인의 노력 차이에서 유래하는 것이라면 정의에 어긋나지 않는다고 본다. 그러나 수단과 기회의 불평등 및 이로부터 유래하는 결과의 차이는 정의롭지 못한 착취라고 본다. 따라서 그는 이러한 수단과 기회의 불평등에서 유래하는 결과의 차이는 최대한 환수되어 모든 사회 구성원에게 실질적인 기회를 최대한 평등하게 보장하도록 분배되어야 한다고 본다.

판 파레이스는 특정 모국어, 인종, 국적 등 지구화 시대의 특정한 사회 관계가 낳는 모든 특권적 추가소득도 착취이며 따라서 지속할 수 있는 수준에서 최대한 환수하여 사회 구성원들에게 평등하게 분배함으로써 각자의 실질적 기회를 최대한 평등하게 보장해야 한다고 본다. 특히 오늘날 좋은 일자리 자제가 특권적인 생산수단이 되어 높은 직업 만족도나 특권적인 고소득을 보장하는 데 이를 '고용지대(Employment rent)'라고 부른다. 판 파레이스는 고용지대의 발생 원인을 볼스(bowles)의 효율성 임금 이론으로 설명한다. 그는 이 고용지대가 사회적으로 환수되어 모든 구성원에게 평등하게 분배되지 않는 한 착취에 해당한다고 본다. 각자의 노력을 벗어난 이러한 우연적인 내외부 천부자원의 불평등에서 유래하는 고소득과 직업적 특권은 스스로 노력의 결과를 초과하면 기회의 불평등에서 유래하는 착취라는 것이다. 그런데 좋은 일자리를 포함하는 생산 자원과 기회에 대한 모든 사회 구성원이 평등한 권리를 갖는다고 해도 이것을 평등하게 분배할 수는 없다. 그래서 판 파레이스는 특권적인 추가소득을 최대한 환수하여 하나로 합친 다음 이를 모든 사회 구성원의 실질적인 기회를 최대한 평등하게 보장하는 기본소득의 재원으로 삼고자 하였으며 그것을 분배하는 분배 정의는 충분히 달성할 수 있다고 주장한다.

결국 상호성으로서의 정의와 비교하면서 고찰할 때 판 파레이스에게서 분배 정의는 다음과 같이 요약할 수 있다.

첫째, 분배 정의는 자원·소득에 대한 권한의 정의로운 분배를 다룬다. 이는 상호 간의 이익을 보장해야 한다는 상호성으로서의 정의와는 근본적으로 다르다. 나아가 분배 정의는 상호성으로서의 정의와 관련되는 협동적 정의와 교환적 정의의 배경이자 기초이다.

둘째, 판 파레이스가 실질적 자유지상주의 이념에 따라 도출한 분배 정의의 이상, 즉 모두를 위한 실질적 자유를 위해 요청되는 기본소득은 자원·소득에 대한 권한의 정의로운 분배라는 의미에서 분배 정의와 관련된다. 따라서 기본소득은 상호성으로서의 정의와 모순적이지 않을 뿐만 아니라 원칙적으로 무관하다는 것이다. 나아가 기회균등의 준수를 전제로 할 때 기본소득은 상호성으로서의 정의의 관점에서도 진보를 가져온다고 주장한다. 여기서 분배 정의의 핵심 주제가 자원·소득에 대한 '권한의 정의로운 분배'라는 것의 의미는 구체적으로 무엇인지에 대해 노직의 주장은 다음과 같다.

노직에 의하면 배우자를 선택하는 사회에서 배우자의 분배가 있을 수 없듯이, 분배 개념은 몫의 분배 행위 또는 분배, 즉 어떤 기준에 따른 사전의 적합한 분배 행위를 함축하지 않는다. 그 결과 정의로운 분배 상태란 개인들이 자기 소유권에 기초하여 갖는 권한에 합당하게 내린 수많은 결정의 산물에 불과하다는 것이다. 나아가 그는 이런 정의로운 분배 상태를 충족시킬 수 있는 이론을 정의에 대한 '권한 이론'이라고 부른다고 한다.

판 파레이스는 각자의 노력에서 벗어난 특권적인 자원의 독점소유와 사용으로부터 발생하는 특권적 불로소득을 조세 등을 통하여 최대한 환수하여 롤스의 차등 원칙대로 최소 수혜자에게 돌아갈 사회경제적 기회를 최대화하는 것이 기회의 평등을 최대한 보장하는 분배 정의를 주장한 것이다. 이 과정에서 자원의 독점에서 유래하는 추가소득에 대한 과세는 일시적인 최대치가 아니라 지속 가능한 최대치가 되어야 하며 이를 모든 사회 구성원에게 평등하게 기본소득으로 분배한다면 실질적인 기회의 평등은 지속할 수 있는 최대치에 도달해야 한다는 것이다. 그러나 여기서 최소수혜자의 실질적인 기회를 지속해서 최대화하는 방안이 왜 기본소득이어야만 하는가에 대해서는 몇 가지 논리적 근거가 필요하다. 왜냐하면 기본소득과 다른 방안이 제시될 수도 있기 때문이다. 다른 방안들도 기본소득처럼 모두의 보편적인 권리와 수혜에 기초한다는 점에서 거의 유사한 분배 정의의 개념에 기초하고 있다. 판 파레이스는 롤스가 여가를 사회경제적인 기본가치의 목록에 포함함으로써 오히려 기본소득을 원칙적으로 허용하는 논리로 활용될 수 있다고 재해석하고 있는데 이는 타당한 주장으로 여겨진다.

판 파레이스의 기본소득론에서처럼 공유지를 생산, 재생산하여 새로운 공유지를 창출하거나 개선하는 데 기여하는 인간의 노력에는 몇 가지 특징이 있다. 첫째로 이런 노력이 공유지를 생산, 재생산한다는 점에서 사회적으로 유용하거나 필수적이라는 점이다. 예를 들어 생태 운동을 비롯한 여러 시민운동을 통한 노력은 자연환경이나 공공, 공간 기반 시설 및 지식과 문화 같은 공유지의 생산에 대해 직·간접적으로 기여한다. 둘째로 공유지를 생산·재생산하는 노력이 유용하거나 필수적임에도 불구하고 대체로 무보수라는 점이다. 셋째로 이러한 유형의 노력 수행 주체로 '모두'를 설정할 수밖에 없다는 점이다. 그 노력의 정도 또한 개별적 주체를 일일이

사색의 시간

확인하면서 측정할 수 없기 때문에 모두의 노력의 '평균'으로 간주할 수밖에 없다는 것이다. 그런데 공유지 생산·재생산에 대한 이러한 간접적 기여 역시 넓은 의미에서는 생산적 기여다. 따라서 첫 번째 분배 정의의 원칙, 즉 기여에 따른 분배 원칙이 적용되어야 하며 이는 기본소득의 형태로 지급되는 것이 적절하다는 것이다.(이런 사례는 경기도가 지역 화폐 데이터 거래를 통해 발생한 수익을 지역 화폐 이용자들에게 되돌려주는 것에서 볼 수 있다. 오마이뉴스, 박정훈 작성, 2020.2.20)

3) 차등 원칙과 판 파레이스의 기본소득의 정당화

롤스의 정의론을 기본소득의 정당화에 적용하는 시도를 이 호혜성에 대한 대응방식으로 구분할 때 세 가지 유형이 있다.

첫 번째 유형은 호혜성을 중요하게 여기지 않으며 롤스 정의론을 강화하는 계기로 기본소득제를 옹호하는 것이다. 대표적 학자로 맥키논(C. Mackinnon)은 기본소득을 가장 중요한 기본재인 자존감의 사회경제적 조건으로 옹호하며 기본소득을 지급하면 자존감을 유지할 수 있다고 주장하였다. 그루트(L. Groot)는 공정한 기회균등을 위한 기본소득제의 효과를 강조하였으며 인간의 노동에는 유급노동, 여성의 가사노동 같은 무급 노동도 있기 때문에 노동윤리를 일반화하기 위해서라도 기본소득이 필요하다는 것이다. 번바움(Birnbaum)은 롤스가 옹호하는 재산소유 민주주의의 성취를 위한 효과적인 제도로 기본소득제를 옹호한다.

두 번째 유형은 기본소득이 호혜성을 위반하지 않는다고 보는 입장이다. 세갈(Segall)은 호혜성의 의무가 서로 간의 희망 사항이지, 계약상의 책무를 의미하는 것은 아니라고 주장한다.

세 번째 유형은 공유제 배당소득으로서의 기본소득은 무엇보다 롤스가 가장 중요한 기본재로 보는 '자존감', 특히 최소 수혜자의 자존감을 전혀 훼손하지 않음을 보여준다. 또한 공유지에 기초하는 기본소득제가 선별적 복지제도보다 롤스의 정의론에 적합한 제도임을 논의할 필요가 있다는 것이다.

판 파레이스는 기본소득에 대한 권리는 롤스가 주장하는 '노동의무에 기초하는 호혜성'과 무관하게 주어진다고 본다. 즉 공유지 기반 소득에 근거하여 각자의 노력을 넘어서는 모든 자연 및 사회 역사적으로 유증된 자원과 기회, 곧 공유자원에 대한 각자의 공유지분에 대한 무조건적 권리라는 것이다. 이러한 공유지 자원은 인류의 역사적, 사회적 유산으로 노동의 산물로 환원 불가하며 노동의무에 기초하는 호혜성과 무관하며 구성원은 모두 고유자원에 대해 평등한 1/n의 지분을 갖는다는 것이다.

이들 역시 이 자원들을 롤스처럼 정의로우면서 모든 사회 구성원의 처지를 최대한 개선할 수 있는 방식으로 사용하고자 한다. 특히 판 파레이스는 이를 위해 이 자원들의 실질적인 사용 및 여기서 유래하는 소득분배에 대해 차등 원칙, 곧 자신이 선호하는 경제학 용어로 최소 극대화 원칙을 적용한다. 이 경우의 차등 원칙은 '노동의무에 기초하는 호혜성'에 의해 구속되지 않는다.

판 파레이스가 최소 수혜자의 장기적 기대를 극대화하기 위해 지속 가능한 최대한의 기본소득을 주장하는 것은 이런 맥락이다. 여기서 "기본소득을 왜 부자에게도 주는가"에 대한 논란이 생긴다. 그 이유는 기본소득을 부자에게 줄 때 가난한 사람이 더 많은 몫을 가져간다는 재분배의 역설 때문이고 둘째는 모두가 받기 때문에 낙인효과와 사각지대가 사라진다는 점이다. 그러나 중요한 논란은 "왜 일하지도 않는 게으름뱅이에게도 주는가"라는 문제이다.

경제적 차원에서 이런 주장에 대한 반론을 살펴보면 첫째로 소수의 게으름뱅이가 두려워서 절대다수의 부지런한 사람들의 잠재력과 기회를 확장하는 기본소득을 포기하는 것은 경제적으로 손해라는 점이다. 둘째는 추가적인 노동소득을 온전히 보장하는 기본소득은 실업의 함정(사람들이 노동보다 실업수당이 클 경우 실업을 선택하는 상황)에 빠지는 것을 방지하고 게으름뱅이를 덜 조장하고 사회적으로 경제활동을 더 활성화한다는 점에서 기본소득이 선별복지보다 이익이 더 크다는 점이다. 이러한 경제적 차원의 문제와 다르게 호혜성(reciprocity)과 게으름뱅이에 대한 기본소득의 정당화 문제는 분배 정의 및 기회의 평등에 대한 철학적인 문제인 것이다.

분배 정의의 개념과 기회의 평등과 관련하여 기본소득의 반대 근거로 제시된 롤스의 논의에 대한 판 파레이스의 재해석은 다음과 같다. 원래 롤스의 차등 원칙에서 최소 수혜자가 누리는 권리에는 소득, 부, 그리고 사회적 지위에 수반되는 권력 및 특권이 포함된다. 그래서 판 파레이스는 소득이 없는 사람은 최소 수혜자에 속할 수 있으므로 기본소득과 같은 소득보전을 받는 것이 차등의 원칙에 합당할 수 있다고 보았다. 그런데 롤스는 이후에 여가를 사회경제적인 특권에 포함했고 따라서 소득이 없는 사람이 소득보전을 받는다는 것은 정당하지 못한 것으로 되어 버린 것이다. 이런 상황에서 판 파레이스는 만약 여가의 수혜를 아주 크지 않게 평가한다면 롤스의 차등 원칙에 따라서 최소 수혜자에게 지급되는 기본소득이 정당화될 수도 있을 것으로 보면서 차등의 원칙에서 기준이 되는 수혜에 여가를 포함하면 오히려 기본소득에 대한 찬성 근거가 될 수도 있다고 주장하였다.

이러한 주장은 롤스의 차등 원칙에 대한 재해석에 따른 것이다. 판 파레이스에 의하면 '말리부 서퍼'에 대한 부정적 답변을 할 때 롤스 스스로 차등의 원칙이 기회의 평등을 추구하는 원칙이라는 점을 놓치고 있다고 주장한다. 판 파레이스에 의하면 차등의 원칙이 요청하는 것은 최악의 상태에 있는 개인이 결과적인 사회경제적 수혜 중에서 가능한 최대치를 취하는 것이 아니라 최악의 사회적 지위를 가진 사람이 일생이 수혜 목록에서 성취할 평균 가치를 최대화하는 것이다. 다른 말로 차등의 원칙에 따라 최대화해야 할 것은 개인의 수혜 성취도가 아니라 사회적으로 최소 수혜자의 지위에 있는 사람들의 평균 수혜 성취도라는 점이다. 그리고 여기서 사회적인 지위는 직업적 범주인 것이다. 그래서 최소 수혜자는 결과적으로 가장 적게 버는 사람들이 아니고 평균적으로 소득이 낮은 직업군에 속한 사람을 의미한다.

롤스는 비숙련 노동자들이 최소 수혜자에 속한다고 한다. 같은 최소 수혜자 중에서도 각자의 실제적인 평생 소득이나 재산, 권력이나 특권은 매우 다를 수 있다. 이런 차이는 많은 기회와 선택의 결과이고 운에 따른 결과일 수도 있는 것이다. 바로 이런 이유로 차등의 원칙은 결과평등주의 원칙이 아닌 기회평등주의 원칙이라고 할 수 있다. 그런데 차등의 원칙을 결과평등주의가 아닌 기회평등주의 원칙으로 해석한다면 최소 수혜자에게 돌아갈 여가를 포함하는 사회경제적 수혜의 최대화를 요청하는 차등의 원칙은 기본소득을 배제하기보다 오히려 허용할 가능성이 높다는 것이다.

요약하면 결과평등주의적 해석에 의하면 서퍼는 여가가 사회경제적 수혜로 간주되지 않는다면 최소 수혜자로 인정되어 사회부조를 받을 자격이 생긴다. 여가가 수혜로 간주된다면 추가적 사회부조를 받을 자격을 잃을 가능성이 크다는 것이다. 그러나 반대로 기회평등주의 원칙을 채택하면 오히려 여가가 수혜에 미포함될 경우 서퍼는 기본소득을 기대하기 힘들다. 왜냐하면 여가가 수혜로 미간주되는 상황에서 차등의 원칙이 적용된다면 노동 의지에 대해 검증이 없는 기본소득보다는 노동 의지가 있는 사람에게만 최소 소득과 기회의 평등이 보장될 가능성이 크기 때문이다. 서퍼는 기회 평등을 포기한 것으로 간주하기 때문이다.

그러나 기회평등주의 원칙에 따라 여가가 사회경제적 수혜에 포함될 경우는 상황이 복잡해진다. 소득과 재산, 권력과 특권은 같은 방향으로 움직이지만, 소득과 여가는 불가피하게 상충(trade off)관계가 된다. 역설적이지만 롤스가 무조건적 기본소득을 허용하지 않는 방향에서 채택한 변경

(여가를 사회경제적 수혜로 편입)이 실제로는 그의 정의론을 기본소득에 동조적인 방향으로 변화시켰다는 것이 판 파레이스의 진단이다. 롤스의 차등 원칙을 결과평등주의가 아니라 기회평등주의 방향으로 해석한 판 파레이스의 통찰은 롤스 학파도 수긍할 만한 설득력이 있는 것으로 여겨지지만 롤스의 정의론이 평등한 권리의 확장에 소극적임을 고려하면 기본소득을 지급한다고 해도 그 규모는 최저 생계비 수준을 넘기 힘들다는 것이 판 파레이스의 예상이다. 그러나 그는 공유자원의 개념에 근거하여 누구나 청구권을 갖는 지속할 수 있는 기본소득은 그의 기회의 평등개념과 분배 정의론의 필연적 결론인 것으로 생각된다.

자본의 불로소득이나 투기소득에 대한 판 파레이스의 제한된 인식은 기본소득의 재원을 노동소득에 대한 중과세에서 찾는데 이는 기본소득에 대한 지지층을 감소시킨다는 비판을 받는다. 이 사실은 기본소득의 경제적 실현 가능성과 정치적 실현 가능성을 동시에 시도하는 그의 입장에서도 이율배반적일 수가 있다. 또한 각자의 노력을 넘어서는 자연과 행운에 대한 공유권을 주장하는 그가 생산수단과 자본의 사유권을 불가침 영역으로 남겨두고 그 수익 중 일부만을 조세로 환수한다는 것은 생산위축에 대한 현실적 고려를 이유로 내세우지만, 그것은 정당화하기에는 부족한 점이 있으며 이율배반적 부분에 대한 비판과 재구성이 요구된다고 생각된다.

3. 롤스와 미드의 재산소유 민주주의와 기본소득의 결합

1) 미드와 롤스의 재산소유 민주주의 관점

롤스는 재산소유 민주주의에 대하여 체계적 설명을 하지는 않았다. 롤스는 재산소유 민주주의의 아이디어와 그 명칭을 미드로부터 가져왔다.

미드의 직접적 관심사는 완전고용과 더 평등한 분배정책의 수립이었다. 기본소득에 대한 그의 관심도 여기서 출발한다고 보인다. 그는 자신이 추구하는 좋은 사회를 유토피아와 구별한다. 유토피아가 완전한 사람들이 생산한 완전한 제도로 이루어진 사회라면 미드가 추구하는 좋은 사회는 완전하지 못한 사람들이 생산한 좋은 제도로 이루어진 살기 좋은 곳, 즉 아가쏘토피아(Agathotopia)라는 것이다.

미드의 아가쏘토피아에 깔린 기본적 문제의식 중 하나는 오래된 사회·정치 철학적 문제의식의 하나, 즉 "어떻게 공동선과 개인적 좋음 간의 상충을 해결하여 양자 간의 이상적 관계를 창출할 것인가"라는 문제의식이다. 이런 문제의식에서 미드는 세 가지 기본경제목표의 실현을 중심으로 전개한다. 이 기본경제목표는 선택의 자유로서의 자유, 평등 또는 분배 공정성, 및 효율성이다. 여기서 효율성은 기술적으로 가능한 최고의 평균 생활 수준을 낳는 방식으로 자원을 사용하는 것을 의미한다. 이 세 가지 경제목표 중 자유와 효율성을 위한 최선의 제도로 미드는 두 가지, 즉 자유기업(free-enterprise)과 자유로운 시장기구를 제시한다. 자유기업은 이윤 극대화를 위한 의사결정을 자유롭게 하면서 위험을 감수하는 기업가들이 있는 기업을 의미한다. 그는 자유기업이 효율적 생산에 대한 높은 유인(incentives)을 제공한다고 본다. 자유로운 시장기구는 독점과 부당간섭이 없는 완전경쟁의 이상적 시장기구를 의미한다.

그런데 미드는 자유기업과 시장기구가 부적합하거나 자원의 효율적 사용을 이끌 수 없는 네 가지 경우를 든다. 첫째, 철도 산업처럼 독점경영이 더 합리적인 경우 둘째, 외부경제가 발생하는 경우 셋째, 방위나 경찰 같은 공적 서비스 영역 넷째, 분배와 관련 임금의 두 기능(분배 도구, 생산수단) 이 네 가지 영역에서 효율성을 극대화하고 고유 목적 달성을 위해, 자유경제의 최선의 형태를 창출하기 위해 미드는 사회주의적 요소들을 적극적으로 도입할 것을 주장한다. 사회주의와 자본주의의 가장 좋은 특징들의 결합 또는 계획과 시장의 통합에 대한 이러한 전제 아래 미드는 효율성과 완전고용 간의 모순을 해결하고 효율성과 분배 공정성 간의 모순에 대한 해결을 주장한다. 이는 다시 기술발전에 의해 심화소득을 보장하는 정책을 모색하며 새로운 경제체제인 파트너 경제를 제시한다. 노동-자본파트너 기업(labor-capital partnership enterprise)은 효율성 증대와 완전고용 간의 모순을 해결하고 두 목표 모두를 달성하기 위한 구상된 기업 차원의 개혁 모형이다. 파트너 기업에서는 노동지분증서와 자본지분증서를 발행하여 이에 대한 배당금을 지급한다. 자본 지분증서는 자유로운 판매와 양도를 할 수 있으며 배당권리를 무한한 미래까지 보장받는다. 반면 노동지분증서는 노동자가 은퇴하면 퇴직하면 자발적으로 기업에 반환된다.

미드의 재산소유 민주주의는 '모든 시민이 재산을 공평하게 나눠 갖는 이상적인 사회'를 말한다. 그는 이 재산소유 민주주의가 자본주의를 대체하는 혼합경제의 중요한 요소라고 보았다. 사실 미드는 재산소유 민주주의와 사회적으로 소유된 재산을 기초로 모든 시민에게 균등한 사회배당을 지급하는 사회적 소유 국가는 소유 형태의 차이만 있을 뿐 본질에서는 차이가 나지 않으며 이 두 체제가 재산에서 발생한 소득을 모든 시민에게 똑같이 보장한다는 측면에서 사실상 같다고 보았다. 이런 관점에서 미드 이론의 핵심은 재산의 소유 형태를 떠나 사회 구성원 모두에게 균등한 소득을 보장하는 것이라고 볼 수 있다.

미드는 재산소유 민주주의에 대한 제안은 그 자체가 목적이 아니라 균등한 소득을 달성하기 위한 하나의 방법으로 제시한 것이었으며 그가 기본소득의 열렬한 주창자가 될 수밖에 없는 이유도 여기에 있다. 롤스와 의견이 갈라지는 지점도 바로 이곳이다. 롤스는 균등한 소득 보장을 목표로 한 것이라기보다는 과도하게 집중된 자산을 일정하게 분산시킴으로써 그가 주장한 정의의 원칙을 실현하는 사회의 기본구조를 수립하고자 하였다.

롤스가 주장한 재산소유 민주주의의 기본 특징은 첫째, 자산의 광범한 분산 둘째, 상속과 증여에 대한 강력한 과세 셋째, 정치적 영향력 행사에 있어서 동등한 기회보장 등 세 가지로 요약할 수 있다. 이 중 두 번째 특징은 재산소유 민주주의를 달성하기 위한 수단으로 롤스가 제안한 것이고, 세 번째는 롤스의 정의의 제2원칙 가운데 하나이며 재산소유 민주주의의 지향점 중 하나이다. 따라서 재산소유 민주주의를 규정하는 가장 기본적 특징은 자산의 광범위한 분산인 것이다.

롤스는 사후적으로 이루어지는 소득의 재분배와 사전적으로 이루어지는 자산의 분산을 분명하게 구분한다. 전자는 복지국가 자본주의의 특징이고 후자는 그가 주장하는 재산소유 민주주의의 핵심이다. 롤스는 재산소유 민주주의가 '자본주의에 대한 대안'임을 밝히고 나아가서 자유방임 자본주의, 복지국가 자본주의, 명령경제를 지닌 국가사회주의, 재산소유 민주주의, 자유주의적(민주적) 사회주의 등의 다섯 종류의 정치체제를 열거한다. 이 정치체제 중 롤스가 말하는 정의의 원칙을 충족할 수 있는 것은 재산소유 민주주의와 자유주의적 사회주의 두 체제인데, 이 두 체제의 차이점은 생산수단의 소유 형태이다. 롤스는 이 두 체제 중에서 선택의 문제는 공정으로서의 정의가 아니라 역사적 배경 등 다른 요인에 의해 결정된다고 주장한다.

2) 기본소득의 지지기반으로서의 차등의 원칙

롤스의 재산소유 민주주의가 기본소득과 결합한다고 하더라도 몇 가지 난점이 존재한다. 롤스는 재산소유 민주주의를 실현하는 방안으로 상속 및 증여세를 언급할 뿐 더 이상의 구체적인 제도적 대안을 제시하지는 않았다. 롤스가 제시한 상속 및 증여세는 누진과세 원칙이 우리의 상식과는 반대로 물려주는 사람의 측면에서 상속 및 증여의 전체 규모에 적용되는 것이 아니라 받는 사람의 측면에서 그 수령액에 적용된다는 점이다.

그런데 상속과 증여세를 강화해도 이를 통해 압도적 규모로 이루어지는 부의 집중을 막을 수 있을지는 의문이다. 부자의 상당수가 상속 증여보다는 승자독식의 시장에서의 성공과 우월적 지위를 통한 막대한 보상을 통해 부를 축적한다. 롤스는 자산 소유의 심각한 불평등이 경제뿐만 아니라 정치의 상당 부분에 대한 통제를 소수의 손에 넘겼다면서 이러한 불평등을 해결하는 것만이 소수에 의해 정치와 경제가 좌우되는 것을 방지하는 길이라고 주장하였다. 롤스의 재산소유 민주주의는 이런 맥락에서 제기된 것이고 구조적인 자산 불평등에 주목한 롤스의 관점에서 이것이 미치는 부정적인 정치 경제적 효과를 먼저 살피는 것은 자연스러운 일일지도 모르지만 여기서 멈춘 롤스의 논의는 다소 아쉬움이 남는다고 생각된다.

롤스는 재산소유 민주주의 목적을 '공정한 협동체제라는 사회 이상을 기본제도 속에 실현하는 것'이라 한다. 그리고 이를 위해 평등을 바탕으로 협력하는 사회 구성원이 될 수 있도록 충분한 생산수단을 부여해야 한다고 하였다. 여기서 충분한 생산수단을 모든 시민에게 보편적으로 부여하는 것은 협력하는 사회 구성원이 될 것이라는 묵시적 기대 속에서 이루어지는 것이지, 어떤 조건을 대가로 한 것은 아니다. 재산소유 민주주의에서 개인이 갖는 자산뿐만 아니라 기본소득도 이런 충분한 생산수단 가운데 하나가 될 수 있다고 가정한다면 기본소득의 보장은 이런 공정한 협동체제의 탄생에 기여할 수 있다고 여겨진다. 재산소유 민주주의에 관한 미드와 롤스의 주장을 요약하면 아래와 같다.

재산소유 민주주의 관련하여 미드는 복지국가적 자본주의가 비효율성 및 힘과 지위의 불평등한 분배를 초래한다고 비판하고 롤스는 그것이 정의의 원칙을 침해하고 있다고 비판한다. 미드는 복지국가 자본주의 문제점을 보완하여 최종 사회주의에 도달하게 하는 전략적 단계로 재산소유 민주주의를 설정하였다. 롤스는 미드와 다르게 복지국가적 자본주의를 극복하기 위한 대안으로 재산소유 민주주의를 수용하였다. 재산소유 민주주의의 이념해석에 있어서 미드는 수정 사회주의적 입장에서 재산소유 민주주의를 자유주의적 사회주의와 같은 것으로 간주한다. 반면 롤스는 수정 자유주의적 관점에서 재산소유 민주주의와 자유주의적 사회주의를 구분하였다. 양자 간의 이러한 차이점은 각자의 재산소유 민주주의에서 수용할 수 있는 생산구조들의 차이, 즉 기업형태들의 차이를 가져온다.

세금 정책에 있어서 미즈와 롤스는 상속세와 증여세에 누진세율을 적용해야 한다는 점에서는 공통적이며 소득세에 누진으로 과세하는 문제는 미드와 롤스 모두가 원칙적으로 반대하지만 롤스는 제도적으로 심각한 부정의가 있으면 누진적 소득세를 허용 가능하다고 본다. 기본소득 정책에 있어서 미드는 경제활동의 유무와는 상관없이 누구에게나 기본소득이 제공되는 무조건적 기본소득 정책을 주장한다. 그러나 롤스는 단순하게 일하는 사람에게만 조건적인 기본소득을 주장한다고 볼 수 있지만, 이는 위에서 언급하였듯이 롤스 이론을 광의로 재해석을 하면 미드의 기본소득 주장과 근본 방향은 같은 것으로 보인다.

3) 노동의 개념이 변한 상황

본 내용은 1971년 출판된 롤스의 〈정의론〉과 1993년 출판된 〈정치적 자유주의〉에 나타난 롤스의 주장들이 출판 당시의 시대적 상황을 반영하고 있지만, 현재의 변화된 사회적 상황은 출판 당시의 사회적 상황과 커다란 차이가 있다는 사실의 인식을 전제한다. 따라서 그것이 의미하는 바는 롤스의 이론의 몇 가지 개념들도 시대에 맞게 수정 변화되어야 한다는 사실이고 그것은 당연한 사실이란 것이다. 또한 이런 관점에서 당시의 이론들이 의도하는 기본방향과 의미를 재해석한다는 것은 많은 논쟁을 불러일으킨다. 그러나 그것은 당연한 과정이며 지속할 가능성이 매우 높다고 생각된다.

현재의 사회는 첫째로 노동 측면에서 노동의 개념이 질적으로 다름을 알 수 있다. 타인의 눈에는 놀러 다니는 것으로 보이는 유튜버가 고수익을 올리고 있다. 유명 운동선수의 연봉과 주급도 상상을 초월한다. 또한 국제 대회에서 정식 스포츠 종목으로 채택되어 우승 시 군 면제 혜택이 주어지는, 이전에는 도박이나 게임으로 치부되었던 놀이들인 컴퓨터 게이머, 프로 포커선수들의 소득도 마찬가지이다. 기존 우리가 상식으로 생각했던 노동의 개념은 질적으로 차원이 다르게 변모한 것이다. 이런 사회를 롤스의 시대에 롤스는 상상이나 할 수가 있었을까? 여가, 노동의 개념이 변모하였고 여기서 발생하는 소득의 격차가 상상을 초월하는 시대로 변화한 것이다. 이들은 롤스의 관점으로 보면 사회의 같은 구성원들과 협동하며 노동 의지를 보이는 것은 아니며 소득 불평등의 격차가 상상을 초월하는 수준이기 때문에 '공정한 기회균등의 보장의 정의 원칙'보다 더 강력한 특별 장치가 필요해 보인다.

두 번째로 인공지능 기술의 발전으로 많은 직업군이 소멸하는 사회이다. 공장 자동화, 인간 로봇 등장, 무인 자율 자동차, 드론 택배 등 급속도로 인간의 노동력은 설 자리를 잃어간다. 이런 사회에서 사회적 구성원으로서 노동하고 싶어도 할 수 없는 비자발적 실업 상태의 인간으로 살아가야 한다는 것이다. 롤스의 이론으로 보면 상호성, 호혜성, 협동, 여가, 노동 의지 등이 불가능한 사회인 것이다.

이러한 인공지능 시대 사회에서 롤스의 정의관의 핵심개념인 사회적 협력을 어떻게 해석할 것인가? 스마트 공장이 확산하면 사회 구성원은 임금 노동 활동에 참여할 기회를 상실할 뿐만 아니라 굳이 참여할 필요조차 없을 수도 있다. 이런 상황에서는 사회적 협력의 개념을 폐기하거나 재해석하여야 한다는 생각이 든다. 왜냐하면 롤스 당시의 노동이 갖는 의미와 현재 상황에서의 노동이 갖는 의미는 전혀 다를 수 있기 때문이다.

이러한 시대적 변화 상황을 인식하면서 롤스의 차등 원칙과 재산소유 민주주의 이론을 재해석하면 모든 인간에게 기본소득을 지급해야 한다는 기본소득론자들의 주장에 수긍이 간다. 우선 기본소득은 모두에게 일정 수준 의무 조건적 소득을 보장하는 것이지만 소득과 부의 불평등을 완전히 해결하자는 것은 아니며 그 재원 마련 논의에서 불평등 완화의 수단으로 과세를 언급하지만, 이는 기본소득 실현의 절대적 조건은 아니다. 기본소득제도의 재원 마련 방안은 현금성 복지를 기본소득으로 대체화, 세출조정을 통한 기존 세입을 조정하여 재원 마련, 조세감면을 축소하여 추가 재원 확보, 특정 세목 신설, 토지보유세, 시민소득세, 탄소세 등의 신규 세목을 도입하여 재원 확보하는 방안, 세제개혁, 공유기금과 주권 화폐개혁 등을 통해서 기본소득 재원에 포함하는 방안 등이 제시되고 있다.

재산소유 민주주의는 과도하게 집중된 부를 널리 고르게 분산하는 것이 목표이지만 이 분산된 자산이 모두에게 일정한 수준의 소득을 보장한다고 장담할 수는 없다. 다시 말해 이 두 가지 이론은 상호보완적이며 각각 특유의 정책 목표를 갖는다고 볼 수 있다. 재산소유 민주주의는 기본소득과 다르게 명시적으로 정치적 불평등을 경제적 불평등을 해결해야 할 과제로 제시한다는 점에서 기본소득과 차이가 난다. 우리는 경제적 불평등을 완화하기 위해서 기본소득의 보장과 함께 롤스의 주장처럼 소수에게 과도하게 집중된 부의 문제를 지나칠 수가 없다. 처음부터 공유적 성질의 자원을 새롭게 발굴하여 사회 구성원 모두가 함께 소유하거나 분배하는 것을 넘어서 이미 불평등하게 형성된 자산의 분산을 적극적으로 논의하여 기본소득을 실행할 필요성이 있다. 이를 정당화할 수 있는 사회정의와 분배 정의의 원칙을 세우고 다양한 정책수단을 모색하는 데 있어 미드와 롤스의 논의는 기본소득과 결합한 새로운 제도가 될 수 있다고 여겨진다. 부와 소득의 불평등을 통제할 자기존중의 사회적 구조를 확립하는 데 요구되는 자산의 분산과 기본소득의 보장은 롤스의 차등 원칙과 충돌하지 않고 충분히 소통할 수 있다고 생각된다.

　일부 기본소득 지지자들이 롤스가 말리부 서퍼에 대한 냉담한 한마디 언급 때문에, 즉 롤스가 기본소득이 상호성의 원칙을 위배한다는 언급을 거론하며 롤스가 기본소득을 반대한다고 보았지만, 이것은 편협한 관점이며 앞서 논의한 것처럼 롤스의 차등 원칙은 큰 관점에서 볼 때 불평등 해소를 위한 수단으로 기본소득의 지급을 지지하는 견해로 보인다. 롤스는 일정 수준의 소득과 부가 모두에게 보장되는 것을 부정한 것이 아니라 차등의 원칙이 작동하는 그의 이상적인 공정한 협동체제 속에서는 이것이 이미 전제되어 있으므로 더 논의할 필요가 없다는 견해이다. 그리고 롤스가 복지국가 자본주의라는 체제를 비판하고 이를 넘어서는 새로운 대안을 추구했다는 사실에 비추어 보면 기본소득을 기존 복지국가 체제를 대체하는 새로운 체제의 구성요소로 보는 것은 롤스의 목표와 일치한다고 할 수도 있다. 우리 사회의 소득 불평등과 심화하는 자산 불평등에 비추어 일정한 수준의 소득을 보장하는 기본소득은 모든 구성원에게 이익이 된다는 생각이 든다.

Ⅳ. 송대 주자학의 지역화 과정에서
나타난 사대부의 시민적 특성

1. 송대 주자학과 근대화의 상호관계

1) 송대 주자학의 전파

송대 성립된 주자학은 당시 선진화된 사상으로서 동아시아의 정치 및 사회문화에 커다란 영향을 주었다. 본 챕터에서는 송대 주자학이 조선과 일본에 전파되어 지역화되는 과정을 살펴보고, 이를 통해 조선의 선비 및 사대부와 일본 사무라이 사대부의 주자학 수용과정과 거기서 나타난 현대적 의미의 시민적 특성을 분석하고자 한다.

특히 송대의 주자학이 조선과 에도막부 시대에 전파되고 그 수용과정과 송대 주자학의 한·일 지역화 과정에서 나타난 차이점, 그리고 당시 조선의 선비 및 사대부와 에도시대 사무라이들의 태도에서 수용할 수 있는 현대적 의미의 시민적, 정치적 가치 및 태도는 무엇인지의 문제의식에서 살펴보고자 한다.

송대 주자학은 고려 말 한반도에 전파되어 정치와 사회문화적으로 영향을 주며 기존 사회체제를 타파하는 개혁사상으로 자리 잡았다. 또한 새로운 정치적 사상으로 수용되어, 조선왕조의 성립 과정에서 정도전의 주도하에 태조 이성계, 이방원 등이 주자학을 조선의 새로운 정치이념으로 채택하여 조선의 정치와 교육체계를 주자학 중심으로 개혁하였다. 그 이후 주자학은 조선의 선비 사대부들의 중심사상으로 자리 잡았으며, 사대부들은 경국대전을 편찬하는 등 주자학을 확고한 조선의 통치 이념체계로 발전시킨다.

한편 에도막부 시대 일본에 전파된 송대 주자학은 당시 오랜 기간 평화시대가 지속되어 무사의 정체성을 잃어가던 사무라이들에게 사상적 영감과 활력을 제공하며 17세기 후반부터 서서히 일본 사회에 수용되어 사상적 토대로 자리 잡는다. 일본에서 송대 주자학은 통치 이념보다는 사무라이 사대부 계층의 개인 윤리적, 교육적 지침으로 수용되었다고 볼 수 있다. 그러나 주자학은 조선시대와 에도 막부시대에 전파되어 수용되는 과정에서 현지의 독특한 정치적, 문화적 특성과 접하며 매우 다른 모습으로 전개되며 지역화된 특성들이 나타난다. 이러한 주자학의 한·일 지역화 과정에서 근대성과 관련된 다양한 논의들과 서구적 시각에서 바라본 유교문화의 새로운 해석을 살펴보고 그중에서 현대적 의미의 시민교육에 적용할 수 있는 가치와 특징을 도출하고자 한다.

2) 시민교육에 관한 활용성

유교 문화적인 조선의 선비, 사대부의 특성과 일본 에도 막부시대의 문사화(文士化)된 사무라이 사대부 개념에서 도출된 유교적 가치와 태도 등은 현대 시민교육에 충분히 활용 가능하다고 할 수 있다. 이들 선비, 사대부와 문사화된 사무라이 사대부의 미덕과 가치를 발전시켜서 현대적 관점에서 시민으로서의 의식과 행동을 끌어낼 수 있는 다양한 방안들이 연구 개발될 수 있을 것이다.

첫째, 본 내용에서 언급한 조선의 선비, 사대부의 개념 정의는 유교에서 가장 고상한 인격상을 추구하는 문인 지식인들이다. 이들의 특징은 정치적 참여 성향이 매우 강하였으며 지식과 예의를 중요시하는 성향이 있다는 점이다. 현대 시민교육에서는 조선시대 선비, 사대부들의 가치와 미덕을 바탕으로 지식 습득 태도와 정치적, 도덕적 행동 성향 등을 활용할 수 있다. 또한 조선 사대부들의 경연과 상소를 통한 적극적 정치참여 성향과 사림을 기반으로 한 사대부들이 향촌에서 지방자치를 구현한 점, 그리고 과거제도를 통하여 중앙정치에 진출하여 왕권을 견제하며 이상적 도덕 사회를 구현하고자 한 정치 행위 등은 현대 시민교육에서도 활용이 가능한 이상적 시민상의 본보기가 될 수 있다는 점이다.

둘째, 본 내용에서 의미하는 조선시대의 선비, 사대부는 문화적 소양과 인문학적 교양을 지닌 당대의 '문인 지식인'을 의미한다. 현대 시민교육에서 활용 방안은 조선시대의 선비, 사대부의 특징인 폭넓고 다양한 지식의 추구와 예술적 감성을 존중하는 태도, 풍류를 즐기는 행위, 그리고 다양한 문화적, 예술적 감각을 추구하며 사물을 이해하려는 그들의 능력을 다문화 시민교육에 적용할 수 있다.

셋째, 본 내용에서 언급한 일본의 '문사화된 사무라이'는 일본 근세 시대인 에도시대의 무사로서 독자적 태도를 가지고 다양한 차이점을 인정하며 지식과 학문을 수용하며, 그것의 중요성을 인식하고 보존하며 '독서와 학습에 힘쓰는 모습'을 보이는 '사대부화한 자들'이다. 시민교육에서 활용 방안은 '독서하는 사무라이 사대부의 모델'을 통해서 학습과 지식에 대한 열정과 독창적으로 사고하며 자신이 처한 현실 상황에 맞게 가치를 수용하여 자기 계발에 힘쓴 점, 직업의식, 성실성과 의리, 공동체적 규범 준수 태도 등의 가치를 현대적으로 수용하여 현대 시민교육에 활용할 수 있다. 이러한 개념들은 시민교육의 핵심 가치와도 부합하며 지식습득, 도덕적 행동, 다문화 이해 등을 강조하여 시민으로서의 미덕을 키우는 데에 유용하게 응용하여 활용할 수 있다.

또한 이 개념들을 각국의 독특한 문화와 다양한 경험을 가진 지역 사회에 적용하여 상호 더 나은 소통과 이해, 그리고 바람직한 행동과 실천을 끌어내는 데 필요할 것이다. 전통적인 동북아시아의 유교 사상은 글로컬라이제이션 사례를 활용하여 전 세계로 확장, 전파될 수 있는, 즉 지역주의를 초월한 새로운 공동체 생성의 사상적 원천으로서 많은 가능성을 함축하고 있다.

이런 관점에서 현재의 서구와 동양 문명은 절대적으로 어느 한쪽이 우월한 것이 아니며, 영향을 주고받는 상호 보완관계로 바라보는 것이 타당하다. 우리는 우리의 역사와 우리의 현실적 토양 위에서 지금까지 잊고 있었던 우리의 소중한 유교 문화유산과 정신적 가치를 발굴하고 계승하여 온고지신할 때이며, 이런 시각에서 유교 문화적 의미의 인류 보편적 가치가 담긴 동서양의 시민상이 재정립된다면 조선의 선비와 사대부, 일본 에도시대 문사화된 사무라이 사대부의 정신 같은 유교 문화적인 특징을 소유한 동양의 시민상 개념보다 더 발전된 보편적인 새로운 시민상 개념이 나올 것으로 기대된다. 본 챕터에서는 글로컬라이제이션(Glocalization) 시각에서 조선시대와 에도 막부시대의 정치, 사회, 문화적 특징을 고찰하고 주자학 수용과정에서 나타난 조선의 선비 및 사대부와 에도 막부시대의 문사화된 사무라이 사대부들의 특성을 고찰하여 유교적 시민 가치를 도출하고 현대적 의미에서 '동양의 유교 문화적인 시민상'을 정립해 보려 한다.

연구 목적을 달성하기 위하여 관련 연구논문 및 문헌을 참고하여, 조선시대와 일본의 에도막부 시대로 연구 범위를 한정하고 두 나라의 주요 지배계층이었던 조선의 선비, 사대부와 에도 막부시대 문사화된 사무라이 사대부들의 사상과 역할을 분석하여 현대적 관점에서의 시민적 특성을 도출하고자 한다.

3) 근대화 논의

앰브로스 킹은 그의 논문 〈The Emergence Of Alternative Modernity In East Asia〉에서 동아시아에서 근대성을 언급하며 '동아시아의 근대화'는 일정 부분 '서구화'일 수밖에 없으며, 서구적 의미의 근대성은 유럽에서 처음으로 완성되었고, 최초의 근대화는 유럽에서 시작되었다고 주장한다.[1] 오늘날 근대성의 세계화는 크게 서구 근대성의 확산, 확장으로 이해할 수 있다.

---

1. Ambrose Y.C King, The Emergence Of Alternative Modernity In East Asia, p139.

'근대화'와 '서구화'는 서로 다른 개념이자 경험이라고 할 수 있다. 그러나 의 문점은 비서구 지역인 동아시아에서 서구의 문물을 받아들이지 않고 동시에 어떻게 근대화를 달성할 수 있었는가 하는 점이다.

서구적 가치인 민주주의, 자유, 시장, 인권, 개인주의, 법치주의의 가치를 존중하며 이런 가치를 정치제도에 구현해야 한다는 주장은 오리엔탈리즘이지만 자유, 평등, 정의와 같은 계몽주의적 가치가 근대화를 이룬 동아시아의 세계화 과정에서 보편적으로 수용된 사실은 부인할 수는 없다. 특히 제2차 세계대전 이후 서구 근대성은 직업, 산업구조, 교육구조, 도시구조 등 제도적 구조의 핵심 측면에서 매우 강한 융합을 이루며 경제적, 정치적으로 계몽주의의 사상을 전 세계로 강력하게 확산시켰다. 그러나 계몽주의 가치확산과 근대화 사회 간의 구조적 유사성 때문에 세계 곳곳에 하나의 근대 문명이 자리를 잡았다는 의미는 아니다. 아이젠슈타트가 지적했듯이 이런 문제에 대처하는 방식은 서로 다른 현대문명들 사이에서 크게 차이가 났으며, 그 이유는 이들 문명의 '다양한 전통'과 독특한 경험'에 기인한다. 우리는 더 이상 근대성을 하나의 의미로 논의할 수는 없으며, 세계는 점점 더 현대화되고 덜 서구화되고 있다는 점을 직시해야만 한다. 비서구권에서의 근대화의 성공은 서구사회와 특히 동아시아의 사회에 동아시아의 정체성 찾기와 동기유발을 자극했다고 볼 수 있다. 근대성의 세계화 과정에서 등장한 것은 세계화와 지역주의, 즉 글로벌리티(세계화)와 로컬리티(지역화)에 대한 인식이다.

롤런드 로버트슨은 글로컬라이제이션 개념을 사용하여 글로벌과 로컬의 문제를 지적하였다. 동아시아에서 근대성 주장은 중국이 중국적 특성을 보인 현대화 프로젝트에서 성공을 거둔 이후, 동아시아에서 대안적 근대성이 만들어지고 있다는 증거로 사용되기도 한다. 동아시아가 근대성의 진원지가 되기 위해서는 다양한 분야에서 보편적인 호소력을 갖춘 새로운 사회문화적 개혁의 토대가 될 신념과 가치를 개발해서 세계공동체를 위한 혁신적인 개선 모델을 제공하는 것이 필요하다고 본다. 실제 동아시아에서 펼쳐지는 대안적 근대성은 동아시아 근대성의 글로컬라이제이션, 즉 세계 지역화라는 역동적인 드라마 일부분이라고 할 수 있다.

투 웨이밍 교수는 그의 논문 〈Implications of the Rise of "Confucian" East Asia〉에서 지난 20년 동안 유교 전통은 크게 변화하였으며 송나라(960~1279)의 유교 부흥으로 시작된 신유교는 베트남, 한국, 일본으로 그 관습과 사상이 전파된 것이 특징이라고 주장한다.[2] 최근 북미에서 공동체에 관해 관심이 급속히 증가한 것은 사회분열과 갈등이 공화국의 안녕에 심각한 위협이 된다는 위기감 때문이었다.

자유보다는 평등, 이성보다는 감정, 법보다는 예의, 권리보다는 의무, 개인주의보다는 인간관계의 중요성을 강조한 유교의 주장은 계몽주의의 가치관과 정반대되는 것으로 보일 수도 있다. 그러나 가족부터 국가에 이르기까지 모든 수준에서 사회 공동체의 붕괴 위험성을 고려할 때 사회정의, 상호공감, 상호이해, 책임감, 공동체 의식에 대한 전 세계적인 필요성은 분명하게 보인다. 일본의 사무라이 관료, 중국의 학자 관료, 한국의 양반 관

---

2. Tu Weiming, Implications of the Rise of Confucian East Asia, p195-196.

사색의 시간

료, 베트남의 문인 관료들은 서구에서 지식을 습득하여 자국의 사회를 새롭게 재건하였는바 이들은 서구를 모방하여 큰 성공을 거두기도 했지만, 자국의 풍부한 정신·사상적 자원을 의도적으로 무시한 면이 있다. 동아시아인 들은 집단연대, 정치 단위에 대한 강조, 뛰어난 조직력, 강한 직업윤리, 교육에 대한 강한 추진력 등 몇 가지 주요 특성을 공유한다.

레시하우어는 유교 전통의 영향을 받은 동아시아의 근대성 특성을 첫째, 시장 경제에서 정부의 지도력 둘째, 유기적 연대와 인간 상호작용 의례 셋째, 사회 기본단위인 가족은 핵심 가치가 전수되는 장소이고 가족과 국가 사이의 역동적인 상호작용을 중요시 넷째, 교육과 인격 형성 다섯째, 구성원들의 높은 자기 수양 수준이라고 지적하였는바 이것은 유교문화의 보편성과 우수성을 인정한 것으로 볼 수 있다.[3]

'유교적 근대성'은 본질적으로 근대화가 '서구화나 미국화'가 아니라는 것을 보여준다. 동아시아의 근대성이 의미하는 것은 대안적인 일원론이 아니라 다원주의라는 점이다. 동아시아가 완전히 서구화되지 않으면서도 근대화에 성공한 사실은 '근대화가 다른 문화적 형태를 취할 수 있다'라는 것을 분명히 보여준다. 따라서 동아시아는 서구화되거나 동아시아화하지 않고서도 독자적인 방식으로 근대화할 수 있다고 생각할 수 있다. 앞으로의 과제는 평화로운 세계질서를 위한 전제조건으로서 '글로벌 문명 간의 대화의 확대'이다.

문명의 충돌이 감지되는 상황에서 대화는 필수적이라는 점이다. 세계

---

3. David B.Wong, Rights and Community in Confucianism, 동양시민론4, p220-221.

곳곳에 일본, 한국, 베트남, 중국 커뮤니티가 존재한다는 점은 문명의 대화를 역동적인 과정으로 이해해야 할 필요성과 유교적 동아시아의 종교적 다원주의에서 주목할 가치가 있음을 발견한다. 이제는 서구의 근대화 때문에 형성된 '직선적인 발전'이라는 사고방식을 극복할 때가 되었으며, 그 가능성을 동양의 유교 사상에서 찾을 수 있다.

유교적 동아시아의 부상은 유교적 전통이 근대성의 능동적 주체로서 존재하며, 근대화 과정은 '다양한 문화적 형태'를 취할 수 있음을 암시한다. David B.Wong은 그의 논문 〈Rights and Community in Confucianism〉에서 유교에 있어서 권리와 공동체 개념에 대하여 논하며 유교에서는 공동체를 강조하기 때문에 개인의 권리가 언급될 여지가 없다고 주장한다.[4] 개인 권리 중심의 도덕과 유교의 공동체 중심의 도덕 사이에는 상당한 차이가 나지만 이 모두를 모두 수용하는 다원주의가 필요하며 개인 권리는 공공, 집단의 이익을 위해 개인의 이익이 희생될 수 있는 범위에 대한 제약을 구성한다고 볼 수 있다.

Wong은 이런 종류의 근거를 '자율성의 근거'라고 부른다. 또한 중국 사회가 공동선에 대한 집단주의적 개념을 지나치게 강조하여 사람들의 기본권과 자유에 관한 주장이 소홀히 취급되는 것에 대응하기 위해 서구식 개인주의가 필요하다고 주장한다.

홀과 에임스는 공자 철학의 가장 큰 실패를 "그의 사상이 제도화되면서 필연적으로 생겨난 지방주의(provincialism)와 지역주의(parochialism)

---

4. David B.Wong, Rights and Community in Confucianism, 동양시민론4, pp. 210~211.

사색의 시간

때문"이라고 주장하며 이 지역주의는 문화 간 소통과 대화을 지연시키고 가정에서 시작된 사회질서, 혈연주의에서 시작된 연고주의, 특권에서 시작된 개인적 충성, 엘리트주의에서 비롯된 우수성, 연고주의에서 비롯된 적절한 존중을 넘어선 남용을 조장하며 이에 대한 방지책으로 언론의 자유와 반대의견 보장 그리고 비판 정신이 필요하고 이런 권리를 적극 인정하고 보호해야 한다고 주장한다. 또한 인권을 언급하지 않고 근대화에 관해 이야기하는 것은 물고기를 잡기 위해 나무에 오르는 것(緣木求魚)과 같다고 말한다.

250년 전 '프랑스 인간 권리 선언'은 인권에 대한 무지, 무시, 경멸이 일반대중의 불행과 정부 부패의 유일한 원인이며 중국의 역사와 현실은 이 오랜 진리를 증명하였다. 개인의 권리 중심적 전통과 커뮤니티 공동선에 대한 공유된 비전이라는 달성 가능한 공동체 개념이 필요하다. 이 새로운 개념은 '다양성과 불일치를 인정'하고, 서로의 다름을 인정하고 수용의 가치를 받아들여서 공동체성을 유지해야 한다. 우리는 이런 가치를 유교적 전통에 근거한 인(仁)에서 찾을 수 있다고 본다.

4) 송대 사회의 근대적 특징

요나하 준의 주장에 따르면 송대는 당나라까지의 중국과는 완전히 다른 시스템을 도입한 글자 그대로 획기적인 왕조였고 나아가 송나라의 그 사회체계가 중국 그리고 일본, 전 세계에서 현재에 이르기까지 이어지고 있다고 말할 수 있다. 그에 의하면 중국에서는 송대부터 근세에 들어갔는데 그 이후 중국 사회의 기본구조는 오늘날의 중화인민공화국에 이르기까지 근본적으로 아무런 변화가 없다는 것이다.[5]

송나라 사회의 특징은 첫째, 황제가 명목상 권력자이며 동시에 실권자이다. 둘째, 정치적 정당성을 가지고 있다. 셋째, 과거제도를 통해 일체화된 기준에 따라 능력이 있는 인재를 선발한다. 넷째, 사회적으로는 자유 시장, 이동의 자유, 상업의 자유, 자유경쟁, 화폐 전파를 바탕으로 한 질서가 생겨났고 마지막으로, 혈족이라 부르는 부계 혈통을 바탕으로 연결된 공동체가 지역 사회 공동체보다 우선시되는 특징이 있었다. 이런 특징은 냉전이 종식된 이후의 사회 모습, 즉 미국이 전 세계 패권을 차지한 자유방임주의적인 경제사회와 거의 비슷한 모습이다. 송대 사회의 주요 모습은 본격화한 중앙집권과 자유시장경제 체제의 확립, 신분제 철폐, 과거제도와 군현제의 확립, 왕안석의 청묘법이다. 청묘법은 화폐의 사용을 권장하여 결국 귀족 세력의 힘을 약화하며 중앙집권체제 강화에 이바지한다. 이중 과거제도가 현재의 선거제도보다 우월하다는 주장도 존재한다. 이미 송대는 기회의 평등이 보장되었고 결코 결과의 평등을 보장하지 않았다.

동아시아 사회의 중요한 특징들과 주자학이 관련된 지점을 파악하기 위해서는 유럽 중심적인 시각을 교정하고 새로운 시도를 해야 하며 그러기 위하여 경제사 연구가 필요하다. 유럽 중심적인 시각의 특징은 자본주의

---

5. 요나하준(최종길 역), 중국화하는 일본, 동아시아 문명의 충돌 1천 년사, 페이퍼로드, 2013. p5-47.

사색의 시간

제도의 발달이라는 궁극적인 목표에 도달했는가를 근대의 기준으로 삼고 그 이외의 가치와 사회적 특징을 이에 부수된 것으로 취급한다는 점이다. 그러나 근대의 문제는 단순히 '산업화와 자본주의를 달성했는가' 여부의 문제로 환원될 수만은 없다. 근대와 근대성은 일정한 형태의 삶의 방식, 사회의 구조와 체계, 그리고 가치로 규정될 수도 있다. 근대성이 심각한 문제가 되는 것은 결국 가치영역에서 발생한다. 즉 동아시아를 유럽과 같은 입지에서 바라보고 세계사를 기술하기 위해서는 궁극적으로는 경제사를 넘어 사회사, 정치사, 문화사, 지성사의 영역으로 나아가야 한다. 중국을 비롯한 한국과 일본 사회의 삶의 방식, 사회구조 체계, 그리고 가치 문화는 서구적 시각의 개념으로 설명하기가 힘들다. 그러나 유럽중심주의 시각으로 동아시아를 규정하는 대표적 시각이 유교 사회, 유교 문화라는 용어를 사용하여 이를 규정하는 것임을 인정하지 않을 수 없다. 이러한 관점에서 다음 장에서 빈 윙, 피터 볼, 미야지마 히로시, 알렉산더 우드사이드의 주장을 중심으로 동아시아 사회를 이해하기 위해 유교를 어떻게 설명하는지 살펴보고자 한다.[6]

다중적 근대성 개념은 문명의 다양한 기원과 그로부터 비롯된 특수한 역사적 궤적들이 제각각 상대적 중요성을 지니고 있다는 자각에서 나온 것이다. 이 새로운 개념은 비교문명론의 시각에서 출발하되 '문명 간의 대화'를 통해 새로운 전망을 일구어 나가야 한다는 지향성을 내포하고 있다. 시뮤엘 아이젠슈타트에 의하면 결국 '다중적 근대성'에 대한 탐구는 각 문

6. 민병희, 동아시아 전통지의 구조와 근대적 전환: 성리학과 동아시아 사회, 사림 제32호, 한국학술진흥재단, 2008, p7-8.

명권 내에서 개별적으로 전개되어 온 특수한 형태의 근대성이 어떤 조건과 상황에서 어떤 방향으로 전개되었는지에 대한 검토이다. 그리고 삶의 조건들을 반성하며 성찰해 보고 미래의 비전을 찾아보아야 한다는 방향성에 대한 탐색으로 보인다. 현실을 우리의 전통인 유교 문화적 관점과 글로벌 시각에서 동시에 볼 수 있다는 것은 다중 근대적인 사고이다. 유교 문화적 관점과 글로벌 시각에서 조선의 선비와 사대부들이 수립한 경국대전에 나타난 유교 헌정주의는 영국의 성문 헌법처럼 오랜 전통을 유지, 계승, 수정, 보완하며 실질적으로 헌정주의 역할과 같은 기능을 수행했으며 윤리와 예치를 강조하며 법을 수정 보완하였다.

그러나 조선의 사대부들은 중앙집권제와 과거제도의 시행 등으로 중국화의 틀은 마련하였으나 송대와는 다르게 신분제가 엄격히 존재하였으며 또한 일본 에도시대와는 달리 상공업의 천시로 인한 자유 시장 경제의 부재 등으로 사회 전체의 생산력이 일본에 크게 뒤떨어지며 경제력이 낙후된다. 또한 일본 에도시대 사무라이들은 주자학을 수용하지만, 과거제도와 중앙집권적 정치제도를 수립하지 못하고 중국과 조선과는 전혀 다른 독특한 방향으로 주자학의 일본 지역화를 전개한다.

2. 주자학의 수용과정에서 사대부의 역할

1) 주자학과 조선 사대부의 역할

위에서 언급한 사대부의 개념 정의는 유교에서 가장 고상한 인격상을 추구하는 리터라티 '문인 지식인'으로 정의할 수 있다.[7] 조선의 선비와 사대부 개념은 정치적, 관료라는 인식보다는 단지 초야에서 도덕적 수양에 전념하면서 주자의 학문을 공부하는 자의 이미지가 강했다. 조선 사대부는 과거제도와 경국대전을 통해 주자학적 이념을 제도화시키며 중앙 정치 무대에 진출하여 왕권을 견제하며 정치세력화를 확장하였지만, 일본 사무라이 사대부들이 메이지 유신을 이끈 것처럼 조선 사회를 근세로 나아가게 할 추진력은 없었다.

조선의 선비와 사대부들의 주자학 수용과 전개는 일본 사무라이와의 비교 관점에서 보면 차이가 난다. 조선 사대부의 특징은 첫째, 유교 소양을 갖춘 조선 사대부들은 군주와 함께 자신들을 천하공치(天下共治)의 담당자로 자부하여 정치에 적극적으로 간여하고 참여하여 발언한다. 둘째, 사대부의 유력한 정치 주장의 수단은 간언, 상서, 강학 등이다. 셋째, 사대부는 생득적 지위가 아니라서 학문을 매개로 한 관계, 네트워크, 조직을

---

7. 김병환, 동양 시민론, 문인 리터라티 시민론, 시민교육 탐구, 2022. 참고

형성하는 경우가 일반적이다. 그리고 넷째, 이 학적 네트워크에 기반한 복수의 정치세력(당파)이 지속적 경쟁을 하는 것이 붕당정치이다. 그들 간의 정치투쟁은 당쟁이다. 마지막으로, 사대부적 정치문화가 치열한 권력투쟁과 대외적 위기 등을 만났을 때 사대부 세력의 급속한 확산이 이뤄지고 이를 사화(士化)현상으로 표현한다. 동아시아에 존재했던 정치유형 중 사대부적 정치문화는 당시 가장 광범위한 범위의 정치참가를 허용하는 유형이었고 이것은 동시대에 동아시아뿐만 아니라 세계사적으로도 민(民)의 참가를 허용한 가장 다수가 정치에 참여할 수 있는 정치문화 체제였다고 볼 수도 있다.

선비, 사대부와 무사(武士) 개념의 비교 고찰은 첫째로, 각 개념이 처음 생겼을 때는 애매하고 지칭 대상도 미미하였으나 시간이 지나며 그 의미가 강해지고 그 대상이 세력화되었다. 선비는 고려 시대 11세기경에 학자들 사이의 '선배'라는 존경어로부터 시작되었고, 무사는 10세기경 헤이안 시대 동일본 지역의 무사들로부터 시작되었으며 사대부는 송나라 때의 사대부 전통을 이어받은 명나라 초기 향촌의 지식인들이 그 시초였다. 주자학은 선비, 무사 개념과 계층의 형성에 깊은 영향을 주었으며 특히 한반도에서는 고려 말엽에 주자학이 전파되고 조선 초 숭유억불 정책에 의해 주자학이 국교와 같은 위상을 확보하였다. 둘째로, 일본에서도 에도시대 초기에 조선의 주자학, 특히 퇴계학이 전래하였는데 덕목과 윤리를 강조하며 새롭게 정립된 '무사' 개념은 주자학으로부터 영향받은 결과라고 볼 수 있다. 셋째, 선비는 조선시대(1392~1897) 기간에 형성되었는데 조선시대는 왕권이 그대로 유지되며 선비가 무사나 관료적인 방향이 아니라 문사(文士)적인 방향으로 발전해 나간 것은 이런 사회 상황과 밀접히 관련된다. 넷째, 조선의 선비, 사대부와 무사는 조선과 일본의 근대사회 형성에 큰 영향을 미쳤다. 조선왕조의 몰락 원인 중 하나로 문약한 선비들의 성격을 지적하기도 한다. 그러나 선비는 조선이 멸망하고 비난의 대상이 되기도 하였지만 1960년대 이후 '선비정신'으로 미화된다. 당시 조선의 선비, 사대부들이 만든 경국대전은 조선의 선비와 사대부가 주자학 사상을 일본의 초기 사무라이와는 다르게, 즉 비판 없이 수용하여 조선 사회에 적용하였기 때문에 한반도의 고려에서 조선으로 이어지는 문화적, 사상적 전통이 단절되는 부작용이 있었으며, 왕권에 대한 견제보다는 군주의 권위를 더욱 공고화시키는 역할에 그쳤다는 비판이 있다.

조선시대의 사대부 '선비'의 경우는 선배의 개념이 강했으며, 일본 무사는 윗사람을 모신다고 하는 '사무라이'의 개념이 강하게 포함되어 있다. 그러나 조선의 선비, 사대부는 반드시 관리가 아니더라도 자신이 거주하는 유교 공동체인 조선, 즉 국가의 미래에 대하여 정치적, 사회적인 책임을 강하게 느끼고 있었다는 점에서 일본 사무라이들과 차이가 난다. 그리고 조선의 사대부들은 중앙집권제, 경연, 과거제도 시행 등으로 중국화의 틀은 마련하였으나, 송대와는 다르게 조선에서는 신분제가 엄격히 존재하였다. 조선 사대부는 과거제와 경국대전을 통해 주자학적 이념을 제도화시켰지만 조선 사회를 근세로 나아가게 할 부국강병의 기본인 상과 공을 천시한 지배층의 안이한 판단력과 부족한 융통성, 적응력 및 정책 추진력의 부족으로 인하여 변화하는 시대적 상황에서 갈팡질팡하다가 결국 일본의 식민 통치를 당하게 되었다.

중국 송대 주자학의 수용과정에서 조선과 일본에서 지배층이었던 사대부들이 주자학을 독특하고 차이 나게 해석한 부분과 상호 다른 관점의 차이가 오늘의 한국과 일본의 독특한 문화 차이로 나타난다고 보인다. 이와 관련하여 오구라 기조의 주장은 한편 일리가 있다. 그는 저서 〈한국은 하나의 철학이다〉에서 "한국에서는 음악, 바둑, 스포츠 등에서 즉 유교적 의미의 주자학적 리(理)를 잘 받아들인 우수한 천재들이 태어나지만, 이 능력은 규칙이라는 리(理)가 미리 정해져 있는 분야에서만 가능한 기술일 뿐이며, 구조나 세계관으로서의 리(理)를 완전히 새롭게 만들어 내는 것이 아니라, 기존 정리(定理)의 아름다운 질서와 완벽하게 합일되는 재능"이라고 주장한다. 이 정해진 규칙으로서의 정리(定理)에서 해방될 때 한국 사회에서 과학 등의 분야에서도 천재, 노벨상 수상자가 나올 것으로 기대한다고 하면서, 한국인의 주자학적 리(理)에 적응된 재능을 건설적으로 비판한다.[8]

2) 에도시대 문사화(文士化)된 사무라이 사대부의 역할

사무라이는 에도시대(1603~1867)에 이르러 새로 들어온 유학을 흡수하고 사농공상의 계층적 신분 질서를 무사 자신들이 사(士)적인 지위를

---

8. 오구라 기조(조성환 역), 한국은 하나의 철학이다-리와 기로 해석한 한국 사회, 모시는 사람들, 2017, p115.

자신들의 것으로 만들었다는 특징이 있다. 즉 병(무사)농공상이라 표현된다. 근대 일본이 메이지 유신을 통하여 제국주의로 무장하고 식민지를 개척하고 정치·경제·군사적 발전을 거듭한 것은 무사적인 활약 덕분이며, 이런 선비와 무사는 근대에 이르러 그 의미가 재평가되고 미화된다. 즉 일본의 무사 개념이 서양의 기사도와 대응하며 '무사도'라는 이상적 이념이 제시된다는 점이다.

동아시아 한·일 사회에서 사(士)라는 한자는 서로 의미하는 바가 크게 다르다. 우리나라에서 선비는 문사(文士) 개념이 강하지만 일본에서는 무사(武士) 개념이 강한 사무라이를 의미한다. 일본은 당나라 때까지 견당사들을 파견하며 중국의 제도를 수용하였으나 송나라 이후 중국의 특징들은 일본에 그대로 넘어오지 않았다. 그 이유는 내부의 반발이 컸기 때문이다. 화폐경제와 같은 시장 자유화가 전파되는 듯했으나 이에 대한 내부 세력의 반발로 일본의 또 다른 중세인 가마쿠라 막부가 시작되기도 한다. 에도시대는 조선시대와 달리 과거제도를 통한 신분 상승의 열망이 인쇄술이 발달하지 못하여 자리를 잡지 못했고 대신에 고정된 신분제도 속에서 새로운 인력들이 충원되었다. 요나하 준은 그의 저서 〈중국화하는 일본〉에서 에도시대의 특징으로 첫째, 권위와 권력의 분립 둘째, 정치와 도덕의 일체화 셋째, 지위의 일관성 저하 넷째, 농촌 모델 질서의 정태화 다섯째, 인간관계의 공동체화를 주장한다.[9]

일본 사회는 고비마다 이 결과의 평등에 대해 기회의 평등을 주장하는

---

9. 요나하 준, 중국화하는 일본, 페이퍼로드, 2013, p12.

세력이 있었고 이 세력들 사이에 대립과 갈등 심지어 전쟁으로 이어지기도 한다. 그리고 그때마다 중국화의 패배로 귀결되었고, 1천 년 전에 나타난 차이나 스탠다드는 21세기 일본이 다시 글로벌 스탠다드에 동참하게 되었다고 주장한다. 요나하 준은 일본의 조선 침략과 아시아·태평양 전쟁에 이르기까지 전쟁이라는 호칭을 사용하며, 일본의 아시아 진출 역사를 에도시대의 수출이라는 관점에서 해석하기도 한다. 무사는 일본어로 사무라이 등으로 발음되는데 무사는 '무력을 사용한다'라는 뜻이 강하고 사무라이는 '모신다는 것과 경호한다'라는 뜻이 강하다. 헤이안시대 사무라이는 무술 외에도 다양한 특기를 활용하여 지방 무인들이 중앙귀족의 사무라이가 되어 '경호원'으로 활약하는 자가 많아져서 사무라이가 무사를 지칭하는 말로 쓰였다.

에도시대는 평화의 시기였기에 역할이 줄어든 무사들은 자신들의 정체성을 찾으며 그 근거를 당시 송나라와 조선에서 들어온 주자학에서 찾는다. 에도막부는 유학을 바탕으로 한 통치 체제를 구축하며 주자학적 덕목으로 무장하고 사(병)농공상이라는 신분 계층의 맨 위를 차지한다. 1719년 당시 조선 통신사 일원으로 일본을 방문한 신유한(1681~?)은 일본 사회 신분은 사민(四民)이 있는데 그것을 병농공상으로 설명한 것을 보면 일본의 사무라이를 선비, 사대부로 보지 않았지만, 사무라이들이 당시 일본 사회에서 지배적 위치를 차지하고 있는 것을 알 수 있다.[10]

이런 변신 작업은 주자학을 접한 사무라이들에 의해 시도되었다. 그것

---

10. 와타나베 히로시(박홍규 역), 주자학과 근세일본사회, 예문서원, 2007, p81.

사색의 시간

은 무사들이 유교 학교를 설립하고 자녀 교육에 열성을 보이며 주자학을 조선과는 다르게 해석하며 무사에서 서리로, 서리에서 사대부로 계급적 변신을 시도한 점이다. 예를 들어 '기소불욕 물시어인(己所不欲 勿施於人)'에 대해서 주희는 이를 "자기 마음을 올바르게 한 다음에 다른 이에게 미치게 하는 것"이라고 해석한다. 그러나 이토 토가이는 '기소불욕 물시어인'에서 말하는 인간의 이상형은 '성실하고 배려심이 있는 친절한 사람'이라고 해석한다.[11] 또한 무사도의 구축에 있어서 야마가 소코(1622-1685)는 무사의 사회적 임무를 "인륜을 바르게 하는 것"이라 하면서도 무의 가치를 문의 가치보다 우선하는 것으로 보며 문의 가치를 비하하기도 한다.

일본의 경우는 평화가 계속된 에도시대에 사무라이의 정체성이 흔들렸지만, 사무라이들이 주자학을 적극적으로 수용하여 사농공상의 사(士)로 스스로 위상을 재정립하였다는 점이 주목된다. 이 과정에서 사무라이들은 무력을 활용할 기회는 적어졌지만, 지식인으로서 사회적 권위는 계속 유지한 것이다. 니토베 이나조(1862-1933)는 메이지유신 이후 신분제가 근대화되고 무사 계층이 사라진 시기에 무사정신을 강조하기 위해 미국에서 〈무사도와 일본 정신〉(1899)을 영어로 출판하는데 그는 무사도 최고의 정신적 지주로 의(義)를 들고 무사들의 배짱을 연마한 덕목으로 용(勇), 사람을 지도하는 조건으로 인(仁), 사람과 기뻐하거나 우는 덕목으로 예(禮)를 들어 설명한다. 그리고 무사는 성(誠)을 중시하여 두말하지 않는 존재이며 명예를 소중히 여겨 어떤 고통과 시련도 견디는 존재이며, 충의

---

11. 이토 진사이는 〈논어〉를 평하길 '최상지극 우주제일(最上至極 宇宙第一)의 책이라 하였다. 출처: 오구라 기조(조영렬 역), 새로 읽는 논어, 교유서가, 2016. p132.

를 소중히 여겨 무엇을 위해 죽어야 하는지 잘 안다고 주장한다. 사실 주군에게 충성하는 이유는 반대급부로 주어지는 녹봉이나 영지 때문이었는데 외부 세계에 소개된 무사도는 현실의 무사를 소개한 것이 아닌 일본의 이상적인 무사도를 소개한 것이었다.

일본은 국내 사무라이들의 정치문화가 활발해진 상황에서 서양 정치문화를 만났고 일본의 문사화된 사무라이 사대부 후예들은 서구적 민주주의를 수용하면서도 백성에게 정치권력을 부여하는 발상은 나타나지 않았다. 중국의 근세도, 일본의 근세도 각각 그 우위를 논할 수는 없으나 일본의 근세는 송대 이후의 중국에서 받은 압도적인 영향과 이에 대한 반발 속에서 만들어졌다고 보고 있다. 사실 세계가 중국의 영향을 받고 있지만 지금은 지구촌이라 불릴 정도로 모두가 영향을 주고받고 있는 시대이며, 100년에 한 번 정도 일어났던 산업혁명도 앞으로는 4차 산업혁명 시대가 도래하며 '1년에 한 번 일어날 수도 있다'라고 미래학자들은 진단한다. 조만간 AI 기술의 진보는 지금의 챗GPT 4.0을 70년대 초기 TV 모델 수준으로 만든다는 전망이 우세하며 향후 10년 이내에 미래는 엄청난 변화가 다가올 것으로 예상하는 데 이의를 제기하는 미래 전문가는 없다.

에도시대에 송나라에서 전래한 주자학의 수용을 내면화하지 못하고 중국화할 수 없었던 일본의 정치체제는 계속 대립하면서 메이지 유신에 이른다. 19세기 일본 사회는 유교 특히, 주자학의 전성시대였고 유교와 적합하지 않은 병영 국가적 성격의 막번체제(幕藩體制)는 서구의 충격 이전에 이미 주자학을 받아들인 문사화된 사무라이 사대부의 영향으로 인해 동요하며 변화하고 있었다. 박훈 교수는 그의 논문에서 그 과정을 '사대부적 정치문화'의 출현이라는 관점을 도입하여 설명한다.[12] 독서 모임 회독을 통한 스승, 제자, 동료 간의 인적 네트워크 형성과 '독서하는 사무라이'와 '칼 찬 사대부'의 출현 개념에서 알 수 있듯이 일본은 대포와 무력에 의한 서구의 충격 이전에 이미 주자학의 영향으로 사회가 급격히 변화하고 있었다는 것이다. 사무라이의 사는 에도막부 초기 군인에서 서리로, 서리에서 사(士)로, 사에서 사대부로 변모하여 학적 네트워크와 학당의 출현, 상서의 활성화 등이 이루어졌고 메이지 시대 이후에는 신문과 출판 인쇄물의 증가로 더 활성화되었는데 이는 동시대 조선과 중국보다도 더 큰 정치적 역할을 하였다. 메이지유신 이후 서구화 과정에서 사대부적 정치문화와 유학적 정치사상은 서구화에 장애물이기보다는 가교 역할을 했다는 것이다.

---

12. 박훈, 명치 유신과 사대부적 정치문화의 도전: '근세' 동아시아 정치사의 모색, 역사학보 제218집, 2013, p432-433.

3. 조선 사대부와 문사화(文士化)된
사무라이 사대부의 시민적 특성

1) 조선 사대부의 시민적 특성

중국에서 '향신'이란 명칭은 명나라 시대를 거치며 정착되었고 송·원 시대에 사(士)적인 지배층은 향약과 주자의 가례 의식을 활용하여 지방에서 권한 있는 사대부로 활동한다. 관리, 벼슬에 해당하는 의미가 중국 고대 사(士)의 이미지에 가깝다고 한다. 이런 사(士)의 의미는 송나라가 건국되며 수·당 시대에 이미 도입된 과거제도가 귀족들이 아닌 민간 지식인들이 관료로 출세하는 데 매우 중요한 수단으로 변화한다. 가문보다는 개인의 재능에 더 의존하게 된 것이다.

민간에서도 새로운 지식인 집단이 형성되며 이들은 사대부 혹은 독서인으로 불렸다. 한국도 조선시대 16세기 후반기를 거치며 선비 집단인 유림이 사(士)의 집단인 사림을 대표하게 된다. 이후 선비는 더욱 보편화하여 관직과 상관없이 학문하는 사람은 누구나 선비로 불렀다. 시민개념과 관련하여 이상적 인간상으로 공자와 맹자의 군자 개념을 간략히 살펴보면 군자 인간상의 주요 특징은 첫째, 통치자로서 갖추어야 할 덕. 즉 인의(仁義) 등을 갖춘 인격자이며 둘째, 이러한 덕을 말보다는 실천하는 존재이며 셋째, 부단히 자기 노력하며 수신하는 존재이며 넷째, 지(知), 인(仁), 용(勇) 세 가지 덕을 갖추고 자신을 다스리는 데 힘쓰고, 사회규범을 잘 지키며 자기 이익보다는 공적인 의무, 정의, 도리를 중시하는 자이고 마지막으로, 모든 잘못을 자기 안에서 찾는 사람이라고 규정한다.[13]

그런데 공자는 당시의 신분제 사회구조 속에서 군자는 "신분에 상관없이 군자가 될 수 있다"라고 주장하며, 다시 말해 계급적 개념인 군자 개념을 혈통과 무관하게 도덕적으로 우월한 인격을 가리키는 의미로 전환한다. 이러한 사실은 당시 공자가 군주제하에서 도덕적 사회혁명을 기도했다고 해석되기도 한다. 현대적 의미 시민개념의 대두와 전개 과정에서 시민이란 개념은 본질적으로 근세적, 서구적 개념이며, 이것에 대한 현대적 이해는 프랑스 혁명과 그 영향의 산물로 본다. 그러나 현재 이러한 오리엔탈리즘적 시각은 수정되고 있으며 결론적으로 유교 윤리의 현대화 과제 중 하나는 성현과 군자 개념을 대신해 줄 다른 개념을 모색해야 한다는 점이다. 그리고 우리 사회는 최소한의 도덕인 시민윤리 재정립이 필요하다.

동양사상에서 오리엔탈리즘의 극복은 필수적이며 우리 시대에서 최소한의 합의가 가능한 바람직한 인간상은 시민이라는 전제에서 출발할 수 있다. 시민이 지닌 기본권은 정치적 자유와 경제적 평등이고, 또한 시민은 사회를 유지하기 위해 교육과 납세, 국방의 의무를 지닌다. 동양의 이상적 인간상으로 시민의 해당하는 개념은 없지만, 그러나 사회를 이끌어 가는 주체로서의 시민을 고려할 때 조선시대를 배경으로 하는 사대부 선비의

---

13. 정인재 황경식의 논문, 군자의 특징, 철학연구, p5.

전통을 꼽을 수 있다. 이것은 서구의 자유주의적 전통과 다른 유교적 배경에 전제된 개념이므로 시민개념과의 논의 시에는 단순한 조화의 차원을 넘어 보다 창조적 해석이 요구된다.

헌정주의 개념은 입헌주의이며 이는 정치권력을 헌법의 범위 안에 둠으로써 권력의 자의적 행사를 막고 국가에 대해 국민의 기본적 인권과 자유, 권리를 옹호하는 주의이다. 18세기 서구에서 자유와 평등의 가치가 대두되면서 이를 보장하고자 생긴 근대적 개념이라고 할 수 있고 이는 추구하는 가치를 성문법화한 것이다.

유교 헌정주의는 법과 제도를 통해 유교의 가치를 실현한 것으로 정의할 수 있다. 특히 조선의 역사에서 경국대전은 유교 헌정주의의 적극적인 시도이다.[14] 중국과 조선의 예치는 법률을 통한 예치와 도덕을 실행하며 이상적 인간사회를 추구하였다는 점에서 현대적 의미의 민주주의와 비슷한 헌정주의 기능을 수행했다고도 볼 수 있다. 경국대전에서 조선의 사대부들은 예치의 원리를 윤리적 측면에서는 유교 경전으로 성문화하였고 형식적 측면에서는 법전으로 성문화하며 끊임없이 상호작용하여 검증 및 수정 보완하였다. 유교 국가인 조선에서 사대부들은 예 관념의 성문화를 통해 실질적 의미의 법치를 구현하고자 하였다. 특히 조선시대의 예치란 법률 없는 윤리에 의한 통치보다는 윤리적인 법에 따른 통치였다고 보는 것이 타당하다고 보인다.

경국대전, 예전의 성립이 갖는 의미 역시 경전으로 성문화된 유교 윤리

---

14. 최연식, 송경호, 경국대전과 유교 국가 조선의 예치(禮治)-예(禮)의 형식화 과정을 중심으로, 사회과학 논집(제38집), 2007, p55.

를 입법화함으로써 예치 관념을 법제화하고자 했다는 점에서 찾을 수 있다. 현재의 도덕 수준 관련하여 오구라 기조는 한국과 일본인의 도덕에 관한 생각을 다음처럼 주장한다.

"한국은 도덕 지향성 국가이다. 이것은 한국인이 언제나 모두 도덕적으로 살고 있음을 의미하는 것은 아니다. 도덕 지향적과 도덕적은 다른 것이다. 도덕 지향성은 사람들의 모든 언동을 도덕으로 환원하여 평가한다. 즉 그것은 도덕 환원주의와 표리일체를 이루는 것이다. 현대의 일본은 도덕 지향성 국가가 아니다. 이것이 한국과의 결정적 차이이다. 그러나 그렇다고 해서 한국인은 도덕적이고 일본인은 부도덕하다는 것은 아니다.[15] 이는 한국인의 도덕적인 척하는 위선과 일본인의 몰도덕적이며 현실주의적 경향이 강함을 지적한 말이며 오구라 기조는 그의 저서에서 조선시대 지식인의 유형을 양반, 사대부, 선비 세 가지로 구분하며 이들이 각자 다른 도덕 쟁탈전을 벌이는 것으로 파악한다.[16]

유교는 예를 통한 법치적 기능이 있으며 유교를 전제 군주를 정당화시키는 이념이라고 보든, 성인군자의 통치 이념이라고 보든, 입헌주의와는 관계가 없는 사상이라고 결론을 내리기 쉽다. 이는 입헌주의 개념을 너무 좁은 의미로 이해하는 경향 때문이다. 근세 이후 서구에서 개발된 삼권분립, 기본권 보장, 국민주권, 사법심사 등의 제도적 장치들이 입헌주의의

---

15. 오구라 기조(조성환 역), 한국은 하나의 철학이다, 모시는 사람들, 2017, p46.

16. 오구라 기조는 한국인의 도덕 민감성을 언급하며 조선시대 지식인 유형 중 양반은 도덕+권력+부, 사대부는 도덕+권력, 선비는 도덕을 소유하고 도덕 쟁탈전을 벌이는 반복적 정치투쟁을 하는데 바로 여기에 조선 유교정치의 역동성이 있다고 주장한다.

핵심 내용으로 생각하는 것이 일반적이다. 그러나 아테네와 공화정 시기의 로마, 영국의 경우 헌법 없이도 고래의 헌법(Ancient Constitution)이라는 규범을 기준으로 정치해 온 것들에 대하여 입헌주의라 부르는 데 아무런 장애를 느끼지 않는다.

헌법이 규범력을 갖게 하는 이유는 법철학자 하트가 말하는 승인 규칙(Rule of Recognition) 개념[17]이 있는데 승인 규칙은 어떤 규범을 법이라고 간주할 것인지를 정해주는 규범이며 하트의 이론에 의하면 이 승인 규칙 자체의 규범력은 사람들이 그것을 받아들이고 따른다는 현상(Acceptance)에 근거를 둘 수밖에 없다는 것이다. 여기서 받아들인다는 것은 앞서 지나간 세대로부터 물려받은 전통을 그대로 따른다는 것을 의미한다. 입헌주의의 핵심인 헌법도 결국은 전통에 의존하는 것이고 입헌주의 담론 자체도 전통의 권위를 원용하는 형태를 갖춘 주의와 주장으로 구성될 수밖에 없다는 것이다.

현대 중국에서 전통유교의 현대적 계승에 관한 논쟁은 '유교의 내용 구성'과 '유교의 현대적 가치' 그리고 '유교 계승의 내용'에 관한 논쟁으로 구분할 수가 있다. 유교는 우주관, 심성론, 공부론, 정치철학, 도덕철학 등의 사대부 유교와 사대부 유교 중 국가통치에 필요한 부분만 골라 황권의 장치구안(長治久安) 가치 목표를 실현하는 데 동원된 제도적 유교 그리고 서민 유교로 구분할 수 있다. 유교 헌정주의와 관련하여 사대부 유교는 인류 보편가치를 갖는다고 본다. 유교는 초기부터 천도와 치도의 협치 등 헌

---

17. 론 풀러(박은정 역), 법의 도덕성, 서울대 출판문화원(2015), p49-50

사색의 시간

정주의나 공화주의 요소를 가지고 있었다. 다만 헌정이나 공화의 개념이 없었기 때문에 예제나 예치라는 말로 헌정 개념을 표현했다는 것이다. 권력의 견제나 분산을 전제로 한 헌정주의는 유교 이념이나 봉건제 영주들 간의 협치로부터 시작되었으며 처음부터 완벽한 헌정 이념으로부터 출발한 것은 아니라고 반박한다. 유교 공동체주의에서 개인의 의무, 개인의 의(義)만 강조되고 개인의 권리나 자유는 전혀 배려되지 않는데 어떻게 보편 가치를 가질 수 있느냐는 비판에 대해, 유교 찬성론자들은 유교의 인(仁)에는 개인의 권리나 자유 개념이 있다고 주장한다.

조선 사대부들의 정치기능을 살펴보면 다음과 같다. 첫째, 선왕지도, 선왕지법의 개념을 가지고 사대부들이 국왕에 대해 제약을 가하고 군주의 실정을 비판할 때 사용하였다는 점이다. 경연은 경국대전에 기반을 둔 법정 기관이었고 그런 의미에서 조선시대 경연은 입헌주의적 기능을 제도화시킨 기관이라고 할 수 있다. 경전은 과거와 전통에 다가갈 수 있게 해주는 매개체이기 때문에 선왕의 법을 실현하고자 하는 왕은 절대로 소홀히 할 수 없고 또한 경전을 통해 선왕지법을 파악했다 해도 그것을 가감 없이 현재 상황에 적용할 수는 없는 일이었다.

고례(古禮)를 얼마만큼 시대에 맞게 수정하고 변형할지를 알아야 할 필요성에서 경연 과목에 역사서가 등장한다. 조선의 정치체제나 예송논쟁을 입헌주의라는 이름으로 부르는 것은 입헌주의 개념의 도움 없이 이해할 수도 있지만, 유교의 예론 중심적 정치 담론이 입헌주의가 아니라고 한다면 조선은 전제군주제 국가였고 독재체제였다는 비판을 피할 수 없다. 예치주의의 형식성을 통해 본 근대의 중요 특징 중 하나가 형식이었으며 근대 이전 동아시아에 나타난 중요한 형식은 엄격한 의례였다. 동아시아에서 의례는 삶 전체를 포괄하고 사람들 사이를 관계짓는 사회 시스템이었으며 신분적 차별을 정당화하는 문화 형식이었고 사회이념을 구현해 가는 교육 방법이었다. 예치 시스템의 핵심은 형식이었고 과잉된 형식의 모습을 갖춘 것이 조선 사대부들의 조선 후기 1, 2차 예송논쟁이다. 그러나 그 논쟁에는 왕실과 사대부 집안의 차별마저 넘어서는 근대의식이 담겨 있다. 그리고 의례의 형식화와 도구화는 표준양식을 제시했다는 합리적인 특징을 보여주며, 이 점은 서구 근대 법치주의가 형식을 통해 법에 따른 지배를 실현하려 했던 것과 유사하다.

조선 사회는 덕치주의를 지향하면서도 치자(治者)인 왕과 사대부들의 독단에 의한 정치가 아니라 유교 전통에 따라 정비된 제도적 장치와 그 조직 및 운영에 관해 법전을 갖추고 이를 통해 정치사회를 공정하게 운영하려는 법치주의 면모를 갖추고 있었다. 특히 주목할 것은 〈국조오례의〉를 비롯한 의례서들과 가례 중심의 의례이다. 〈경국대전〉, 〈속대전〉 등에 예의 실행과 관련된 구체적 상벌 조항이 적혀 있는 것은 예는 단순히 개인의 양심에 호소하는 도덕규범이 아니라 객관적 제재력을 수반하는 사회규범이었으며 실정법으로서의 성격을 보인다. 이처럼 예치는 인간의 본질적인 도덕성에 기초하여 교육과 제도를 통해 자발성을 끌어내려는 조선 사대부의 노력에서 나온 것이며 예치는 덕치의 성격과 함께 법률화된 도덕의 통치를 의미하였다. 그 담당이 조선 사대부들이었다고 볼 수 있다.

미국의 법철학자인 론 풀러는 그의 저서 〈법의 도덕성〉에서 법을 가능하게 하는 도덕성에 대한 성찰을 한다. 우리 사회에서 "법은 법이다"처럼 위로부터 법과 질서를 강조하는 강압적 맥락으로 거론되는 경향이 많다. 법을 이처럼 규제, 의무, 강제 같은 개념과 연관을 지으면 법체계는 단순히 일방적 권위의 위계질서로 전락하고 법과 도덕의 접점은 사라지고 만다는 점이다. 론 풀러는 〈법의 도덕성〉에서 법이 법이 되기 위해서 존중되어야 할 기준을 제시하고 그것이 법의 내적 도덕성을 이룬다고 주장한다. 법과 도덕의 연결을 주장하는 저자는 법과 법 제도가 단지 질서유지와 분쟁 해결의 차원에서만이 아니라 본질적으로 우리 삶의 의미 추구의 한 형식으로 조망하는 시선을 제공함으로써 새로운 법 상식을 안내하고 있다.

지금까지 '왜 법을 준수해야 하는가'라는 물음에 대한 답변은 법은 법이니까 따르라 하는 식의 답변 이외에는 다른 답이 없었다. 그러나 법의 도덕성에 대하여 론 풀러는 법을 근본적으로 사람들 사이의 상호작용과 상호기대로부터 나오는 소통적 질서 원리로 파악한다. 법을 활동으로 이해하기 때문에 목적을 지닌 모든 인간 활동이 그렇듯이 법의 성공적인 운용을 위해서는 사람들 사이의 노력과 협동이 필요하다고 본다. 이 책에서 저자는 법이라면 마땅히 존중해야 할 몇 가지 원칙을 제시하면서 그것들이 법의 내적 도덕성을 이룬다고 주장한다. 이런 의미에서 저자의 법의 도덕성은 '왜 법을 준수해야만 하는가'라는 관점을 '왜 법을 준수하는 것에만 만족해서는 안 되는가'라는 물음으로 바꾸어 놓는다. 그것은 어떤 가능성의 확인이며 더 나은 법의 모습을 향한 열의, 통찰, 성실을 지녀야 하며

더 나은 질서에 대한 확신의 다른 표현인 것으로 이해된다. 유교 헌정주의
는 영국의 성문 헌법처럼 오랜 전통을 유지, 계승, 수정, 보완하며 실질적
으로 헌정주의 역할과 같은 기능을 수행했으며 윤리와 예치를 강조하며
법을 수정 보완하였다.

2) 일본 문사화된 사무라이 사대부의 시민적 특성

앞에서 언급한 바와 같이 요나하 준은 그의 저서 〈중국화하는 일본〉에
서 송나라 사회의 특징을 첫째, 황제가 명목상 권력자가 아닌 실권자임과
동시에 둘째, 정치적 정당성도 가지고 있다. 셋째, 과거제도를 통해 일체화
된 기준에 따라 능력이 있는 인재를 선발한다. 넷째, 사회적으로는 자유
시장, 이동의 자유, 상업의 자유, 자유경쟁, 화폐 전파를 바탕으로 한 질
서가 생겨났고 마지막으로, 혈족이라 부르는 부계 혈통을 바탕으로 연결
된 공동체가 지역사회 공동체보다 우선시되는 특징이 있다고 분석한다.

이런 특징은 냉전이 종식된 이후의 사회 모습, 즉 미국이 전 세계 패권
을 차지한 자유방임주의적인 경제사회와 비슷한 모습이다. 중국화를 원했
던 일본 내의 세력들은 에도시대부터 현재까지 주자학 수용 이후 주자학
의 수용을 반대하는 세력에게 사실상 거부당하며 존재했다고 주장한다.
일본이 중국화하고 있다는 말은 일본 사회가 에도시대의 존재 방식에서
송나라 이후의 중국 근세와 같은 상태로 이행하고 있다는, 즉 일본 사회
의 존재 방식이 중국 사회의 존재 방식과 닮아가는 것을 의미한다.

사색의 시간

이미 10세기 초 중국, 송나라에서는 근세화를 완료하였으며 일본은 이제야 중국 사회를 따라가고 있다고 주장한다. 저자는 근대화를 서양화라 말하지 않고 유럽의 서양 국가들은 중국보다 문명이 낙후된 지역이었는데 어떤 계기에 의해서 산업혁명이라는 변환점을 맞아 일시적으로 중국을 앞지른 것이라고 주장한다. 근대화, 서양화란 개념 대신 '중국화와 에도시대화'라는 개념을 신설하여 동북아시아 역사적 전개를 다른 각도에서 설명한다. 냉전이 종식되고 미국이 전 세계 패권을 장악하고 자유방임주의적 시장경제사회를 역사의 종점으로 보는 역사의 종언이라는 이론이 있지만, 송나라야말로 역사의 종언이 이루어진 사회로 평가한다.

그는 송나라 사회경제적 특징을 한마디로 요약하면 "황제에 의해 국가가 전제 지배되는 대신, 경제와 사회를 철저하게 자유화한 사회"라고 주장하며 이런 형태로 사회 모습이 변하는 것을 '중국화'라고 설명한다. 저자는 일본의 중국화는 불가피하지만, 이왕 중국화할 바엔 이민 문호를 개방하고 평화헌법을 내세워 중국을 제치고 일본이 중화를 구현할 수 있도록 하자고 주장한다.[18]

기존의 시각은 일본이 동아시아에서 가장 먼저 서구화, 근대화에 성공해서 열강의 대열에 올라섰고 한국과 중국은 자주적 근대화에 실패해서 식민지가 됐다는 것이다. 당나라 때까지 중국의 제도를 배워온 일본이지만 송나라 이후 중국의 특징들은 일본에 그대로 넘어오지 않았다. 화폐

18. 주자학 도입 시기에 일본 유학자의 자주적이고 주체적인 중화관에 관한 생각이 '화이관'에 잘 나타나 있다. 즉 아사미 케이사이는 "자신이 태어난 나라가 곧 중국이다"라고 강력히 주장한다. 출처: 와타나베 히로시(박홍규 역), 주자학과 근세 일본 사회, 예문서원, 2007, p69-74.

경제와 같은 시장 자유화가 전파되는 듯했으나 이에 대한 내부 세력의 반발로 일본의 또 다른 중세인 가마쿠라 막부가 시작되기도 한다. 중국화의 핵심이 기회의 평등이라면, 에도시대는 결과의 평등이다.

에도시대는 조선시대와 달리 과거제를 통한 신분 상승의 열망이 자리를 잡지 못했고 고정된 신분제도 속에서 새로운 인력이 충원되었다. 에도시대의 특징은 첫째, 권위와 권력의 분립 둘째, 정치와 도덕의 일체화 셋째, 지위의 일관성 저하 넷째, 농촌 모델 질서의 정태화 마지막으로, 인간관계의 공동체화이다. 일본 사회는 고비마다 이 결과의 평등에 대해 기회의 평등을 주장하는 세력이 있었고 이 세력들 사이에 대립과 갈등 심지어 전쟁으로 이어지기도 한다. 그리고 그때마다 중국화의 패배로 귀결되었다. 1천 년 전에 나타난 차이나 스탠다드는 21세기 일본이 다시 글로벌 스탠다드에 동참하게 되었다고 주장한다. 요나하 준은 일본의 조선 침략과 대동아 전쟁, 아시아 태평양 전쟁에 이르기까지 전쟁이라는 호칭을 사용하며, 일본의 아시아 진출 역사를 에도시대화(化)의 수출이라는 관점에서 해석하기도 한다.

'동아시아의 근대를 어떤 시각에서 볼 것인가'라는 문제와 관련하여 저자는 시각을 '기존의 유럽 근대'에서 '송대 중국'으로 옮긴 뒤 세계 및 동아시아의 역사를 재해석하고 있다. 저자는 중국의 근세도, 일본의 근세도 각각 그 우위를 논할 수는 없으나 동아시아의 근세는 송대 이후의 근세 중국에서 받은 압도적인 영향과 이에 대한 반발 속에서 만들어졌다고 보고 있다.

이미 10세기 초 중국, 송나라에서는 근세화를 완료하였으며[19] 일본은 이제야 중국 사회를 따라가고 있다고 요나하 준은 진단한다. 서양사에는 고대, 중세, 근대밖에 없는데 일본사에만 존재하는 에도시대를 지칭하는 근세를 특수한 시대구분으로 서술하기도 하지만 에도시대를 근대의 전반기로, 메이지 유신 이후 서양화 구미화를 지향한 시대를 근대의 후반기로 구분할 수 있다. 저자는 세계에서 최초로 근세에 들어간 지역은 어디인가 질문하며 정답은 송나라 중국인 것이라고 답한다. 그러나 일본은 당나라 때까지는 중국을 의식적으로 모방하려고 하였으며, 송나라 이후 중국의 근세에 대하여 받아들이지 않고 가마쿠라에서 전국시대에 이르는 동안 중세의 동란기에 혼란을 거듭하다가 에도시대라는 중국과는 전혀 다른 근세를 맞이한다는 것이 저자의 생각이다.

그리고 송대에 만들어진 사회체계가 오늘날의 중국에 지속되고 있듯이, 일본에서도 에도시대의 사회체계가 현재까지 지속되고 있다고 한다. 저자는 이를 '기나긴 에도시대'라 부른다. 그러나 지금은 다양한 이유로 일본의 독자적인 근세, 즉 에도시대의 존재 방식이 종언에 이르렀고 메이지 유신 이후 일본 사회가 마침내 송나라 이후의 중국 근세와 같은 상태로 이행, 즉 중국화하고 있다는 것이 이 책의 제목처럼 〈중국화하는 일본〉의 진짜 의미라고 주장한다. 요나하 준은 첫째, 어떻게 유럽과 같은 후진 지역이 송나라 중국이라는 선진국을 기적적으로 역전시켜 산업혁명을 일으킬 수 있었는가 질문하며 기술이나 사상 면에서 서양 근세 수준에 벌

---

19.   요나하 준은 '근세'를 현재의 역사학에서는 초기 근대(Early Modern)라고 번역하고 세계 곳곳에 공통적인 이른바 '근대의 전반기'로 생각한다. 요나하 준, 중국화하는 일본, 페이퍼로드, 2013, p12.

써 도달해 있던 중국을 근대 유럽이 일시적으로 추월했을 뿐이며 현재 중국의 대두는, 이른바 세계가 원래의 상태로 되돌아가고 있을 뿐이라고 이해한다. 은의 대행진이 유럽에 초래한 그것이 산업혁명의 원인이 되었다는 것이다.[20] 둘째, '왜 근대에 서양이 중국을 능가하는 이상한 사태가 발생하였으며, 어떻게 그러한 예외적인 시대가 종말을 맞이했는가'라는 질문에, 저자인 요나하 준은 현재 중국의 대국화를 신기한 현상으로 보지 않고, 역으로 이전 패권의 당연한 부활이고, 역사적 필연으로 해석하여 이에 일본이 어떻게 대응해야 하는가 고민해야 한다고 말한다.

셋째, '왜 근대화도, 서양화도 조금도 진척되지 않았던 중국이 이상하게 최근에 대국의 자리로 어떻게 다시 돌아온 것인가?'란 질문에 요나하 준은 중국은 이미 그 옛날 송대에 중국화를 끝냈기 때문에, 다시 말해서 서양화의 특징인 자유로운 신분, 자유로운 상업 등은 이미 송나라에서 달성되었다는 것이다. 또한 남녀평등이나 참정권, 왕권의 폐지는 송대의 시대와 비슷했던 근대화된 서구 나라에서도 완전히 달성되지 못하고 있었다고 주장한다. 서양화라는 게 대부분 중국화와 겹치니까 중국에서는 필요성을 느끼지 못하였다고 주장한다.

넷째, '왜 역사상 거의 항상 선진국이었던 중국에서 인권 의식이나 의회 정치가 지금까지 자라나지 않는 것인가'라는 글로벌한 문제의식을 제기하며 저자는 위 네 가지 질문에 대하여 전문가 수준의 해답을 제시하고자

---

20. 저자는 산업혁명의 발생 원인을 다음과 같이 요약한다. 당시 유럽은 신대륙 남미에서 은의 약탈 →
중국에서 사치품 수입 → 혁신과 투자 욕구, 인플레이션 발생 → 산업 자본주의 탄생을 산업혁명의 과정
으로 본다. 요나하 준, 중국화하는 일본, 페이퍼로드, 2013, p67.

했다. 근대화를 서양화라 말하지 않고 유럽의 서양 국가들은 중국보다 문명이 낙후된 지역이었는데 어떤 계기에 의해서 산업혁명이라는 변환점을 맞아 일시적으로 중국을 앞지른 것이라고 주장하며, 근대화, 서양화란 개념 대신 '중국화와 에도시대화'라는 개념을 신설하여 동북아시아 역사적 전개를 다른 각도에서 설명한다. 즉 냉전이 종식되고 미국이 전 세계 패권을 장악하고 자유방임주의적 시장경제사회를 역사의 종점으로 보는 '후쿠야마의 역사의 종언'이라는 주장이 있지만, 저자는 송나라야말로 '역사의 종언'이 이미 이루어진 사회로 평가한다는 것이다.

3) 조선과 에도시대 사대부의 시민적 특성에 관한 현대적 논의

데이비드 웡(Wong)은 그의 논문에서 통일된 권력을 지닌 국가 형성이 일찍 이루어진 농업제국인 중국의 지역사회 질서유지를 위한 방식은 유럽을 중심으로 형성된 개념으로는 설명하기 힘든 것이라고 주장한다. 웡이 바라보는 유교는 국가와 전 사회에 복지와 도덕적 교화라는 목적을 제시하는 근본 이데올로기를 제시하고 그것을 뒷받침해 줄 도덕적, 물질적 지원을 할 수 있는 프랙탈 구조를 구성하는 그 무엇으로 본다. 결국 이런 프랙탈 구조가 국가의 권력을 유지하는 근간이 된다는 점에서 강력한 국가 권력 개념이 유럽식의 국가개념과는 다르다.[21]

피터 볼은 지역 엘리트의 자율적 측면에 주목하며 신유가가 생각하는

---

21. David B. Wong, Rights and Community in Confucianism, 동양시민론4, p224-225.

이상적 사회 질서상은 지역 엘리트의 자발적 지배력을 기초로 하는 지역 사회의 자율적 질서를 기반으로 하여 질서를 유지하고 정부의 권한에 명백한 한계를 두는 것이다. 이런 이상적 사회에 중심적 계층이 송대 지역의 사대부(士大夫)라고 보았다.

미야지마 히로시는 동아시아 전통사회를 '소농사회(小農社會)'라는 개념으로 파악하고 이를 뒷받침하는 사상적 기반이 주자학이라고 주장한다. 소농사회는 동아시아 전통사회의 가장 특징적인 면, 즉 토지 지배의 국가적 집중과 농민 경영에 있어 세계 최고 수준의 발전이라는 점에 착안하여 이 두 가지 특징이 전통사회뿐만 아니라 근대 이후의 동아시아 사회도 강하게 규정하고 있다고 보고 있다. 그러나 이런 분석은 소농사회에서 국가가 토지영유를 독점하고 군(君)을 제어할 특권적 지배 엘리트가 존재하지 않기 때문에 군주(君主)의 전면적인 권력을 제어할 방법을 찾을 수 없다는 문제점과 백성(民)은 여전히 수동적 존재이기 때문에 정치적 주체가 성립하지 못한다는 문제점이 있다.

베트남과 중국 관계사로 유명한 알렉산더 우드사이드는 동아시아 사회의 관료제의 중요성을 지목하고 복지를 국가의 목적으로 삼고 있다는 점에서 데이비드 윙과 비슷하지만, 중국, 한국, 베트남의 공통점으로 과거제도와 관료제도를 공유하고 있다는 점을 들고 유럽을 기준으로 하는 근대성이란 것이 동아시아의 경험을 통해 본다면 전혀 다르게 이야기될 수 있다는 것을 강조한다. 그는 과거제도와 관료제도의 발달을 통한 세계사에 전례가 없는 능력주의 사회의 도래를 동아시아 사회가 성취한 다른 근대성으로 바라보지만, 이는 단순히 환호할 일만은 아니다. 그 폐해와 문제점, 즉 윤리적 의식 부재, 책임감 부재 등도 나타난다. 그가 이해한 유교에 기반한 관료제도의 발달은 동전의 앞뒷면과 같은 것으로 볼 수 있다.

이 논의의 결론은 첫 번째로, 네 명의 학자가 주자학을 과거제도에 기반을 둔 능력주의 사회와 관료제도의 발달이 만들어 낸 사회변화 속에서 당시 엘리트들에게 새로운 정체성과 기회를 부여한 체계로 파악한다는 점이다. 두 번째는 사회질서의 유지와 운영 방식에 관한 문제이다. 네 명의 학자는 공통으로 주자학이 국가와 사회의 관계에서 어떤 공식적, 제도적 차원이 제공하지 못하는 그 무엇을 지역사회와 국가의 질서유지를 위해 제공하고 있다는 것에 동의하고 있다는 점이다.

주자학의 학(學)의 개념을 매개로 형성된 엘리트 집단의 신분적 특성은 이념적으로 신분 변동에 있어서 매우 취약하며 세습성이 부정되지만 일단 자격을 인정받거나 획득하여 엘리트 집단에 소속된 것으로 인정되면 비엘리트 집단과 매우 현격하고 근본적인 차이가 있는 권력과 사회적 특권을 지니게 된다는 점이다. 이런 이해는 송대 이후 중국과 한국 사회의 엘리트 집단과 이를 중심으로 형성된 사회 신분 질서의 변동을 이해하는 데 적절한 설명 틀로 활용 가능하다고 본다. 아시아 사회에 대한 서구 중심의 편견, 즉 오리엔탈리즘 담론은 서구인들의 우월적 위상을 확고하게 다지기 위한 자기 정체성 확립의 도구로만 한정되어 사용된 것이 아니라 동양인들에게 자기비하적 형태의 정체성을 내면화하도록 만들어 놓기도 하였다는 것이다.

이런 논의는 1949년 칼 야스퍼스에 의해 제기된 '기축 시대(Axial Age)'에 대한 논의가 연결돼 있지만 최근 스티브 스미드나 아이젠슈타트, 로버트 벨라 등에 반향을 일으키면서 '다중적 근대성(Multiple Modernity)'에 대한 논의가 제기되고 있다. 새뮤얼 헌팅턴이 '서구는 보편적인 것이 아니라 독특한 그것'이라고 뜻을 결정한 것도 이런 흐름과 무관하지 않다. 이런 논의를 확장시키면 모든 것이 전부 독특한 것이 될 수 있으며, 보편성의 큰 틀에 개별적인 독특한 흐름이 존재할 수 있다는 평가도 가능해진다.

다중적 근대성의 시각에 주목하여 유교적 근대성에 대한 담론의 가능성을 타진해 보고 유교권 아시아 지역도 보편사의 시각에서 재검토되어야 한다. 일본의 시부사와 에이치는 논어에서 '논어·주판 통일이론' 경제윤리를 추출해서 한 손에는 건전한 부의 윤리를 강조하는 '논어'를, 그리고 다른 한 손에는 화식(貨殖)의 '주판'을 들고 당당하게 경제활동을 하라는 메시지를 던진 바 있고, 이런 유교 자본주의는 일본뿐만 아니라 아시아의 각국으로 전달되고 있다. 하지만 유교 자본주의 또한 서구의 잣대로 아시아의 상황을 살피는 한계를 벗어나지 못한다는 비판도 받고 있기도 하다.

서구 중심의 보편사적 인식에서 벗어나 비교문명론적 관점에서 근대사회의 성격을 재해석하고 재평가해야 한다는 논의가 증가하고 있다. 에드워드 사이드를 필두로 서구 유럽중심주의 편견을 담은 오리엔탈리즘에 대한 비판이 거세지는 상황에서 새뮤얼 헌팅턴이 자신의 '문명충돌론'에 가해진 비판에 대해 '지구는 보편적인 것이 아니라 독특한 것이다'라고 입장을 수정해서 답하지 않으면 안 될 상황도 다중적 근대성에 관한 관심을 촉발하는 계기가 되었다고 할 수 있다.

이 새로운 개념은 비교문명론의 시각에서 출발하되 '문명 간의 대화'를 통해 새로운 전망을 일구어 나가야 한다는 지향성을 내포하고 있다. 아이젠슈타트에 의하면 결국 '다중적 근대성'에 대한 탐구는 각 문명권 내에서 개별적으로 전개되어 온 특수한 형태의 근대성이 어떤 조건과 상황에서 어떤 방향으로 전개되었는지에 대한 검토이다.

요나하 준의 유교근대화론은 송대 이후 군현제 대신 봉건제 확립, 과거 제도 시행, 시장 경제 발달 등 유교 근대화론의 새로운 시각이 등장하였으며, 미야자와 히로시는 주희가 제시한 실천윤리들은 그 자체에 혁신적인 성격을 갖는 근대적 성격이 담겨 있다고 보았다. 왜냐하면 토지의 사적 소유, 과거제도와 관료제도, 미약한 신분제 등을 담은 주자학은 세계사적으로도 가장 선진적인 이론 체계라고 할 수 있기 때문이다. 그는 요나하 준과는 달리 동아시아 국가들의 상황과 국제관계의 측면을 고려하여 유교적 근대가 명의 건국, 특히 16세기에 시작되었다고 평가한다. 그리고 그는 아시아 사회의 근대화 과정에서 서구적 근대화의 결실은 계속 수입하는 것도 중요하다고 본다. 근대화는 계속해서 진행되는 과정이기 때문이다.

이제 우리 사회도 유교적 근대화에 대한 논의가 다시 적극 검토될 필요가 있다. 그리고 다중 근대화 담론을 전제로 우리의 동아시아 사회를 되돌아보는 일은 시급히 도전해 보아야 할 과제로 떠오르고 있다. 서구적 근대화 과정에서 일방적으로 무시하거나 폐기해 버렸던 전통적 가치들을 재검토하는 일은 미래를 위한 비전을 탐색하여 새로운 제도적 질서를 구축하는 데 있어 선결되어야 할 과제이기도 하다.

쉬무엘 아이젠스타트(Shmuel N. Eisenstadt)는 그의 논문 〈The Civilizational Dimension of Modernity: Modernity as a Distinct Civilization〉에서 근대를 별개의 문명으로 보는 관점은 새로운 유형의 문명이며 근대의 핵심은 세계에 대한 해석 방식 새로운 사회적 상상력이며 이는 전례가 없는 개방성과 불확실성이라는 새로운 제도적 형성의 발전과 결합하여 있다고 주장한다.[22]

근대성의 형성 과정에서 일련의 발전이 함께 모여 새로운 유형의 결정체를 구성하였다. 이들 사회의 역사적, 문화적 전통이 근대의 전개 과정에서 중요하며 이는 일본에서의 근대 민주주의가 발전한 독특한 방식 중 일부는 그 사회의 문화적 전통과 역사적 경험에 크게 영향을 받았고 러시아, 중국, 북한 또는 남아시아의 공산주의 체제가 각 사회의 역사적 경험과 전통에 영향을 받은 방식도 마찬가지 경우이다.

근대성의 문화적 프로그램은 중세 후기 유럽 문명과 정치의 변화에 뿌리를 두고 있으며 특히 근대 초기 서구의 군사, 경제, 기술 및 이데올로기 혁명이 전 세계로 확장된 이후 유럽에서 처음에는 러시아로, 이슬람, 유교, 힌두교와 불교로 그리고 최초로 성공적인 비서구 근대성을 결정화한 유일한 비축문명인 일본과 아프리카로 함께 결정화되어 나갔다. 이러한 확장은 20세기 말까지 전례가 없는 차원에 도달한 근대 세계화의 첫 번째 물결로 볼 수 있다. 이런 지구적 확장은 '근대세계가 세계화 과정의 영향

22. Shmuel N. Eisenstadt, The Civilizational Dimension of Modernity: Modernity as a Distinct Civilization, International Sociology(Vol.16), 2001, p321.

으로 획일적 동질 세계가 될 것인가'에 대해 의문을 제기했다.

서구에서 가장 먼저 발전한 근대 문명은 처음부터 문명에 내재한 모순을 급진적으로 변형시키는 내적 모순에 시달리며 끊임없는 비판적 담론과 정치적 논쟁이 이어졌다. 서구에서 출발한 근대성 프로젝트는 인간의 주체성, 자율성, 시간의 흐름 속에서 인간의 위치에 대한 개념에 매우 뚜렷한 변화를 수반하였다. 그것은 인간의 자율적 선택 또는, 역사의 진전으로 실현될 다양한 가능성이 열려있는 미래에 대한 개념을 수반한다.

Wittrock은 자신의 논문에서 다양한 개인의 자율성 신념을 존중하는 다원성 개념과 이것을 전체주의적 방식으로 통합하려는 시각 사이의 갈등이 발생한다고 파악하면서 문제를 제기한다.[23] 이런 관점에서 보면 우리는 모두 근대라는 시대에 살고 있지만 그런 시대는 많지 않고, 하나뿐이다. 그러나 이 포괄적 시대의 틀 안에서 제도적 특수성뿐만 아니라 문화적 패턴, 신념, 약속에서도 무한한 다양성이 존재할 수 있다. 사회과학자들과 일반인들 사이에서 산업혁명과 민주주의 혁명이라는 기술적, 정치적 변화의 결합이라는 오래된 지배적 관점에서의 근대성의 형성에 대한 근본적 수정이 필요하다는 주장이 제기되었다. 세기가 바뀌면서 자유주의자들에게 헌법적 통치, 재산권, 의회민주주의는 문명화된 세계 어디에서나 실현될 수 있는 것처럼 보였다. 예를 들어 식민지라도 필요한 수준의 성숙을 달성하면 적절한 시기에 주권과 동등한 파트너의 지위로 격상될 수도 있다고 상상할 수 있었다.

---

23. B. Wittrock, Modernity: One, None, or Many? European Origins and Modernity as a Global Condition, p53.

근대성은 일련의 문화적, 제도적, 우주론적 변화의 결합과 지구적 합의의 관점에서 설명될 수 있다. 우리는 근대를 '특정 구조와 원칙이 공통의 글로벌 조건을 정의하게 된 시대'로 볼 수 있다. 다만 이런 원칙과 구조에 대한 지속적인 해석, 재해석, 변형을 시도하면서 근대성이라는 글로벌 조건의 공통성을 고려할 수밖에 없다는 것이다.

A. T. Nuyen은 그의 논문 〈Confucianism and the Idea of Citizenship〉에서 지금까지의 시민권 논쟁에서 자유주의적 개념에 대한 의문이 점점 커지고 있으며 이에 대한 대안으로 유교에서 시민권 개념이 명확하지는 않아도 유교적 시민권 아이디어를 구성할 수 있다고 주장한다.[24]

시민권에 대한 자유주의적 개념을 고려할 때 시민권 개념은 유교와 양립할 수 없다고 생각할 수 있는데 이는 유교를 비판하는 사람들에게는 유교에 대한 비난이다. 이들 비평가는 우선 유교에서 시민, 시민권이란 단어가 고전 유교 문헌에서 발견되지 않는다고 주장한다. 그러나 이는 오해이고 시민은 현대 중국어에서 시민권의 법적 정치적 차원을 강조한 국민(國民), 문화적 공동체적 측면을 강조한 공민(公民) 등으로 다양하게 번역된다. 이런 용어는 유교에서 중요하게 여기며 현대 서구의 시민권 개념을 가리키는 말이다.

시민이란 단어가 존재하지 않는다고 이질적 결론을 내릴 수는 없고 진짜 문제는 시민권이라는 개념 자체가 유교와 양립할 수 있는지 또 현대 유교 사회가 시민권 실천을 발전시킬 수 있는가이다. 유교는 시장자본주의

---

24. A.T. Nuyen, Confucianism and the Idea of Citizenship, Asian Philosophy, (vol.12), 2002, p127-132.

와 양립할 수 없고 반민주적이며 평등을 희생시키면서 엘리트주의를 강조하고 개인보다 공동체를, 개인의 권리보다 공동체의 의무를, 개인의 자율성보다 공동체 복지를 강조한다는 지적이 여러 비평가에 의해 제기되어 왔다. 그러나 사회가 성공적으로 발전하려면 역동적이고 이질적인 제도를 받아들여야 한다.

더 일반적인 비평가들은 유교와 민주주의의 양립 불가능성을 지적하는데 특히 헌팅턴에게는 유교가 개인보다 집단, 자유보다 권위를, 권리보다 책임을 강조하기 때문에 모순된 용어라고 보고 이런 이유로 유교는 민주주의, 시민권 개념과도 양립할 수 없는 것으로 간주한다. 그러나 유교와 평등사상을 살펴보면 유교가 엘리트주의와 능력주의를 조장하기 때문에 개인의 평등을 강조하는 시민권 사상으로 수용할 수 없다는 견해는 잘못된 견해이다. 유교는 인간 가치의 평등 개념을 강력하게 지지하기 때문이다. 유교 고전에 평등이란 개념은 사용되지 않았지만, 동일성과 같은 동등한 용어가 자주 사용된다. 문제는 유교에서 '권력을 획득하는 과정에서 평등이 존재하는지'이다. 이에 대해 유교가 기회의 평등, 특히 교육 기회의 평등을 명시적으로 지지한다고 말할 수 있다.

공자 자신도 교육에는 계급의 구별이 없어야 한다고 말했고 아무리 가난한 사람도 가르치는 것을 거부한 적이 없었다. 유교는 서로 다른 사람을 불평등하게 대우하는 것은 단지 그들이 불평등하다는 사실을 반영하는 것일 뿐이라고 주장할 수 있다. 그렇다면 능력주의와 엘리트주의로 보는 유교는 평등에 대한 확고한 신념일 수도 있다. 유교주의자들은 사람이 처음부터 동등한 가치와 잠재력, 동등한 기회가 주어졌다고 해도 여러 가지 이유로, 그중에서 개인적인 헌신과 노력의 차이로 인해 결국 차이가 날 수밖에 없다는 사실을 너무도 솔직하게 인정하고 있다.

유교적 가치와 개인주의적 가치는 매우 다르다. 그 차이는 개인에 대한 이해에서 가장 극명하게 드러난다. 자유주의자들은 개인을 합리적이고 자율적이며 자급자족적인 존재로서, 자신의 개성을 희생하는 것이 아니라 육성하기 위해 시민이 되는 주요한 정치적 단위로 간주한다. 자유주의적 개념에서 시민권은 국가와 타인으로부터 개인을 보호하는 일종의 권리를 의미한다. 물론 보호의 대가로 일정한 의무가 따르지만, 의무나 책임이 아닌 권리에 중점을 둔다는 것이다.

이와는 대조적으로 유교에서는 개인에 대한 이해가 매우 다르다. 개인은 그가 속한 공동체, 즉 사회를 떠나서는 존재하지 않는다. 권리·의무·책임은 개인을 기준으로 정의되는 것이 아니라 개인과 그가 속한 공동체와의 관계에 따라 정의된다. 이런 이유만으로 유교는 자유주의적 시민권 개념과 양립할 수 없다고 말할 수 있다. 개인은 자유주의자들이 주장하는 것처럼 이성적 동물이 아니라 정치적 동물이며 시민이 되려면 개인은 특정한 시민적 덕목을 배양하거나 예의를 갖춰야 한다. 이런 견해는 시민성이 정치공동체와 연관되어 있으며 시민의 개념은 반드시 공적인 얼굴을 가져야 한다고 볼 수 있다. 이 시민권 개념에서 권리와 책임은 시민이 자신의 개성을 정의하는 공동체를 구축하는 도구이며 유교가 이러한 시민권 개념에 가장 잘 부합한다고 볼 수 있다.

유교는 개인을 공동체 위에 서 있는 자율적 존재로 보지 않으며 중국인의 유교적 인간관은 개인보다는 사회적 네트워크의 맥락에서 사람을 보는 경향이 있다. 중국인들은 개인을 사회적 존재로 이해하며 권리와 의무를 동시에 갖는 존재로 이해한다. 이외에 유교의 다른 세 가지 요소는 현대 시민사회의 문제를 해결하는 데 유용하다고 볼 수 있다. 첫째는 민본의 개념, 둘째는 조화에 대한 강조, 셋째는 관계의 외연적 확장에 관한 생각이다. 민본사상에 따라 통치한다는 것은 백성을 위해 그들의 안녕과 번영과 안전을 위해 통치하는 것이며 나무의 뿌리를 돌보듯 백성들을 돌보는 것이다.

맹자는 민본을 백성을 보호하고 가난과 불안으로부터 보호하는 것이라고 말한다. 이는 시장에 맡겨야 한다는 자유주의자들의 주장과는 상반되지만, 많은 이론가가 시민권의 조건으로 삼는 것과 일치한다. 동북아지역[25]의 유교문화는 다른 문화권에서 볼 수 있는 가족과 같은 자연적인 범주에 기반을 두고 있고, 인의예지 같은 유교적 가치는 타 문화권에 적용할 수 있을 만큼 일반적이고 기본적이다. 마지막으로 자유주의적 시민권에 대한 비판자들은 자유주의자들이 국민국가를 시민권의 맥락으로 받아들임으로써 자유주의적 실천이 세계화의 영향에 대처할 수 없게 될 것이라고 우려한다. 안보, 공해, 소비의 문제는 국민국가의 경계를 넘어서는 문제이며 더욱 악화할 것이다. 이러한 문제 해결을 위해 유럽 연합의 창설을 올바른 대응

---

25. 본 내용에서 언급한 '동북아 한·중·일 3국의 유교 문화'와 '동북아시아 유교 문화'는 차이가 있다. 동북아시아는 한·중·일 이외에 북한, 대만, 몽골, 오키나와, 홍콩, 넓게는 베트남, 싱가포르까지도 포함하는 유교 문화의 영향을 받은 지역에 있는 아세아 국가들을 의미하는 개념으로 사용할 수 있다.

이라고 보는 비평가들도 있지만 여기서도 유교는 가족 공동체, 사회, 나아가 전 세계를 아우르는 자아의 외적 확장을 옹호하는 데 이바지할 수 있는 바가 많다는 점이다. 유교의 비전은 글로벌 비전이고 실제로 유교의 조화는 궁극적으로 세상과의 조화 그리고 하늘과의 조화 그 자체이다. 유교는 세계공동체의 구성원 개념을 지지한다고 할 수 있다.

유교의 도덕적, 정치적 사상은 기본적으로 공동체주의적 관점을 가지고 있다. 첫째, 인간을 본질적으로 사회적 존재로 본다. 둘째, 공동체의 공동선을 위한 의무와 이러한 의무를 수행하는 데 필요한 덕목에 우선순위를 부여한다. 세 번째, 호혜적인 사회적 관계와 개인의 역할을 공동체 번영의 기본으로 삼는다는 것이다.

공자부터 맹자, 주희, 왕양명, 황종희와 같은 신유가에 이르기까지 다양한 유가 사상가들은 유가의 도덕적, 정치적, 전통이 조화롭게 기능하는 우주에서 책임 있는 공동체의 일원으로서 번성할 수 있는 도덕적 잠재력을 배양하는 데 영향을 미치는 모든 조건, 즉 사회, 경제, 교육에 크게 관심이 있음을 알 수 있으며, 이런 유교적 전통은 세계 인권선언 제1조 35항의 작성에 영향을 미쳤다고 볼 수 있다. 유교 전통은 국내 및 국제 인권 대화에 더 많이 참여해서 인권 주제에 관련된 유교적 전통 선견지명의 지혜를 활용하여 문화 간 유망한 대화로 이어질 수 있게 이바지할 수 있다. 현재 글로벌 다양성에 대한 인식이 높아지며 더 많은 사람의 목소리를 들어야 한다는 인식이 확산하고 있다.

조선의 사대부들은 주자학을 통해 조선의 정치체제에서 정치적 지도자로서 역할을 확립했으나 사무라이는 군사적 지도자로서 주자학을 주로 개인 윤리적 지침으로 활용하였다. 일본의 사무라이들은 군사 계층으로서 군림하면서 주자학을 통하여 개인적 수양과 사회 윤리의 기준을 확립하였다. 그들은 초기에는 주자학을 수용하여 자신들을 수양하고 점점 교육을 통하여 후진을 양성하고 학적 네트워크를 조직하여 정치적 영향력을 키우며 세력화하였다. 또한 자신이 소속된 공동체에 충성과 책임 의무를 다하며 현대적 관점에서 보면 바람직한 공동체적 가치 태도를 보였다.

이미 위에서 언급한 것처럼 개인 자유주의에 기반하여 공동체 유지 능력이 부족한 서구적 사상의 한계점에 대해 중국의 유교사상은 서양의 자아, 자율, 자유의 정신 개념이 그 수명을 다했음을 인식하도록 가르쳐 줄 수 있으며 이런 서구 사상의 한계점 극복 및 보완책으로 우리는 공동체 유지에 필수적 요소인 공동의 의식, 관습, 전통과 계승된 삶의 형태를 유교 사상에서 찾을 수 있다.

동양의 사상인 인도의 불교, 중국의 유교, 도가, 우리나라의 전통적 사상 등 다양한 동양사상이 있지만 시공간의 제약으로 한국과 일본의 대표적 지배층이었던 조선 사대부, 문사화된 사무라이 사대부의 바람직한 특성을 현대 시민교육의 목표 및 구성 내용으로의 적용 가능성을 살펴보았다.

특히 동북아 지역은 유교의 발생지일 뿐만 아니라 역사적, 지리적, 정치적, 경제적으로 수천 년간 상호 교류한 유교 문화권이다. 특히 문자가 같은 한자 문화권으로 다른 국가에 비해 사상적, 정신적 교류가 가능한 지역이다. 서양 세계도 중세시대의 암흑 속에서 당시 앞서있던 이슬람 및 중국에서 영향을 받아서 근대화하며 동양 세계에서 많은 도움을 받았는데 이는 당시 중국 송나라 발명의 영향이 컸다. 송대 주자학은 조선의 사대부, 일본 에도시대의 사무라이들에게 많은 사상적 영감을 주었지만 상호 다르게 지역화되어 전개되었다. 한편으로 조선시대에 우리 선비 사대부들이 왜(倭)라고 부르며 멸시했던 일본의 문사화된 사무라이 사대부들의 후예들이 메이지 유신을 통하여 서양 문물을 먼저 수용하여 근대화한 후 주자학과 많은 문화를 전수한 조선과 중국을 침략하여 정복한 아이러니한 역사적 사실도 있다.

4) 시민교육 활용 방안

지금까지 살펴본 송대 주자학의 한·일 지역화 과정에서 조선시대의 선비, 사대부들의 역할과 에도시대 일본의 문사화한 사대부인 '독서하는 칼 찬 사무라이' 개념에서 도출된 유교적, 주자학적 가치들은 현대의 시민교육에 충분히 활용 가능하다고 할 수 있다. 우리는 조선의 사대부와 일본의 독서하는 사무라이들의 미덕과 가치의 장점을 강조하여 현대적 관점에서의 시민으로서의 의식과 행동을 끌어낼 수 있으며 그 방안은 다음과 같다.

첫째, 조선과 일본에서의 사대부 개념 정의는 유교에서 가장 고상한 인격상을 추구하는 리터라티 '문인 지식인'들이며 이들의 특징은 지식과 예의에 대한 높은 가치를 중시한다고 본다. 시민교육에서는 조선 사대부들의 정치적 참여의식과 미덕을 바탕으로 지식 습득과 도덕적 행동을 강조할 수 있다. 학생과 시민들은 지식을 추구하고, 공동체에 관한 관심과 사회적 책임감, 타인에 대한 배려와 예의(禮儀)를 학습할 수 있다.

둘째, 조선 사대부 선비는 고전적인 문화적 인식과 교양을 지닌 문인 지식인을 의미한다. 시민교육에서 활용 방안은 조선 사대부 선비의 특징인 폭넓은 지식과 예술적 감성을 존중하고, 다양한 문화와 예술을 경험하고 이해하는 능력을 다문화 시민교육에 적용할 수 있다.

셋째, 일본의 '독서하는 문사화된 사무라이 사대부'는 일본 근세 시대인 에도시대의 무사로서 지식과 학문에 대한 중요성을 인식하고 독서와 학문에 힘쓰는 모습을 보이는 자이다. 시민교육에서 활용 방안은 '독서하는 사무라이 사대부의 모델'을 통해 학문과 지식에 대한 열정, 자기 계발과 타인에 대한 배려와 봉사, 직업윤리 등의 교육에 활용할 수 있다.

이러한 개념들은 시민교육의 핵심 가치와도 부합하며 지식습득, 도덕적 행동, 다문화 이해 등을 강조하여 시민으로서의 미덕을 키우는 데에 유용하게 응용하여 활용할 수 있다고 여겨진다. 또한 이 개념들을 전통적인 문화와 가치를 현대 각국의 독특한 문화와 다양한 경험을 가진 지역사회에 적용하여 상호 더 나은 소통과 이해, 그리고 행동의 실천을 끌어내는 데 필요할 것으로 생각된다.

그러나 이런 관점에서 현재의 서구와 동양 문명은 절대적으로 어느 한 쪽이 우월한 것이 아니며 영향을 주고받는 상호 보완관계로 바라보는 것이 타당하다고 여겨진다. 우리는 우리의 역사와 우리의 현실적 토양 위에서 지금까지 잊고 있었던 우리의 소중한 유교 문화유산과 정신적 가치를 발굴하고 계승하여 온고지신할 때이며, 이런 시각에서 인류 보편적 가치가 담긴 동서양의 시민상이 재정립된다면 사대부 선비, 문사화된 사무라이 사대부의 정신에서 도출된 유교 문화적인 동양의 시민상 개념보다 더 발전된 보편적인 새로운 시민상 개념이 나올 것으로 기대된다.

모두가 불가능하다고 여긴 프랑스와 미국과의 전쟁에서 주체적이고 창조적인 승리를 일구어낸 유교적 문화의 전통을 간직한 베트남 국민과 지도자 호찌민도 유교 시민상을 빛낸 사례 중 하나의 예로 들 수 있다고 본다. 다양한 동양의 유교적, 불교적 전통을 간직한 한국의 'K-사상'들이 K-Food, K-Pop처럼 전 세계에 전파되어 송대의 주자학과 같이 지역화되어 영향력을 행사할 수도 있다.

근대화를 넘어선 세계화는 국제화, 자유화, 보편화, 서구화, 탈국경화 등의 다양한 용어로도 부를 수 있다. 세계화는 국제 사회에서 국가 간 상호 의존성이 증가하며 인류 문명이 단일한 체계로 수렴되는 현상이라고 간단히 정의할 수 있다. 그러나 세계성은 국가, 지역의 독특한 문명, 특성 등에 영향을 받아서 지역성에 의해 수정되고 변경된다는 점에서 다중성 다양성을 수반한다. 지역적 특성을 고려한다는 점에서 맥도날드의 세계화 경영전략처럼 글로컬라이제이션 개념은 기업 경영에서도 많이 적용하고 활용하여 커다란 성과를 내고 있음을 쉽게 볼 수 있다. 이런 관점에서 유교 사상도 글로컬라이제이션 사례를 활용하여 전 세계로 확장, 전파될 수 있는, 즉 지역주의를 초월한 새로운 공동체 생성의 사상적 원천으로서 많은 가능성을 함축하고 있다고 본다.

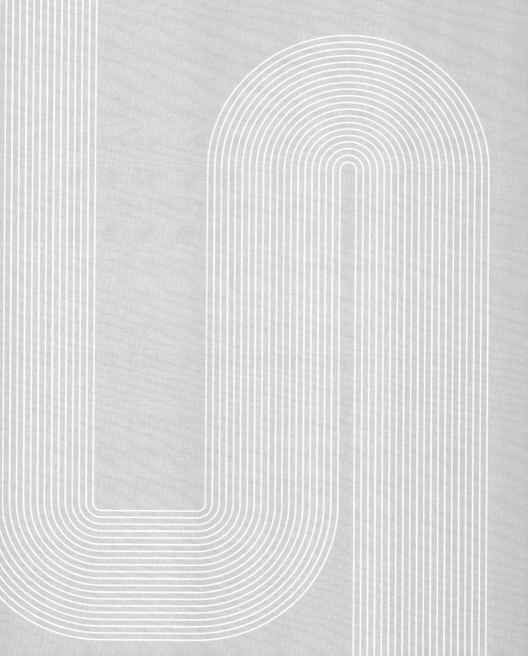

V. 이황과 성학십도 이이의 성학집요에 나타난 정치적 특성

1. 이황과 이이의 사상적 배경과 정치적 차이점

1) 정치적 성향이 다른 이황과 이이

율곡 이이는 자신이 살던 조선 사회를 평가한다면 정치체제는 어느 정도 안정되었지만 각종 제도가 무너져 가는 사회이기 때문에 일종의 국가 재건이 필요하며 이를 개혁하기 위한 경장(更張)이 요구된다고 주장한다. 기존의 것을 현실에 맞게 수정하고 고치는 변통을 통한 일대 경장이 필요하다고 보았다. 이이는 그의 저서 〈동호문답〉과 〈만언봉사〉 등에서 경장의 방법, 사회 개혁안, 안민(安民)을 위한 국정 개혁안을 제시한다. 〈만언봉사〉에서 이이는 부패의 시정책 7개 항을 제시하였는데 특히 그중 '십만양병설'을 주장하여 임진왜란을 예언한 것은 유명한 사실이다. 대동법의 실시와 사창의 설치 등을 제의한 일은 조선 사회 정책에 획기적인 혁신을 가져오게 하였다.

이이는 때에 알맞게 한다(時宜)는 것을 강조한다. 이것은 시대의 변화, 환경의 변화에 따라서, 즉 때에 따라 변통을 하고 각종 제도와 법을 마련하거나 기존의 법 제도를 정비해서 백성을 구제하는 것을 의미한다. 경정의 방법으로 국가통치 체제 정비, 공안(貢案)과 군정(軍政) 등 부세(賦稅) 제도의 개혁, 세금과 각종 지방관과 향리들에 의한 가렴주구 개선, 세금 납부 항목과 국가 조세 등에 대한 일원화 및 세금 액수 균등화 등을 제시한다. 그 이외에도 백성들의 사회교화도 역시 경장의 한 방법으로 보고 서원향약(西原鄕約), 해주향약(海州鄕約), 사창계약속(社倉契約束) 등을 만들어 향약과 사창 법을 실시하고 지방에 서원, 향교, 서당의 건립을 보급, 적극 장려하여 지방 인심 풍속의 교화를 역설하였다.

이이는 기대승의 주장을 계승하며 현실 정치 문제에 적극 참여하며 제도적 개선을 제안한다. 이이가 선조에게 바친 〈성학집요〉에 그의 사상이 집중되어 있으며 이황의 사상은 기대승과의 사칠 논쟁과 이황이 선조 즉위 원년에 선조에게 바친 〈성학십도〉에 잘 나타나 있다. 현실 정치 문제에 많은 관심과 행동을 보인 이이와는 다르게 이황은 현실 정치 문제와 약간 거리를 두며 후진양성과 학문 연마에 집중하는 삶을 보냈다. 이황은 조선 유교 국가에서 왕도 정치론을 바탕으로 유교적 이상사회 건설을 시도했다고 볼 수 있다. 이황은 사림 정치사상에서 군주론, 심학의 경(敬) 사상, 사림의 덕치주의, 인재 등용론, 민본사상을 강조하였으며 이는 성학십도에 잘 나타나 있다.

이황과 이이는 선조와의 경연을 통하여 군주 개인을 통한 성리학적 이상을 현실정치에 구현하고자 하였다. 선조는 이황, 이이, 기대승, 성혼 등을 스승으로 두고 경연에 나가 왕의 책임과 자세에 대해 학습하였지만 오만하고 독선적이었다는 평가를 받았는바 이는 선조가 몰라서가 아니라 무엇이 올바른지 알고 있으면서도 실천해야 한다고 마음먹지 않았기 때문이다.

본 내용에서는 정치적 성향이 다른 이황과 이이의 주요 저작인 〈성학십도〉와 〈성학집요〉의 내용을 간략히 소개하고 그에 나타난 이황과 이이의 정치적 사상을 비교 분석하고자 한다.

2) 이황의 사상적 지향

이황은 사단칠정 논쟁 초기에는 선악을 대비시켜 보면서 사단과 칠정을 대대 관계로 설정하고 이를 통해 리(理)와 기(氣)의 관계를 불상잡(不相雜)을 중심으로 해석한다. 더불어 사단의 소종래(所從來: 근원)를 리에 두기 위해 리를 주제로 하기 위해 이발(理發)을 제시하였다. 그러나 이런 입장은 기대승의 반박에 봉착하며 논쟁 과정에서 약간 수정된 입장을 제시하는데 이런 변화가 이황의 후기 입장이다.

여기서 이황은 칠정을 리와 기의 합으로 긍정하고 그것의 속성이 선하다고 인정함으로써 사단과 칠정을 단순한 대대 관계로 설정하지 못하게 된다. 더불어 리기의 관계 역시 불상리(不相離)를 전제로 한 상태에서 불상잡을 강조하게 되고 이발은 기에 의지해서 발하는 이기호발(理氣互發)로 그 의미가 확정된다. 이렇게 되면 기대승에 대한 비판도 불상리와 불상잡을 고르게 보지 않았다거나 이발과 기발을 동시에 인정하지 않는다는 등의 입장으로 옮겨가게 된다. 이처럼 전후기 이황의 사칠론의 변화는 이현일과 이상정에게 각기 다르게 수용된다.

이현일은 기호학파와의 정치적, 이론적 대척 과정에서 이황에 비해 더욱 강하게 사단과 칠정을 대대 관계로 해석한다. 이는 이황의 초기 입장을 더욱 강하게 해석한 결과이다. 이에 비해 이상정은 이현일이 너무 분개 중심으로 본다는 비판을 수용하면서 이황 사단칠정론의 후기 입장을 이어간다. 칠정을 성의 발함으로 이해하며 단순한 대대 관계로 설정하지 않고 리기 관계를 불상리를 전제로 불상잡을 언급하는 이황의 후시설을 발전적으로 해석하고 있다. 분개와 혼륜을 균형이 있게 보아야 한다는 이상정의 입장은 어느 한쪽에 천착되거나 치우치는 경향에 대해 강한 비판적 시각을 띠게 만들고 있다.

이현일과 이상정이 리기 불상잡과 이발을 통해 리의 능동성을 강조하는 퇴계학으로서의 특성을 분명히 가지고 있다. 그러나 그 실질적 내용은 이처럼 다양한 시각으로 드러난다. 이런 점에서 퇴계학은 다양한 전개 가능성을 그 속에 내포하며 조선 성리학과 현실정치 속에서 영향을 미치고 있으며 그 핵심은 사단과 칠정 논쟁에서 비롯되고 있다고 볼 수 있다.

이황의 입장은 기의 독자성을 부정하고 리가 기보다 우월함을 강조한다. 이황은 이와 기가 서로 분리될 수 없다는 원칙에는 동의하지만 본질적으로 그 근원이 다르다고 본다. 리와 기는 우주를 구성하지만, 기는 우주를 구성하는 질료로서 리에 종속되어 있을 뿐이다. 만약 이런 리와 기의 차이를 섞어 혼동한다면 사물과 인간의 본성을 이해하는 데 혼란이 초래될 뿐만 아니라 윤리와 도덕의 기준이 되는 선악의 구별도 불가능해질 것이라고 확신했기에 더욱 리와 기를 이원화하여 구분하는 리기 이원론적 입장을 견지하였다.

3) 이이의 사상적 지향

　기의 독자성을 강조한 기대승의 주장은 이이의 기발이승일도설(氣發理乘一途說)로 이어진다. 이이는 기대승의 주장과 사단과 칠정은 서로 대립적인 것이 아니며 두 가지가 서로 융합되어 나타난다는 이기 일원론적 견해를 밝혔다. 그리고 기에 독자성을 부여한다. 리와 기가 모두 어떤 현상의 시발점에 해당할 수 있다는 것이다. 인간의 본성에서 어떤 것이 나오든 그것을 어떻게 실천하는가에 따라 충분히 달라질 수 있다고 본 것이라 할 수 있다.

　요약하면 이황은 본래 갖고 있던 도덕적 감정이 인간의 행동을 지배한다고 보았고 이이는 타고난 것도 후천적 기질에 따라 달라진다고 보았다. 이황은 사단이 리에서, 칠정은 기에서 나온 것이라고 이분법적으로 표현했지만. 기대승은 사단이 별도로 존재하는 것이 아니라 칠정 중의 선한 마음일 뿐이라고 주장한다. 기대승은 사단의 수오지심((shame), 측은지심(compassion), 사양지심(heart of concession), 시비지심(discernment, insight) 같은 것들이 칠정의 喜(기쁨), 怒(노여움), 哀(슬픔), 懼(두려움), 愛(사랑), 惡(싫어함), 欲(바람)처럼 구분할 수 없는 감정이라고 보았다.

　현대적 관점에서 논리적으로 사칠 논쟁을 살펴보면 이황의 주리론(主理論)은 인간의 순수한 마음을 우리의 현실과 무관하게 무리하게 구분했다고 평가할 수 있다. 그러나 이황도 기대승과의 논쟁을 통하여 자신의 견해를 일부 수정한다. 기대승과의 8년 논쟁에서 이황은 사단은 리의 발이고, 칠정은 기의 발이라는 명제를 수정한다. "사단은 리가 발하여 기가 따르는 것이고 칠정은 기가 발하여 리가 타는 것이다"라고 최종 의견을 정리한다고 볼 수 있다. 그의 학문은 〈성학십도〉에 정리되어 있는데 이황의 타협안인 이기호발설은 사단과 칠정 모두에 리와 기라는 범주를 적용했지만, 사단에는 여전히 리가 중심적 역할을 한다. 이황은 주장을 완화하였지만, 근본적으로 문제가 된 이발(理發)의 주장은 끝까지 버리지 않았다고 볼 수 있다. 사단과 칠정 모두 기가 발하고 리가 올라탄 것이라고 주장한다. 이이 역시 사단은 칠정에 포함되어 있으며 칠정 가운데 선한 일면이 사단이라고 보았다. 사칠 논쟁 관련 기대승과 이황의 주장을 요약하면 다음과 같다.

첫째, 이황의 주장에 대한 기대승의 비판은 다음과 같다. 칠정과 사단은 같으며 칠정이 사단을 포함하고 있다. 가령 측은지심이라는 사단은 절도에 맞게 드러난 슬픔(정)이지, 따로 있는 감정이 아니다. 단지 다른 슬픔과 구별해 주기 위해서 이런 호칭을 붙인 것이다. 따라서 사단과 칠정을 대립 감정으로 보아서는 안 된다. 즉 기대승은 이발을 부정하고 칠정은 기발이기 때문에 선악으로 나뉠 수 있다고 주장한다.

둘째, 이황은 이에 대한 변론에서 정에 사단과 칠정의 분별이 있음은 마치 성에 본성과 기품의 다름이 있음과 같다. 즉 성에도 기질지성과 본연지성이 있듯이 정에도 사단과 칠정의 분별이 있다. 소종래로 말미암아 각각 그 소주와 소중을 가리켜 말한다면 어느 것은 리이고 어느 것은 기라 함이 어찌 불가한가? 연원을 기준으로 사단은 리에 분속시키고 칠정은 기에 분속시키는 것이 옳다고 답변한다.

셋째, 기대승의 두 번째 비판과 이황의 변론은 기대승은 칠정과 사단은 같으며 칠정이 사단을 포함하고 있다.(칠포사) 리기 불상리, 사단의 부중절과 칠정의 중절 가능성, 사단과 칠정은 모두 리기의 묘합이다. 기발은 리와 기를 아울러 말하는 것이지, 기만을 가리키는 말이 아니다. 사단과 칠정은 모두 인의예지 성에서 발한 것이다. 따라서 칠정 역시 모두 선한 것이다. 이에 대해 이황은 사단은 이발 기수, 칠정은 기발이승을 주장하며 사단과 칠정에 모두 리가 있음을 인정한다.

넷째, 기대승의 세 번째 비판은 이황의 이발기수, 기발이승에 대하여 두 사람이 마음의 한쪽을 차지하고 번갈아 일을 주도하는 것과 주종관계가 되는 것은, 즉 이발의 마음과 기발의 마음이 따로 있는 것으로서 이는 불합리한 주장이라고 비판한다.

마지막으로 이황의 논쟁을 마무리한다. 이황은 기대승처럼 혼합하여 말한 경우라면 주리, 주기의 분별이 있을 수 없지만 대비적으로 분별하여 말한다면 이런 분별이 있다고 논쟁을 마무리하며 소주를 기준으로 나누면 시단은 리에, 칠정은 기에 분속시켜야 한다는 것이다.

사단의 선과 칠정의 선은 본질적으로 같다. 그러나 기가 리를 따라 발한 것을 이발이라 하면 기를 리로 보는 잘못을 범하는 것이라고 주장하며 고봉 주장의 허점을 지적한다. 이황과 기대승이 벌인 사단칠정 논쟁은 조선의 가장 중요한 논쟁 가운데 하나이다. 논쟁은 1559년에 시작되어 1566년까지 8년 동안이나 계속되었다. 당시 이황은 59세였으며 기대승은 32세였다. 두 사람은 논쟁 기간에, 예의에 어긋난 행동을 하지 않았다.

이이는 기대승과 마찬가지로 칠정이 사단을 포함한다는 칠정포 사단의 논리로 이황의 학설을 반대하였다. 이이의 이기론은 다양한 현상 속에서 보편적 원리가 내재하며 이러한 보편적 원리는 기의 작용에 의한 현실의 구체적 현상론과 따로 떨어져 존재하는 것이 아니라는 것으로 요약된다.

이이는 기대승과 마찬가지로 칠정이 사단을 포함한다는 칠정포 사단의 논리로 이황의 학설을 반대하였다. 예를 들어 컵에 물이 담겨 있는데 동그란 컵에 담긴 물, 네모난 컵에 담긴 물은 그 모양이 다르지만 물은 똑같은 물일 뿐이다. 여기서 컵이 기(氣)라면, 물은 리(理)에 해당한다. 기(컵)를 옮기면 리(물)도 옮겨지지만 리(물)만 따로 옮길 수는 없다. 그러므로 리와 기는 떨어질 수 없다. 둘은 상호의존적이며 상호보완적 관계이다. 이이는 이런 리와 기의 관계를 이기지묘(理氣之妙)라는 말로 표현하였다.

2. 성학십도(聖學十圖)와
성학집요(聖學輯要)에 나타난 정치적 성향

1) 이황의 성학십도와 정치적 특성

〈성학십도〉는 성리학을 10장의 그림으로 풀이한 책이다. 성리학 대가의
글과 이황 자신의 사상으로 적절히 배합한 것이다. 본래 명칭은 진성학십
도차병도(進聖學十圖箚幷圖)이나 진, 차, 병도를 생략하고 성학십도로 명
명한다. 성학십도가 68세의 이황이 17세의 선조에게 즉위 원년에 올렸던
소였음을 고려할 때 우국충정에서 저술된 것임을 알 수 있다. 이이는 어린
선조에게 주자학의 기본원리를 알기 쉽게 그림으로 설명하며 선조에게 주
자학의 기본원리 학습과 도덕적 수양을 통한 인격의 완성과 성군의 통치
를 강조한다.

성학십도는 10개의 도표와 해설로 전개되며 도표에는 1) 태극도(太極圖), 2) 서명도(西銘圖), 3) 소학도(小學圖), 4) 대학도(大學圖), 5) 백록동규도(白鹿洞規圖), 6) 심통성정도(心統性情圖), 7) 인설도(仁說圖), 8) 심학도(心學圖), 9) 경재잠도(敬齋箴圖), 10) 숙흥야매잠도(夙興夜寐箴圖)이다. 10개의 도표 중 7개는 옛 대가들이 작성한 것이고 나머지 3개인 소학도, 백록동규도, 숙흥야매잠도는 이황 자신이 작성한 것이다. 제1도에서 제5도까지는 천도에 기본을 둔 것으로 그 공과는 인륜을 밝히고 덕업을 이룩하도록 노력하는 데 있다고 대의를 밝힌다.

제6도에서 제10도는 심성에 근원을 둔 것으로 그 요령은 일상생활에서 힘써야 할 공경하고 두려워하는 마음을 높이는 데 있다. 그러므로 제5도까지는 천도에 근원을 두고 성학(유학)을 설명한 것이고 나머지 5개 도표는 심성에 근원을 두고 성학을 설명한 것으로 분석된다.

이황은 왕(王) 한 개인의 마음 씀씀이 매우 중요하다는 것을 강조하면서 마음가짐을 조심하고 두려워하며 삼가는 경(敬)의 내면화(內面化)를 중요시하였다.

이황의 성학십도는 성리학에 비친 우주관, 인간관, 윤리관, 심성관, 수양관을 일목요연하게 정리하고 있다는 점에서 의의를 찾을 수 있다. 본 내용에서는 이황의 성학십도를 간략히 소개한다.[1]

---

1. 국립중앙박물관, 이황, 성학십도

① 태극도는 송나라 주돈이의 글과 그림으로 우주 기본원리, 태극에서
음양과 오행을 거쳐 인간과 만물이 생겨나는 과정을 설명한다.

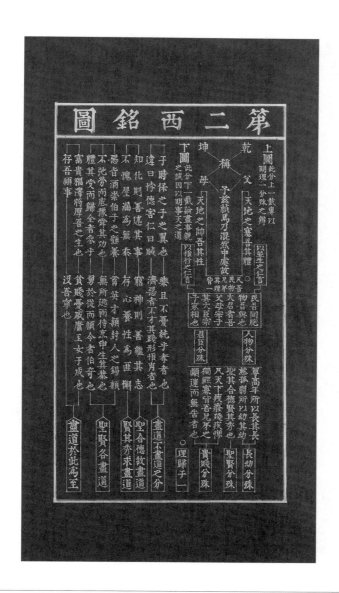

② 서명도는 송나라 때 정재가 좌우명으로 쓴 글을 원나라 때 정복심이
그린 그림이다. 서명은 우주 가족과 그 사이의 계층적 질서, 하늘의
명령인 효를 따르는 것, 효자의 사례, 자신의 다짐으로 구성된다.

③ 소학도는 주희의 글이고 그림은 이황이 그렸다. 소학의 차례와 내용
을 담았다. 어릴 때의 몸가짐, 대인관계의 기본 덕목, 일상 행동 규범
을 구성하고 이를 통해 사회 가치관, 주체성 함양을 키우도록 했다.

사색의 시간

④ 대학도는 대학의 글이며 그림은 조선 권근의 입학도설 가운데 하나
이다. 3강령 조목을 설명하고 공부 과정과 효과에 대해 말하고 있다.

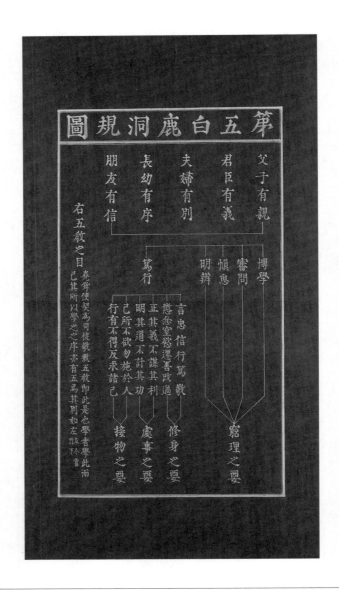

⑤ 백록동규도는 주희가 쓴 '백록동서원 게시'라는 글이며 이황이 그렸
다. 백록동서원의 학칙으로 학문의 큰 원칙을 이야기한다. 인간관계
의 원칙을 밝힌 오륜에 관한 것과 이론과 실천에 관한 것이다.

사색의 시간

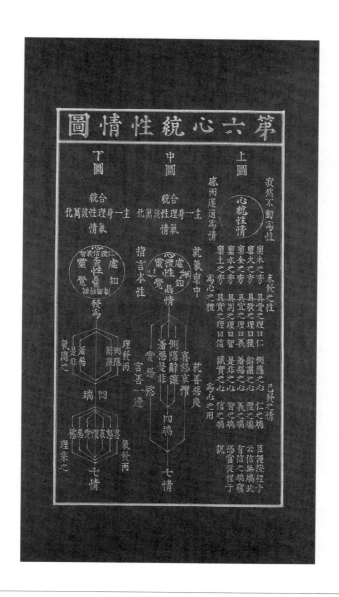

⑥ 심통성정도는 정복심의 글을 세 개의 그림으로 그렸다. 상도는 정복
심이 그렸고, 중도와 하도는 이황이 그렸다. 사단칠정을 간략히 설명
하며 마음이 어떻게 이루어져 움직이며 도덕적 완성을 향한 관점에
서 본성, 정의 문제를 다루고 있다.

⑦ 심학도는 정복심이 그리고 썼다. 심(心)과 경(敬)에 관한 것이다. 여러 가지 선한 마음과 그 구조에 대해서 경(敬)과의 관계를 이야기한다.

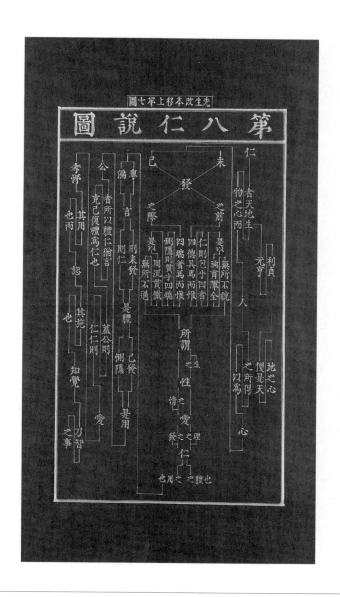

⑧ 인설도는 주희가 쓰고 그렸다. 유학의 핵심 사상인 인(仁)을 주장하는 글이다. 주희는 인(仁)이 무엇이고 어떻게 해야 인(仁)을 실현할수 있는지 설명한다.

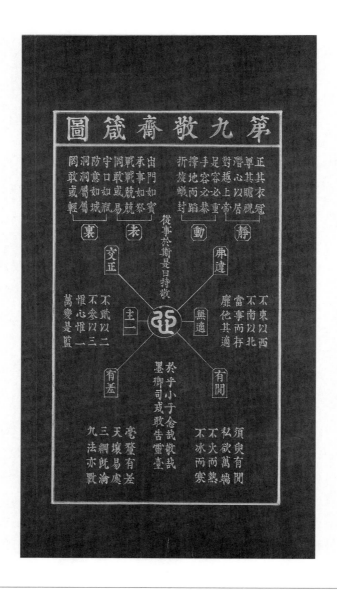

⑨ 경재잠도는 송나라 왕백이 그렸고 글은 주희의 것이다. 상황에 따라
어떻게 경(敬) 공부를 해야 하는지 이야기한다. 경건함을 유지하는
방법을 구체적으로 알려준다.

⑩ 숙흥야매잠도는 이황이 그렸고 글은 남송의 진백의 글이다. 아침부터 저녁까지 시간 순서에 따라 어떻게 경(敬) 공부를 해야 하는지 이야기한다.

이황의 사단칠정에 대한 고찰은 이기론적 해석이므로 심성론과 관련하여 그 안의 범위에서 그의 이기설에 관한 설명도 있어야 한다고 본다. 이황의 리(理)에는 체용(體用)이 적용되는데 그 용의 측면이 하나의 문제점이다. 즉 리의 용이란 리가 동할 수 있고, 생길 수 있는 성질을 가리키는데 그 동(動)하고 생(生)하는 성질은 사실적으로는 시인될 수 없고 불합리하고 모순적인 특성이다. 그런데 이황은 사단을 해석하면서 리의 발을 말한다. 리에는 그 용으로서 발할 수 있는 성질까지 있다는 것이다. 여기서리의 용으로서 발의 의의는 바로 리의 동 또는 생의(生意) 의의를 알아낼 자료가 될 수 있다는 점이다.

리의 실재 의의는 사실적으로는 시인될 수 없고 가치상으로만 시인될 수있다는 점에서 이황 이론의 약점으로 존재한다.[2] 이황의 심성론은 인간의 본성을 인식하여 인간 본연의 모습을 찾으려 한다. 그리하여 인간사회에 질서를 가져오고 인간의 권위를 확립하려는 노력과 이상(理想)은 높게 평가할 수 있다. 이것이 바로 이황의 심성론인 사단칠정론의 장점이고 가치라 할 수 있다.

2) 이이의 성학집요와 정치적 특성

이이는 이러한 리와 기의 관계를 이기지묘(理氣之妙)라는 말로 표현하였다. 오묘한 조화의 관계를 밝힌 논리구조를 말한다.

---

2. 윤사순, 퇴계 이황의 철학, 예문서원, 2013. 제5장, '이황 철학의 성격' 참고.

이황은 리의 우위성을 강조하는 리기 이원론의 입장에서 리기를 엄격하게 구분하였고 사단과 칠정을 각각 이발과 기발로 나누어 설명하였다. 그러나 기대승은 기를 중시하는 이기 일원론의 입장에서 칠정 밖에 따로 사단이 있는 것이 아니라 칠정이 사단을 포함(칠정포)한다고 주장한다. 사단은 칠정 가운데 순수한 것만을 가려낸 것에 지나지 않는다는 것이다. 이이는 기대승의 이론을 계승한다.

이이의 이기론은 다양한 현상 속에서 보편적 원리가 내재하며 이러한 보편적 원리는 기의 작용에 의한 현실의 구체적 현상론과 따로 떨어져 존재하는 것이 아니라는 것으로 요약된다. 이런 관점에서 이이는 사단과 칠정을 모두 기의 작용으로 보았다. 모든 작용과 활동은 기의 운동에서 나타나며 기가 발하면 리는 단지 여기에 올라탈 뿐인 것으로 보았다. 이것이 기발이승일도설(氣發理乘一途說)이다. 이이는 의리와 실리, 이념과 현실을 대립적 관계가 아니라 상보적 관계로 보았고 이를 통하여 성리학이 정치, 경제, 국방, 교육 등 사회 전반의 개혁 사상과 조선 후기의 실학으로 전개될 수 있는 기초를 마련하였다고 볼 수 있다. 그는 이론에 얽매이기보다는 현실의 다양한 문제들에 대해 큰 관심을 가지고 구체적 대안들을 제시하였다.

〈성학집요〉는 이이가 39세 홍문관 부제학으로 있을 때 대학(大學)의 본뜻을 따라 성현의 말을 인용하고 설명을 붙인 책으로 선조에게 바친 제왕학의 지침서이다. 정치의 근본인 임금이 유교 정치의 이념을 더 쉽게 체득할 수 있도록 성리학의 내용을 정리해서 바친 글이다. 이이 성학집요의 구성 목차를 보면 다음과 같다.

성학집요 1은 진차(進箚), 서(序), 범례, 목록도 등과 단장(單章)으로 된 통설로 되어 있다.

성학집요 2는 수기(修己) 편 상(上)으로 총론수기장(總論修己章), 입지장(立志章), 수렴장(收斂章), 궁리장(窮理章) 등의 4장, 성학집요 3은 수기(修己) 편 중(中)으로 성실장(誠實章), 교기질장(嬌氣質章), 양기장(養氣章), 정심장(正心章), 검신장(檢身章)의 5장, 성학집요 4는 수기(修己) 편 하(下)로 회덕량장(恢德量章), 보덕장(輔德章), 돈독장(敦篤章), 수기공효장(修己功效章)의 4장으로 구성된다.

성학집요 5는 정가(政家) 편으로 총론정가장(總論政家章), 효경장(孝敬章), 형내장(形內章), 교자장(敎子章), 친친장(親親章), 근엄장(謹嚴章), 절검장(節儉章) 7장으로 구성된다.

성학집요 6은 위정(爲政) 편 상(上)으로 총론위정장(總論爲政章), 용현장(用賢章)으로 구성된다. 성학집요 7은 위정(爲政) 편 하(下)로 취선장(取善章), 식시무장(識時務章) 등으로 구성된다.

성학집요 8은 성현도통장(聖賢道統章)이 단장(單章)으로 구성되어 있다.

이이는 성학집요의 서문에서 제1편인 통설(通說)은 수기(修己)와 치인(治人)을 합하여 말하고 있다. 즉 〈대학〉의 명명덕, 신민, 지어지선에 해당한다.

제2편인 수기(修己) 편은 명명덕을 밝힌 편장(篇章)으로 구성되어 있다. 제3편인 정가(政家) 편은 대학에서 말하는 제가(齊家)의 의미를 밝히고

사색의 시간

있다. 제4편인 위정(爲政) 편에서는 치국평천하(治國平天下)에 대해서 말하고 있다. 이 두 편을 합하면 백성을 새롭게 한다는 신민(新民)의 뜻이 밝혀진다. 그리고 제5편인 성현도통장(聖賢道統章)은 대학의 이념이 실제로 실현된 흔적을 나열하고 있다.

성학집요의 구성은 통설, 수기, 정가, 위정, 성현도통의 5편으로 구성된다.[3]

1편은 통설로, 서론에 해당하며 24세인 당시 선조를 위해 집필하였고 사서와 육경에서 도학의 정수를 추출 간략히 정리한 것이다. 사서는 논어, 맹자, 대학, 중용을 말하고 육경은 시경, 서경, 역경, 예기, 춘추, 악기를 말한다. 통설은 수기와 치인을 합해 말하고 대학의 명명덕, 신민, 지어지선에 해당한다.

2편에서 4편까지는 본론에 해당하며 2편 수기는 자기 몸을 수양하는 방법을, 3편 정가는 가정을 올바르게 다스리는 방법을, 4편 위정은 치국평천하, 즉 나라를 다스리는 정신과 방법에 대해 제시한다. 제5편은 결론에 해당하는 부분으로 성현도통을 담고 있다.

과거 성현들의 업적을 통해 끊어진 도통을 이어가야 하고 개인은 부지런히 자기를 수양하고 왕은 나라를 바르게 다스려야 한다는 교훈을 역설적으로 담고 있다. 이이는 성학집요에서 대학의 이념이 실제로 실현된 흔적을 더듬고 있다고 볼 수 있다. 성학집요를 구성하면서 이이는 이들 내용이 임금에 의해 실현되기를 기대하였는데 이것이 바로 제왕학의 요체이다.

그러나 이이가 언급했듯이 성학집요가 제왕의 길뿐만 아니라 이는 사서와 육경 속에서 도학의 정수를 모아 놓은 것이므로 임금이나 보통 사람에게 모

---

3. 신성권, 철학 입문을 위한 최소한의 동양철학사(인물편), 하늘아래, 2024. p170-183.

두 마음의 총명함을 밝혀주는 등불이라 할 수 있다.

이이는 부패하고 혼란스러운 사회를 바로잡고 백성을 구제하고자 현실정치에 들어가 정치, 경제, 사회, 교육 등 여러 분야에서 개혁론을 주장하였다. 성학집요는 유학의 핵심 사상을 정리한 교양서이면서 율곡 사상의 정수를 보여준다는 학문적 의의가 크지만, 그 바탕에는 부패한 권력층을 일깨우고 부조리한 사회제도를 개혁하여 백성을 구제하려는 이이의 염원이 자리하고 있다. 성학집요를 통하여 이이가 꿈꾼 이상 세계를 확인할 수 있다고 본다.

3) 공통점과 차이점

율곡 이이는 '십만양병설'을 주장하여 임진왜란을 예언한 것은 유명한 사실이다. 대동법의 시행과 사창의 설치 등을 제의한 일은 조선 사회 정책에 획기적인 혁신을 가져오게 하였다. 경정의 방법으로 국가통치 체제 정비, 공안(貢案)과 군정(軍政) 등 부세(賦稅) 제도의 개혁, 세금과 각종 지방관과 향리들에 의한 가렴주구 개선, 세금 납부 항목과 국가 조세 등에 대한 일원화 및 세금 액수 균등화 등을 제시한다. 이이는 주기론의 입장을 견지하며 주자학의 이념을 현실에 적극적으로 적용하고자 노력하였다고 볼 수 있다. 그 이외에도 이이는 백성들의 사회교화도 역시 경장의 한 방법으로 보고 서원향약(西原鄕約), 해주향약(海州鄕約), 사창계약속(社倉契約束) 등을 만들어 향약과 사창법을 실시하고 지방에 서원, 향교, 서당의 건립을 보급, 적극 장려하여 지방 인심 풍속의 교화를 역설하였다.

한편 주리론의 입장인 이황은 현실 정치와는 거리를 두고 주자학의 본질인 학문과 제자 양성에 주력하였으며, 이황에 의하면 리와 기는 군신 관계로 리는 기의 주재자이며 기는 리의 재료이다. 이황은 현실 정치 문제와 약간 거리를 두며 후진양성과 학문 연마에 집중하는 삶을 보냈다. 이황은 조선 유교 국가에서 왕도 정치론을 바탕으로 유교적 이상사회 건설을 시도했다고 볼 수 있다. 이황은 사림 정치사상에서 군주론, 심학(心學)의 경(敬) 사상, 사림의 덕치주의, 인재 등용론, 민본사상을 강조하였으며 이는 앞에서 살펴본 퇴계의 성학십도에 잘 나타나 있다. 이황과 이이의 공통점으로는 당시 군주인 선조와의 경연을 통하여 군주 개인을 통한 성리학적 이상을 현실 정치에 구현하고자 하였다는 것이다.

이황의 사상은 19세기 말 이항로 등의 위정척사 운동의 이념적 지주가 되었으며, 이이의 현실개혁 사상은 실학파에 영향을 주어서 최한기 같은 사람들을 거쳐 개화사상과 애국계몽사상으로 이어졌다고 볼 수 있다.

VI. 인공지능(A.I) 창작물의
저작권 인정 문제

1. A.I 저작권 논쟁의 출현 배경

1) 인공지능의 정의

본 챕터는 최근 급속도로 발전하는 인공지능 기술과 인공지능 저작물들의 저작권에 관한 관심에 부응하여 인공지능 창작물의 타당성에 관한 찬반 토론의 주장과 근거 이유 등을 살펴보고 현재 이미 도래된 A.I시대에서 우리가 취해야 할 태도 및 향후 도래할 최첨단의 인공지능과의 상생의 시대에 인간과 A.I의 공생 과정에서 발생할 수 있는 사회적 윤리적 갈등 상황을 고찰하는 것을 목적으로 한다. 이러한 목적을 달성하기 위해 최근 A.I 관련 참고 문헌과 신문 기사 및 관련 자료를 검색하여 활용하고자 한다.

인공지능이란 간단히 정의하면 '사람처럼 학습하고 문제를 해결할 수 있는 능력을 갖춘 컴퓨터 시스템'이라고 정의(定義)할 수 있다. 1950년 미국인 튜링은 그의 논문인 〈컴퓨팅 기계와 지능〉에서 인공지능에 대한 정의를 사람이 질문하고 그 대답이 '컴퓨터가 한 대답인지 사람이 한 대답인지 판단하기가 어려운 상태'를 인공지능이라고 정의하였다.

그로부터 50년이 지난 2016년 알파고와 이세돌 9단의 바둑 대결[1]에서

---

1. 2016 구글사에서 개발한 딥 마인드 A.I 알파고와 한국의 프로기사 이세돌 9단은 5국을 두어 알파고가 4승 1패를 기록하며 전 인류에게 A.I에 대한 충격과 관심을 가져다주었다.

튜링의 상상을 실현하였다고 볼 수 있다. 당시 튜링 교수는 50년 뒤(2,000년도)에 이런 실험을 했을 때 질문자가 컴퓨터의 대답을 찾아낼 확률은 70% 정도라고 예측했는데 2016년 알파고와 인간의 바둑 대결에서 튜링의 상상이 실현된 것이라고 할 수 있다.

현재 4차 산업혁명의 시대에서 인공지능 기술의 발전 속도는 사람들을 학습시켜서 자율적으로 사고하는 컴퓨터를 개발하는 상태에 도달하였다고 볼 수 있다. 2015년 국제연합(UN)에서 지속 가능한 지구촌 건설을 위해 2030년까지 전 세계 국가들이 추구해야 할 17개 주제를 선정하였는바 그것은 빈곤 퇴치, 기아 종식, 건강과 복지, 양질의 교육, 양성평등, 깨끗한 물과 위생, 경제적인 청정에너지, 양질의 일자리와 경제성장, 산업혁신 및 기반 시설, 불평등 감소, 지속 가능한 도시와 공동체, 책임 있는 소비와 생산, 기후 대책, 해양 생태계 보존, 지상에서의 안전한 생활, 평화 및 정의와 강력한 제도, 목표를 위한 협력 등이다. 그리고 2017년 유럽연합 제네바시에서 열린 국제전기통신연합(ITU) 회의에서 위에서 언급한 17가지 세계적인 문제들을 인공지능 기술로 전부 해결 가능하다고 선언을 하였다.[2]

이러한 이유로 현재 인공지능 기술이 인류가 당면한 거의 모든 문제를 해결하고 도움과 편리성을 줄 수 있다는 믿음이 확산하며 A.I 기술이 우리의 일상생활에 깊숙이 들어오면서 인간과의 공생을 시도하는 상황이라고 보인다.

---

2. 고영상 외, 인공지능 윤리 개론, 커뮤니케이션북스. 2021. p1-3

2) A.I 저작권 논쟁의 출현 배경

특히 현재 인공지능기술이 지금까지 인간 고유의 영역이라고 여겨졌던 창작 분야에서도 그림을 그리고 음악을 작곡하는 등 활약을 보이고 있으며 여기에서 인공지능 창작물과 제작자의 저작권 문제에 대한 찬반 논쟁이 발생하였다. 현재 인공지능의 창작물의 저작권은 나라별로 법에서 결정하고 있다고 볼 수 있다. 최근 말만 하면 인간이 의도한 대로 동영상을 만들어 내는 생성형 A.I SORA의 등장(2024.3)은 영상산업 분야에 큰 파장을 주며 관련 종사자의 직업을 위협하기도 하면서 A.I 저작권 문제는 인간에게 향후 반드시 해결되어야 할 문제로 다가온다. 2016년 이세돌 9단과 인공지능 알파고의 바둑 대결에서 알파고가 먼저 3승을 거두었고 인간의 승리 가능성이 없어 보였던 마지막 대국에서 이세돌 기사가 기적 같은 승리를 거두어 화제를 모으면서 우리나라에서도 인공지능에 관한 관심이 폭발적으로 증가하였고 인공지능의 창작물의 저작권에 대한 관심도가 확장되었다고 볼 수 있다.

현재 인공지능이 생성한 예술작품이 저작물에 해당하는지 또는 인공지능을 저작자로 정한가는 각 나라의 저작권법에 따라 결정된다. 그리고 일부 국가에서 인공지능이 공동저작자로 인정받은 사례들이 있다. 그러나 2022년 2월 미국 저작권청은 인공지능이 생성한 창작물에 대한 저작권 신청을 거절하는 결정을 내렸다. 저작권 등록 신청을 한 스테판 탈러 박사는 '창작 기계'로 불리는 인공지능을 개발했는데 이 인공지능이 독자적으로 '파라다이스로 가는 입구(A Recent Entrance to paradise)'라는 미술작품을 창작했다.

A.I 알고리즘 '다부스'가 창작한 '파라다이스로 가는 입구(2016)' 그림

　신청인은 이 작품을 '창작 기계 소유자의 업무상 저작물'로 저작권 등록 신청을 했으나 미국 저작권청은 이 작품을 미술작품이 인간 저작자의 요건을 충족하지 못했다는 점을 이유로 등록신청을 거부하였다. 앞서 미국 연방항소법원도 원숭이가 찍은 셀카에 대해 저작권자의 지위를 인정하지 않는 판결을 한 바 있다. 이 사진과 관련한 다른 소송에서도 미국 지방법원은 원숭이가 촬영한 사진은 인간의 창작물이 아니기 때문에 저작권이 없고 따라서 누구나 이 사진을 자유롭게 사용할 수 있다고 판단했다.[3]

---

3. 사진은 영국 사진작가 데이비드 슬레이터가 2011년 인도네시아 술라웨시섬을 여행 중 카메라를 내려놓은 사이 원숭이가 찍은 셀카로서 3년 뒤인 2014년에 온라인에 공개되어 저작권 논쟁이 발생하였다.

1996년 우리나라가 가입한 베른협약[4] 1886년 스위스의 수도 베른에서 저작권을 국제적으로 서로 보호할 목적으로 체결된 조약이다.

제2조 제1항은 '문학, 예술, 저작물에 포함되는 저작물의 종류를 규정'하고 있으나 저작자를 정의(定義)하는 규정은 없다. 그러나 대부분 국가에서 저작자는 자연인 인간을 의미하는 것으로 해석한다. 앞으로 찬성을 주장하는 사람들은 저작권 제도의 변화와 개정 그리고 인공지능의 발전 수준이 높은 상태인 인공지능 즉 '인간처럼 스스로 사고하고 감정을 가질 수 있을 정도로 개발된다면 인공지능이 만든 창작물은 저작물로 보호할 수 있을 것으로 전망하기도 한다.

전 세계 대부분 국가는 현재 인공지능의 창작물에 대하여 대부분 저작권을 부여하지 않고 있다. 우리나라의 경우는 2021년 정부가 인공지능이

---

4. 1886년 스위스의 수도 베른에서 저작권을 국제적으로 서로 보호할 목적으로 체결된 조약이다.

만든 분야에서 법과 제도를 정비하겠다고 발표하였지만, 아직 명확한 결과물이 없는 상태에서 인공지능이 만든 창작물의 저작권을 인정할 것인가에 대하여 찬반 의견이 대립하고 있다. 2020년 11월 세계 최초로 인도 저작권청은 인공지능 앱이 생성한 미술작품 일몰을 이 앱의 소유자와 공동저작자로 하는 저작권 등록 신청을 승인하였다. 그리고 캐나다 지식재산청은 2021년 12월 미술작품의 공동저작자 중 한 명을 인공지능 앱으로 하는 저작권 등록 신청을 승인했다.[5]

아직 대부분 국가는 인공지능의 창작물에 대하여 저작권을 부여하지 않고 있다. 우리나라의 경우는 2021년 정부가 인공지능이 만든 분야에서 법과 제도를 정비하겠다고 발표하였지만, 아직 명확한 결과물이 없는 상태에서 인공지능이 만든 창작물의 저작권을 인정할 것인가에 대하여 찬반 의견이 대립하고 있으며, 아직 대부분 국가는 인공지능의 창작물에 대하여 저작권을 부여하지 않고 있다.

그러나 현재의 대부분 국가에서 저작권법상 인공지능이 만든 창작물들은 저작권을 갖는 저작물로 인정되지 않고 있으며 이에 따라 관련 법 체계가 마련되어야 한다는 의견들이 증가하며 매일 급속도로 변화하고 발전하는 현시대 상황에서 인공지능이 만든 창작물의 저작권에 대한 찬반 논쟁은 필수 불가결하게 되었다.

---

5.   이혜선, 일몰 저작권 신청, 비즈워치 신문, 2022.3.19 기사 참고.

2. 인공지능(A.I) 창작물의 저작권에 대한 찬성과 반대

1) 찬성론자의 주장

찬성 의견을 주장하는 사람들은 *현재의 저작권법은 인공지능 등장 이전에 존재했고 오늘의 상황에 맞게 저작권법을 수정하고 보완하여 인공지능 창작물의 저작권을 보호해야 한다*는 것이다.

현재 일본은 인공지능 관련 법률 개정을 검토 중이고 유럽연합은 인공지능 창작물에 대해 인간이 개입한 정도에 따라 이를 저작물로 인정할 수 있다는 가능성을 열어 놓았다. 영국은 저작권법상 저작자의 정의를 인공지능이 만든 결과물의 경우 이를 만드는 데 이바지한 사람을 저작자로 간주하는 것으로 규정을 바꾸었다. 과거 카메라 등장과 사진을 예로 보면 찬성 의견 주장자들은 카메라가 처음 등장했을 때 카메라로 찍은 사진은 필름을 복사한 것에 불과하다고 하여 저작권을 인정받지 못하지만, 시간이 지나며 사진은 법적인 차원에서 예술작품으로 인정받았다는 사실을 강조한다. 찬성하는 측 주장자들은 인공지능을 개발한 사람들도 미래에는 인공지능 창작물에 대한 저작권을 인정받을 수밖에 없다고 주장한다.

인공지능이 만든 창작물이 실제로 현실의 다양한 분야에서 활용되고 소비되고 있으므로, 인공지능의 창작물에 대한 저작권은 당연히 보호되어야 한다고 주장한다.

인공지능이 세상에 없던 새로운 창작물을 만들어 낼 수 있다면 그 창작물에 대한 저작권도 인정되어야 한다는 것이다. 인공지능은 이용자의 취향을 분석해서 상품을 추천하고 자동차의 자율주행을 가능하게 하고, 의사 대신에 병을 진단하는 등 사회 전 분야에 영향을 미치고 있다. 현재 인공지능은 데이터를 스스로 분석하고 학습하며 이를 바탕으로 창작물을 만드는 수준으로까지 발전했다. 그리고 인공지능이 만든 창작물이 활발하게 소비되는 상황에서 저작권은 당연히 인정되어야 한다. 그렇게 되면 향후 인공지능 관련 산업뿐만 아니라 창작 분야도 더욱 발전할 것으로 기대된다. 그 이유는 저작권 사용료라는 경제적 가치가 발생하기 때문에 더 많은 사람과 기업이 이 분야에 투자할 것으로 예상되고, 지금처럼 저작권을 인정하지 않는다면 사람들이 사용료 없이 인공지능의 창작물을 무료로 이용할 것이고 개발자들이 개발에 따른 수익을 기대할 수 없어서 인공지능 기술 관련 산업 발전이 저해될 것이기 때문이다.

저작권이 인정되지 않는다면 인공지능 창작물을 함부로 유포하거나, 자신의 것인 양 사용하는 등 큰 문제점을 유발할 수 있다. 인공지능의 창작물이 주는 편리성을 인간들이 계속 사용하고 싶으면 인공지능 창작물의 저작권을 인정해 주어야만 한다는 주장이다.

2) 반대론자의 주장

현행 저작권법에 따르면 인공지능은 창작의 주체가 될 수 없으며, 따라서 인공지능의 저작권은 당연히 인정될 수 없다.

현재 우리나라의 저작권법에는 저작물을 인간의 사상과 감정이 담긴 창작물로 정의하고 창작의 주체를 인간으로 한정하고 있다. 따라서 인공지능이 스스로 학습해서 새로운 창작물을 만들어 냈다고 해도, 인간이 아닌 기계이기 때문에 창작의 주체, 즉 저작자가 될 수 없으므로 인공지능의 창작물은 데이터를 분석하고 조합한 결과물이므로 그 안에 사상이나 감정이 담겨 있다고 보기 어렵다는 주장이다.

그리고 인공지능 A.I 기술의 개발 전제가 되는 '딥러닝'을 위해서는 데이터의 입력이 매우 중요하며 A.I가 최대로 정확한 예측을 하여 기능하기 위해서는 개발자의 입력 자료가 객관적이어야 하고 공정한 자료를 사용하여야 한다는 점이다. '딥러닝'이란 인간의 두뇌 작동 방식을 흉내 내는 것이 특징이며 뇌의 신경망 연결구조를 모방하여 A.I 프로그램의 구조를 구축하는 방법의 하나인 것이다. 그리고 이런 인공지능 개발에 사용되는 자료의 공정함과 객관성에 대한 면밀한 검토와 규제가 필수적으로 요구된다. 이에 대한 불공정한 개발 사례로 2016년 구글의 클라우드인 '구글포토'가 인종차별 논란에 휩싸인 사례를 들 수 있다.[6]

미국 뉴욕의 흑인 프로그래머가 구글포토를 통하여 사진을 검색할 때 흑인 여성 사진에 고릴라 태그가 붙어 있는 경우를 보고 인종차별적 행위

---

6. 김성애 외, 모두를 위한 인공지능과 윤리, 삼양미디어, 2022. p117-120. 참고.

라고 항의하며 페이스북에 게시하여 논란이 야기되었다. 구글은 수많은 사용자의 데이터를 분석하고 분류하여 태그를 붙이고 빅데이터를 구축한 것으로 알려졌다.

구글은 개인의 정보를 사용자 맞춤형 광고에도 활용하여 사생활 침해 논란, 구글 지도에 기록된 정보가 개인의 정보를 침해한다는 논란이 야기 되고 있으며 이러한 사례는 A.I 기술 개발 과정에서 개발자들이 개인 정 보 관련 데이터 활용 시에 더욱 신중하고 사려 깊게 행동해야 한다는 점 을 보여주는 예라고 할 수 있다.

이는 고상우 화가의 고릴라 그림 '샹그릴라–고릴라' 그림에서 눈 부분과 A.I가 그린 '에드몽 드 벨라미 초상화' 그리고 제이슨 앨런이 '미드저니'라는 A.I로 제작한 '스페이스 오페라 극장'을 비교 분석하면 쉽게 이해가 된다.

샹그릴라 – 고릴라

에드몽 드 벨라미 초상화

그림미술전 1위 논란, 스페이스 오페라 극장

미국도 '기계와 동물이 창작물에 대한 저작권자로 볼 수 있는가'의 논쟁에 대하여 저작권을 행사할 수 있는 주체는 인간뿐이라고 판결한 바가 있다. 또한 인공지능이 아닌 인공지능을 개발한 개발자가 저작권을 소유해야 한다는 주장에 대해 이 또한 논리적 오류가 있다고 보인다. 그 이유는 개발자가 인공지능 프로그램에 대한 저작권을 갖는 것은 맞지만 인공지능

사색의 시간

이 데이터를 학습하고 활용해 창작물을 만드는 데에는 직접적인 영향을 미치지는 못하기 때문이다.

인공지능이 만든 창작물의 저작권을 인정하면 인간 창작자들이 설 자리가 좁아질 우려가 있다. 인공지능의 기술 발전으로 인하여 인간의 일자리와 직업이 줄어드는 현상은 불가피하게 보일 수도 있다. 특히 고객서비스 분야인 외식업계에서 비대면 서비스가 확대되면서 기계가 사람을 대체하는 일이 가속화되고 있다. 대표적 외식업인 맥도날드, 버거킹 등의 패스트 푸드, 프랜차이즈뿐만 아니라 일반 음식점 등에서도 키오스크, 배달 로봇, 식기세척 기계, 요리를 담당하는 로봇, 드론 택배 등의 상용화는 일상화된 지가 오래며 나날이 발전해 가며 인간의 일자리를 대체하고 있다.[7]

그러나 기술 수준이 발전한다 해도 인간의 창조력은 인간의 고유한 능력으로 간주한다고 볼 수 있다. 인공지능의 창작물이 아무리 수준이 높고 정교하다고 하여도 이는 결국 인간의 창조력으로부터 확장된 것에 불과하다. 인공지능은 창작에 필수적인 자유의지나 비판 능력 등을 갖추고 있지 않다는 점에서 창작자로 보기 힘들다는 것이다.

만약 인공지능 개발자들의 저작권이 인정되면 이들은 큰 노력을 들이지 않고도 인공지능을 활용해 많은 창작물을 만들 수 있고 그렇게 되면 창작자들과의 형평성 문제가 발생할 수 있고 창작을 기반으로 하는 예술 분야가 사라질 수도 있다.

---

7. 엄효진 외, 인공지능 기반 지능정보사회 시대의 노동시장 변화, 정보사회와 미디어, 2020, p12-15, 참고.

또 하나는 인공지능이 학습데이터를 활용하는 과정에서 다른 창작자의 작품들의 저작권을 침해할 수 있다는 문제도 있다. 창작자들을 보호하기 위해서라도 인공지능 창작물의 저작권을 인정해서는 안 된다고 주장한다. *인공지능의 능력은 사람보다 창작물을 더 잘 만든다는 점이다. 인공지능은 경쟁 없이 많은 창작물을 생산하는데, 이러면 문화가 발전하지 않고 퇴보를 가져온다는 점이다.* 그 이유는 많은 인간은 지금까지 더 나은 창작물을 만들려고 끊임없이 경쟁하는 과정에서 문화가 발달해 왔는데 그러나 인공지능에 대한 의존도가 높아져서 향후 인간들의 설 자리가 없어질 것이라고 보는 이가 많다고 주장한다. 또한 인공지능이 인터넷상에서 저작자의 허락 없이 사진을 무단 도용하는 것은 법을 어기는 것이지만 이에 대한 규제는 없다는 점이다. 이런 점에서 인공지능의 창작물 저작권은 허용되어서는 안 된다는 것이다.

3) 인공지능 저작권 찬반논쟁

찬성 측 주장은 인공지능이 등장하기 전에 만들어진 저작권법은 오늘날의 상황에 맞게 수정 보완해 인공지능 창작물의 저작권을 보호해야 한다는 것과 인공지능이 만든 창작물이 활발히 소비되는 상황에서 저작권 또한 당연히 인정돼야 한다고 주장한다.

찬성 이유를 요약하면 다음과 같다.

① 인공지능 창작물의 상업적 가치가 크기 때문에 경제적으로도 산업발전에 크게 기여하고 있으며 인공지능 기술의 발전과 창작물의 협업으로 인간에게 편리성을 주며, 영향력이 계속 증가하기 때문에 인공지능 창작물의 창조성은 저작권법의 개정을 통해 인정되어야 한다.

② 인공지능 개발자의 노력과 알고리즘은 보호받아야 하며 개발자의 지적인 재산권은 사회적으로 보호되어야 한다.

③ 인공지능 창작물의 무단 사용으로 인한 부정적 영향 및 경제적 피해가 크기 때문에, 법적 측면에서의 제도적 보호 필요성이 시급하다.

반대 측 주장은 현행 저작권법은 창작의 주체는 인간으로 한정되어 있으므로 인공지능이 만든 창작물의 저작권을 인정할 수 없다는 것이다. 또한 인공지능 창작물의 저작권을 인정한다면 일반 창작자들과의 형평성 문제가 생길 뿐만 아니라 창작자들이 설 자리가 좁아질 것이라고 우려한다.

반대 이유를 요약하면 다음과 같다.

① 인공지능 창작물은 창작자의 작품이 아닌 데이터의 조합이고 다른 창작자의 작품을 불법적으로 무단 사용한다.

② 창작물의 창조성은 인간적인 고뇌와 비판 기능, 감정이 없으며 저작권으로 보호하기에는 인공지능의 작품의 범위와 과정이 광범위하다.

③ 예측 불가능한 결과물의 생성으로 발생하는 문제에 대해 책임질 주체가 없으며 인공지능 창작물의 영향으로 사회에 부정적 영향을 주거나 윤리적인 사회문제가 발생할 때, 이 문제를 해결하는 방법과 대책이 부족하다.

인공지능 기술의 빠른 발전은 우리 삶의 모습을 이전과 완전히 다르게 바꿔 놓았으며 현재는 인공지능이 없다면 사회체제 유지가 불가능한 상태에 도달하였다고 볼 수 있다. 우리는 A.I와의 공생을 도모해야 하며 A.I의 위험성과 편리성 사이에서 공중곡예처럼 외줄 타기를 하고 있는지도 모르는 시기에 살고 있다. 그러나 분명한 사실은 A.I에 대한 인간의 제어 능력은 어떤 상황에서도 유지되어야 한다는 사실이다. 앞으로 얼마나 더 빠른 속도로 발전할지 예측하기 어려운 상황에서, 인공지능 창작물의 저작권 문제를 관심 있게 지켜볼 필요가 있다. 그 이유는 이것이 우리 전체의 삶과 개인의 삶에 미치는 영향이 너무나 크며 국가의 흥망을 좌우할 정도의 수준으로 발전하고 있기 때문이다.

3. 토론 기술과 주의 사항

1) 토론의 정의

토론은 간단히 정의하면 정해진 규칙에 따라 긍정과 부정으로 대립하는 두 팀이 주어진 논제에 대하여 논거에 의한 주장과 이에 대한 검증, 의논을 되풀이함으로써 이성적 판단을 내리는 과정이라고 정의할 수 있다.

토론은 상호 한마음으로 토론 주제에 공감하고 문제해결을 위한 상호 노력의 과정으로 인식하는 것이 중요하다. 의견이 불일치하다고 해서 논쟁을 하는 것은 불필요한 역효과적 토론이며 생산적 토론을 위해서는 상대방과의 공감 관계가 중요하다고 할 수 있다. 이런 목적을 달성하기 위하여 먼저 상대방에게 호감을 주는 태도와 기술이 필요하다.

2) 토론의 기술

1. 웃음은 인간관계를 부드럽게 만드는 좋은 윤활유 역할을 한다. 토론 때에는 상대방을 보고 웃으며 접근하며 말한다.
2. 토론할 때에는 언제나 상대편 입장을 세워주며 말한다.
3. 토론 중에는 상대편 말을 중간에 끊지 않고 마칠 때까지 끝까지 경

청한다.

4. 말할 때는 가능한 상대방과 의견의 일치를 찾을 수 있도록 말한다.

5. 상대방의 고향, 경력, 나이 등을 될 수 있으면 질문해서는 안 된다. 불필요한 선입견이나 오해를 불러일으킬 소지가 있다.

6. 토론 중에는 상대방이 받아들이기 쉬운 말투로 말한다.

7. 좋은 청취자가 되기 위해 노력한다.

8. 토론 중에는 상대편의 눈을 보며 화자의 성실함, 진지함이 전달되도록 한다.

9. 토론 중에는 상대방의 취미를 알아두면 유리하다.

10. 토론 중에는 상대편의 말에 관심을 가진다.

적극적 청취, 경건한 태도, 논리적 사고, 변증 능력, 설득 능력, 주제 파악, 목표설정, 주장 준비, 반박 준비, 설득 전략을 미리 준비하는 태도가 중요하다. 토론의 기술과 전략을 준비하면 다양한 사람들과 효율적으로 의사소통하고 합의점을 찾을 수가 있다.

3) 토론 시 주의할 사항

토론은 승패를 강조하기보다는 문제를 해결해 나가는 과정의 일부이며 문제를 해결하는 절대적 방법이 아니기 때문에 토론 상대방과의 관계 악화는 피해야 할 부분이다. 이를 위한 주의 사항을 제시하고자 한다.

1. 토론의 규칙을 잘 준수하여야 한다. 상대방이 말을 마친 후 자신의 의견을 말한다.

2. 토론할 때 상대에게 인신공격(상대방 외모,성격 비방)을 해서는 안 된다. 토론 분위기가 악화하여 합리적 의사소통이 어려워지며 이는 토론과 거리가 멀다.

3. 토론 상대방의 논리가 타당하면 바로 인정해 준다.

4. 토론할 때 타당하고 명확한 근거를 들어 자신의 주장을 하여야 한다.

5. 토론할 때 상대방의 말을 가로채지 말고 경청하며 토론 과정에서 기본적인 예의를 지킨다.

6. 토론할 때 상대방의 주장이나 공격에 대해서 감정적으로 대응하지 않고 논리적, 이성적으로 침착하게 반박하면 된다.

7. 상대방이 무례하게 대한다 해도 나는 무례하게 대응하면 안 된다. 이러면 토론은 끝나고 말다툼이 되며 토론의 의미가 사라지기 때문이다.

지금까지 토론에서 유용한 몇 가지 기술과 방법, 주의 사항 등을 전달하였다. 마지막으로 토론과 관련된 세 가지 명언을 전달하고자 한다.

토론에서 이기지 않고 세상을 이긴 인간은 없다.

논리는 언제나 비논리를 압도한다.

토론에서 이기는 자가 세상의 지도자가 된다는 것이다.

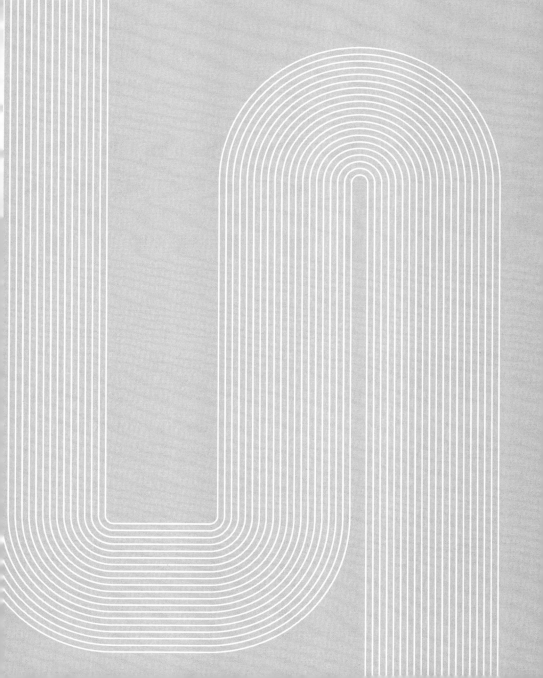

Ⅶ. 유교문화의 귀감자적 시민상을 위한
실천적 방안

1. 세계시민교육의 필요성

요즘 세계시민교육이 중요해진 이유는 여러 가지 요인이 있지만 대표적인 것은 전쟁 발발 및 예측 불가하게 급변하는 세계정세와 환경오염 및 자연 생태계 파괴로 인한 기후 온난화 위기 속에서 인류의 공멸을 방지하고 인류가 더불어 생존하기 위한 최후의 방법일 수도 있기 때문이다. 단일 국가에 기반한 근대적 시민성 개념에서 벗어나 위 문제의 해결 방안으로, 즉 지구촌 각 나라의 상호협조 및 소통의 필요성이 증가하며 더불어 사는 공생방안의 모색을 목표로 삼는 세계시민교육(global citizenship education)이 중요해졌다. 세계시민교육은 간단히 정의하면 '인종, 성별, 국적, 종교, 계급을 초월하여 지구촌의 구성원이라는 책임감을 느끼고 행동하는 시민을 양성'하는 활동이다.

세계시민교육은 세계 시민의식을 바탕으로 하며 세계시민주의(cosmopolitanism), 지구시민의식(planetary citizenship) 등과 같은 의미이다. 유네스코가 발간한 〈글로벌 시민교육−21세기 새로운 인재 기르기〉는 세계시민교육을 '더 정의롭고 평화로우며 관용적이고 포용적이며, 안전하고도 지속할 수 있는 세상을 만드는 데 앞장설 수 있도록 학습자의 지속과 기술 가치와 태도를 계발하는 것을 목표로 삼는 교육 패러다임'으로 정의하고 있다. 요약하면 다양한 문화와 관점을 이해하고 존중하는 능력을 갖추도록 하는 교육을 말한다. 이를 통해서 인권, 지속 가능한 발전,

문화의 다양성 등에 대해 이해를 높이고 글로벌 문제에 대한 협력과, 해결 능력을 키우는 것을 목표로 한다고 볼 수 있다. 그리고 탈국가적 시민성, 다중적 시민성 등을 바탕으로 초국가적 가치를 지향하는 세계시민교육을 목표로 한다. 국가와 세계와의 갈등 관계를 해결하는 것이 세계시민교육의 주요 과제이다.

이를 위해 본 챕터에서는 현실적 제한 상황을 감안하여 동북아 3국의 유교문화적 전통 속에서 세계시민교육에 활용 가능한 시민상 개념과 이것의 이론적 토대. 교육방법론 등을 살펴보고자 한다. 그러나 이것은 현실적으로 쉽게 달성될 성질의 것은 아니며 이상적 목표로서 존재하지만 인류가 반드시 달성해야 할 목표인 것이다. 상상을 초월하는 A.I기술의 발전은 인류 역사상 인간들이 시간과 공간의 제약을 벗어나 상호 소통하는 것을 가능하게 하여 단일 국가의 경계를 초월하여 지구촌의 개인 간에 정서와 경험을 공유하게 하였으며, 증가하는 국제이주 및 국제결혼은 개별국가의 인종적, 문화적 교류를 실현하여 상호 이해의 폭을 넓혔다. 이것은 역으로 새로운 사회 갈등을 일으키기도 한다. 즉 한 나라의 전통적인 민주시민 교육으로는 지구촌의 새로운 문제를 해결하는 것이 불가능한 상황이 도래한 것이다.

오늘날 이러한 시대적 상황에서 세계시민교육의 필요성과 존재 이유는 당연한 것으로 자리 잡았다. 그러나 '무엇을, 어떻게 가르칠 것인가'란 내용의 합의와 '세계시민교육의 내용은 무엇으로 어떻게 구성할 것인가'에 대한 논의가 각국이 처한 현실적 상황과 이해관계로 쉽게 결정될 문제는 아니다. 이러한 문제에 대해 세계 각국의 전문가들이 설령 합의한다고 해도 이는 실천의 문제에 부딪히며 탁상공론으로 마칠 가능성이 높아 보인다. 이는 현재 지구촌의 상황을 보더라도 쉽게 이해가 간다. 같은 유교문화권의 세계강국인 중국, 일본, 한국, 대만, 북한 간에는 지금도 합의와 소통보다는 각자가 처한 국익 상황에 따라 이합집산하며, 상호 견제와 비방을 우선시하는 경우를 자주 볼 수 있다.

위의 문제를 고려하여 더욱 현실적인 새로운 접근법을 시도하고자 한다. 지구촌 중에서 우리와 자주 접하는 동북아 3국인 중국, 일본, 한국은 문화, 역사, 정치, 경제, 지리적으로 상호 인접한 이유로 동북아시아 3국가를 세계시민교육의 대상 범위로 한정하였다. 먼저 세계시민교육의 이론 및 철학적 기반이 될 수 있는 상호 공유된 오랜 유교문화적 전통의 보편적 가치를 발굴하여 계승하고 이것이 인류의 보편적이고 바람직한 원천가치로 공유될 가능성을 탐구해 본다. 그 결과에 따라서 발굴된 '새로운 유교문화적 가치들이 새로운 세계시민교육의 새로운 철학적, 이론적 근거로 자리매김할 수도 있지 않을까'라는 기대를 가지고 세계시민교육의 유교문화적 시민상 정립과 이를 위한 실천적 방안에 관한 논의를 전개하고자 한다. 이를 위해 기존의 연구 논문과 문헌, 최근의 연구 동향을 담은 저서, 강연 등을 참고하여 종합적 분석을 시도하였으며 아이디어를 구하고자 시도하였다.

2. 세계시민교육의 도덕 교육적 접근

1) 세계시민교육의 추구 방법과 내용

세계시민교육은 세 가지 차원에서 세계 시민성(市民意識) 함양을 위한 논의를 전개할 수 있다. 세계시민이 된다는 것은 시민다움 또는 시민됨의 기준과 성찰에 대한 질문이다. 따라서 민주적인 세계시민이 된다는 것의 의미를 개인적, 정치적, 사회적 개념을 중심으로 살펴보면 세계시민의 개인적 개념은 한마디로 합리적 자율성을 지닌 시민이며, 이는 비판적이고 독립적인 사고를 할 수 있는 능력을 포함한다.

세계시민의 사회적 개념은 민주적 삶에 참여하는 시민이다. 이는 듀이 사상에 기초한다.[1] 듀이는 인간이 합리적 존재라는 칸트의 입장을 부정하지는 않지만 그런 역량이 선천적으로 부여된 것이 아니라 사회적 상호작용에 따른 자연적 결과물이라는 점이다. 듀이는 우리가 민주적 삶에 참여함으로써 사회적 지성을 갖춘 인간, 즉 민주적 인간이 될 수 있다고 보았다. 이는 민주주의를 통한 교육의 중요성을 강조한 것으로 볼 수 있다. 세계시민의 정치적 개념은 주체성(主體性)에 기반하고 있으며 이는 활동적인 삶에 대한 이해에 뿌리를 두고 있으며, 활동적 삶은 노동, 작업, 행위의

---

1. 정창우, 도덕과 교육의 이론과 쟁점, 울력, 2013, p486-530.

세 차원으로 구분한다. 인간은 정치적 존재라는 사상은 인간이 타자와 관계하고 복수성이란 개념은 사람들 사이 공간을 전제로 인간은 상호작용을 통해 다각적 관점을 형성하는 것을 핵심으로 본다.

우리가 관심을 가져야 하는 것은 학생들을 어떻게 세계민주시민으로 만들 수 있는가가 아니라 학교가 학생들이 행위를 할 수 있는 공간인가, 학생들이 행위를 하려면 어떤 학교가 필요한가, 혹은 우리 학교에서 실제로 행위가 얼마만큼 가능한가 하는 것이다. 이 관점에서 교육과정은 단지 학생에게 전달해야 하는 지식이나 기술 체계에 불과한 것이 아니라, 학생들이 이 세계 속에 자신의 고유한 시작을 이룰 수 있는 특별한 학습 기회, 즉 독특한 방식으로 응답할 수 있도록 허용하는 교육환경을 제공하기 위한 장치여야 한다.

정치적 개념은 교육에 참여하기 이전에 민주적 인간이 된다는 것이 무엇인지를 미리 규정하기보다는 세계에서 행위를 통해 더 인간답고 세계시민답게 될 수 있다는 것을 강조하고 있다. 이런 점에서 정치적 개념은 개인적, 사회적 개념과는 다른 속성을 가지고 있는 것으로서, 민주적 인간이 된다고 하는 것이 무엇인지, 그리고 앞으로 세계시민교육이 지향해야 할 바가 무엇인지에 대한 우리의 이해를 더 확장해 줄 뿐만 아니라 개인적, 사회적 개념에 의존했던 기존 방식에 대한 근본적인 성찰을 불러일으키는 역할을 할 수도 있을 것이다. 교육 실천적 맥락에서 보면 우리는 상당 부분 개인적, 사회적 개념 차원에서 세계시민교육을 실천해 왔다고 볼 수 있다.

하지만 인간의 주체성을 단순히 개인의 속성이 아닌 인간 상호작용의 자질로서 이해하고 학교와 사회를 학생들이 행위를 할 수 있는 공간으로 만들어 주려는 정치적 개념 차원의 노력은 매우 부족했다고 평가할 수 있다. 세계정치 지도자들의 모델링은 세계 시민성 형성에 잠재적인 요인으로 작용할 수 있다는 점에서 중요한 부분이지만 청소년을 둘러싼 정치·사회적 환경은 열악하다는 그것이 문제점이다.

2) 세계시민교육에서 올바른 판단의 기준

세계시민교육에서 추구해야 할 노력의 방향은 첫째, 절대적인 의미의 진리를 보장하는 지식을 상정하지 않는 것이 타당하다. 절대적 진리가 존재한다는 마음을 버리고 거기에 접근하는 과정에 있다는 겸손한 마음을 가져야 한다. 둘째, 진리에 다가가기 위해서는 근본적으로 주체적 참여가 전제되어야 한다. 이는 양심의 소리에 귀 기울이는 일이기도 하다. 셋째, 어떤 탐구 문제에 대해 대립적인 입장을 가진 적어도 두 가지 이상의 지식체계를 가져야 한다. 넷째, 개방성, 건전한 회의주의, 지적 겸손, 지적 용기 같은 시민적 덕을 갖추기 위해 노력해야 한다. 다섯째, 메타인지 능력을 갖추어야 한다.

메타인지는 일반적으로 생각에 대한 생각, 앎에 대한 앎으로 정의하며 학습하는 방법에 대한 학습능력, 자신의 지식, 기능, 가치 태도를 인식하는 능력, 자신의 학습과 사고과정을 인식하고 조절하는 능력 등을 포함한다.[2]

---

2. 정창우, 변혁적 도덕 역량 증진을 위한 도덕교육론, 교육과학사, 2022, p137

인지는 특정 과제를 처리하기 위한 지적 활동이고, 어떤 것을 학습하거나 이해하는 것에 해당하지만, 메타인지는 이러한 인지적 활동을 관찰하는 활동이자 어떻게 배울 것인지를 알고 있는 상태를 의미한다는 점에서 인지와 차이점이 있다. 이처럼 인지와 메타인지는 구별되기도 하지만 동시에 상호작용을 통하여 사고과정을 이끌어 나가는 관계에 있다.

마지막으로 협력적 관계를 기반으로 진리를 향해 나아가야 할 것이다. 세계시민으로서 올바른 가치판단의 기준은 무엇인가? 세계 시민성 함양을 위해서는 다양한 민주적 가치의 관점에서 해석하게 되고 그러다 보면 어떤 가치를 보다 우위에 두어야 하는가의 가치 비교 문제로 귀결되는 경향이 있다. 하지만 단순한 가치 비교 관점을 통해서는 보편화 가능한 결론을 도출하기 어렵고, 이 문제는 결국 자치 다원주의의 관점에서 접근하는 것이 타당해 보인다. 예를 들어 자유와 정의는 모두 객관적으로 중요한 가치이지만 그것은 서로 같은 것이 아니며 현실 세계에서 이 두 가치가 양립되기란 절대 쉽지가 않다. 하지만 현실적으로 정치적 행위 주체들은 흔히 어떤 특수한 맥락에서 어떤 그것이 더욱 중요하게 고려되어야 할 것인가를 결정해야만 한다. '세계시민교육의 가치론적 기초는 무엇인가'라는 질문에 대한 답은 단일한 기초가 아니라 다양한 가치들과 다양한 해석에 의해 찾아져야 할 것이다.

예를 들어 사회는 부정의를 보더라도 평화를 추구하는 것이 나은가, 아니면 평화를 희생하더라도 지속해서 정의를 추구하는 사회가 되어야 하는가? 등의 문제를 제기해 볼 수 있다. 이렇게 볼 때 결국 어떤 가치를 보다 우위에 두면서 자신의 견해를 정당화할 것인가의 문제로 귀착될 수 있다. 우리는 적어도 학생들이 가치의 다원성에 대해 이해하고 조잡한 이분법을 피할 수 있으며, 어떤 맥락 속에서 토론하고 의사결정을 내릴 수 있도록 교육할 환경이 제공되어야 한다. 세계시민교육을 위한 이론적 토대를 구축하는 과정에서 즉 세계시민다움, 세계시민됨의 기준, 세계시민교육을 통해 길러내야 할 인간상에 대한 답을 찾아가는 과정에서 우리나라에서도 시민교육에서 목표로 하는 인간상은 시대와 국제관계에 따라 다양하게 제시될 수 있음을 지난 수차례 교육과정 개편 과정에서 볼 수 있었다. 그런 교육과정 개편 과정에서도 변하지 않는 근본적인 인간상의 탐구와 재정립을 위해 우리의 긴 역사 속에서 이어져 온 우리의 전통문화인 유교사상과의 관계 정립도 검토해 보아야 한다는 생각이 든다.

20세기에 도입된 서구적 사상과 동양의 유교적 사상을 결합해서 상황에 맞는 세계 시민상을 정립하고, 민주 시민상을 정립한다는 것은 쉬운 문제는 아니지만, 주체성과 창의성이 가미된 독창적인 우리 것이 필요하다고 생각된다.

앞으로 IT 및 4차 산업혁명이 진전될수록 비윤리적 이익을 추구하는 기회는 증가할 것이고 제삼자의 처지에서 보아도 그 구분이 애매하고 처지가 바뀌는 비윤리적 상황에 직면할 인간들은 갈등하며 비윤리적으로 살아갈 기회가 증가할 수도 있다. 법은 이런 행위를 불법으로 규제할 것이지만 해결책을 제시하지는 못한다. 절대 도덕 법칙들이 무너져 가는 시대 상황에서 동북아 3국의 전통인 공동체 유교 윤리의 보편적 가치개념을 귀감자로 삼아 세계시민교육의 이론적 토대로 삼아 교육하는 것도 필요하다고 생각된다.

3) 세계시민교육을 위한 교과과정의 제도적 보완

2022년 교과과정 개정 내용 중 세계시민교육 관련 구절은 단순하다. 2022년 도덕과 내용 체계 중 중학교 도덕과의 가치영역 중 타인과의 관계의 내용에 '이웃 생활, 즉 이웃에 대한 바람직한 자세는 무엇인가?'와 사회 공동체와의 관계 내용 중 '다문화 사회에서 발생하는 갈등을 해결하는 방법과 세계시민으로서의 도덕적 과제는 무엇인가? 사회정의란 무엇인가?'라는 내용 항목이 있다.[3]

이런 내용 구성은 다소 추상적이고 이상적인 측면을 강조한 것으로 보이며 우리의 현실에서 향후 벌어지는 도덕적 갈등 상황을 해결할 능력을 배양할 수 있을지 문제 제기해 본다. 우리의 현실상에 대한 명확한 파악과 대응이 부족해 보임을 지적하고 싶다. 또한 세계시민교육의 내용을 시급히 보완할 필요성이 제기된다. 2022년 교과과정에 나타난 다음의 문구는("~이를 통해 도덕과는 학교를 중심축으로 가정과 사회, 국가, 세계와 상호작용하는 역동성을 지닐 수 있게 된다~") "학교를 중심축으로 동북아 3국의 공동체적 유교 윤리를 발굴하고 계승하여 세계시민교육의 이론적 토대로 교육해서 세계와 상호작용하는 세계시민을 양성한다"라고 정정해야 될 것으로 여겨진다.

2022년 개정 도덕과 교육과정의 총론에서 제시하는 인간상은 포용성과 창의성을 갖춘 주도적인 사람을 가치와 도덕의 차원에서 뒷받침하는 것을 목적으로 삼고 있다. 2022년 개정 교육과정의 내용 구성 원리는 2015년과 동일한 가치관계 확장법인데 이것은 도덕과의 핵심 질문이 '무엇을 하며 어

---

3. 정창우 외 5인, 도덕과 교재 연구 및 지도법, 교육과학사, 2020, p17-47.

떻게 살 것인가'를 중심에 두고 관계영역의 확장을 시도하는 방법이자 원리이다.

가치 관계는 첫째, 자신과의 관계 둘째, 타인과의 관계 셋째, 사회공동체와의 관계 넷째, 자연과의 관계라는 네 영역으로 설정하였다. 2022년 개정의 주목할 만한 점은 2015년 도덕과 교과과정의 자연·초월과의 관계 영역을 자연과의 관계로 바꾸고 초월영역에 포함되어 있던 내용 요소를 자신과의 관계 영역에 포함한 점이다. 이런 설정의 변경을 통해 가치 관계의 영역이 명료하게 되었다고 할 수 있다. 자신과의 관계에서 성실, 타인과의 관계에서 배려, 사회공동체와의 관계에서 정의, 자연과의 관계에서 책임의 핵심가치를 중심으로 초중등학교에서 도덕 수업을 받은 사람이 갖출 수 있기를 기대하는 품성과 역량을 문장형으로 기술하고자 했다.

또한 내용 체계는 총론에서 제시하고 있는 내용의 세 범주, 즉 지식·이해, 과정·기능, 가치·태도의 범주를 토대로 구성되었다. 지식·이해 범주에서는 학생의 도덕 발달 수준에 부합하는 도덕적 지식과 실천의 연계과정을 촉진하는 데 주안점을 두었고 수업 과정은 질문형으로 제시한다. 과정·기능 범주에서는 도덕 수업이 윤리학적 지식의 전수가 아님을 분명히 하고자 탐구와 성찰의 과정을 구체화하여 적극적으로 포함했다. 가치·태도 범주에서는 도덕 수업에서 배운 내용을 일상생활에서 실천하려는 태도와 실천 자체를 수업에서 탐구와 성찰의 대상으로 삼는 가치 탐구와 수양의 과정을 중심으로 구성하였다. 학교 교육에서 도덕교과는 인성교육과 시민교육에서 중요한 역할을 해야 한다는 요청을 받는다. 시민 사회에서 개인의 바람직한 인성은 시민으로서 갖추어야 할 도덕성과 기본역량의 토대이고 시민역량 또한 도덕성을 기반으로 삼아 정치·경제적 역량 등으로 확장될 수 있기 때문에 타 교과와의 긴밀한 협조를 전제로 교과 통합적 기능도 수행한다고 볼 수 있다. 이런 필요에 부응하기 위해 도덕과는 도덕적인 인간을 토대로 그가 살아가야 할 정의로운 사회를 연속적인 지향점으로 설정하고자 한다. 도덕교과의 목표는 도덕성 함양을 통한 도덕적 인간의 지향이다. 이 목표는 동시에 더불어 살아가야 할 사회를 더욱 정의로운 사회로 만들고자 하는 지향을 포함한다.

2022년 교과과정 개정 내용 중 중학교 도덕과 가치영역의 구성 내용 중 세계시민교육과 관련하여 개선해야 할 점을 지적한다면 2022년 개정에서 정의로운 사회를 지향하는 도덕적 인간 육성을 위해서 교과목 개편과 향후 사회과와의 통합 등에서 예상되는 문제점에 대한 깊이 있는 검토와 대응 방안이 필요하다고 본다. 2023년 통계청 발표 '2023년 이민자 체류 실태 및 고용조사 결과'에 따르면 국내 상주 외국인은 143만 명이다. 매년 10%씩 증가 추세이다. 현재 결혼하는 10쌍 중 1쌍이 외국인과 결혼하고 인구수는 세계 1위로 감소하는 인구절벽의 현실 속에서 이웃 층에 사는 외국인 부부가 층간 소음을 일으키고 갈등이 생기는 상황도 일어날 수 있으며 해외 여행할 때나 거리에서 수시로 자주 만나는 이방인, 즉 세계시민들이 너무도 많게 우리의 현실이 변해 있음을 직시하면 도덕과 가치교육의 내용에 세계시민교육의 현실감 있는 교육 내용을 반영하여야 할 필요성이 커졌다는 것을 쉽게 알 수 있다.

3. 세계시민교육의 실천적 접근

1) 대화와 소통의 중요성

세계시민교육의 내용 중 소통의 개념은 아무리 강조해도 지나치지 않는 항목 중 하나이다. 소통은 대화를 통하여 이루어지며 인간관계의 구축을 위해 대화의 중요성은 강조해도 지나침이 없다. 인간관계를 형성하는 데 대화가 핵심적 요소이지만 세계시민 간의 대화를 통해 인간관계를 만드는 일은 열고 쉬운 일은 아니다.

대화에는 몇 가지 기본 원칙이 존재한다. 첫째, 대화의 중요성을 서로 이해해야 한다. 대화를 통해 상대방의 생각과 감정을 이해하고 존중할 수 있고 이를 통해 상대방과 감정적 연결을 할 수 있다. 둘째, 대화의 원칙을 지켜야 한다. 1)상대 의견 존중하고 이해하려는 태도가 대화의 기반이다. 2)솔직한 표현의 원칙이다. 이를 통해 상대방과 신뢰 관계를 형성할 수 있다. 3)민감한 주제에 대한 배려의 원칙이다. 셋째, 효과적 대화의 방법은 1)적극적 청취이다. 2)비언어적 신호, 즉 상대방의 표정, 몸짓, 목소리 등을 잘 파악하여 숨은 의미를 찾아서 파악하는 것이 중요하다. 3)질문을 적절히 사용하여 상대방의 관점을 이해하고 대화를 더욱 풍부하게 만든다. 넷째, 대화의 종류는 1)정보교환을 위한 대화, 관계 형성 2)감정적 대화, 인간관계를 깊게 형성 3)해결책 모색 대화, 서로의 신뢰와 협력 강화와 마지막으로 대화의 효과를 극대화하기 위해 지속적 외국어 연습과 노력이 필요하다. 인간관계 형성을 위해 신뢰가 필수이며 신뢰가 있으며 서로 믿고 의지하며 소통과 협력의 경로가 열린다. 그런 신뢰를 형성하기 위해서는 1)일관성, 2)솔직함, 3)존중과 이해, 4)약속의 이행, 5)열린 소통과 적극적 경청이 필요하다. 소통을 향상하기 위해 1)명확하고 간결한 표현 사용, 2)청취력 강화, 3)비언어적 신호에 주의, 4)적절한 시기와 피드백, 5)갈등 관리가 필요하며 이는 상호 간의 타협과 협력을 통해 갈등을 해소하고 상대방과의 긍정적인 관계를 유지하는 것이 필요하다.

하버마스는 다음과 같이 대화의 기준을 세웠다. 1)서로 무슨 뜻인지 이해할 수 있다. 2)그 내용은 참이어야 한다. 3)상대방이 성실히 지키리라 믿을 수 있어야 한다. 4)대화하는 사람의 관계가 평등하고 수평적이어야 한다. 이 기준에 따라 내가 갈등을 일으키는 사람과의 대화를 검토해 보면 과연 내가 합리적 의사소통을 할 수 있는 상황에 있는가, 문제점은 무엇인가, 어떤 방법으로 의사소통의 합리성을 회복할 수 있을까? 하버마스는 일상의 언어생활에서 인류의 해방을 발견했다고 한다. 그는 합리성을 단순히 논리적 사고가 아니라 사람들 사이의 대화와 토론에서 찾는다. 의사소통의 합리성이라는 새로운 이성의 잣대를 세운 것이다.

절대적 진리는 항상 억압을 낳는다. 이를 거부하는 이들을 억압하고 위협할 수밖에 없는 상황을 가져온다. 그러나 '진정한 진리는 대화와 엉덩이에서 나온다'는 것이다. 열린 마음으로 상대를 대하고 서로를 받아들일 수 있다면 우리는 토론 가운데서 최선의 결론을 맺을 수 있다.

2) 대화와 소통의 방법 및 의사소통 윤리 확립

타인과의 대화 시 의사소통 과정에서 상대방을 설득하기 위해 필요한 요소로 에토스(화자의 성격과 성품), 파토스(청중의 감정과 심리상태), 로고스(논증)의 세 가지 요소가 있다. 첫째, 에토스는 사회관습, 개인의 성격, 품성, 습관 등을 가리키는 고대 그리스어이며 아리스토텔레스는 수사학을 '설득하기'라고 정의하였다. 설득하기는 파토스와 로고스의 두 가지 방법을 통하여 수행될 수 있으며 아리스토텔레스는 이중 에토스를 청중에게서 신뢰를 받을 수 있는 통로로 본다. 이는 '화자를 공동체의 구성원들이 얼마만큼 신뢰할 수 있는가?'의 문제가 에토스에 해당한다고 볼 수 있다. 화자를 신뢰하게 하는 요인은 실천적 지혜, 미덕, 선의가 필요하다.

둘째, 파토스는 감정, 경험, 감정 상태를 의미하는 고대 그리스어이며 우리가 일상적으로 감정이라고 부르는 것을 포함해 외부 자극을 겪는 경험 상태 일반을 지칭한다. 수사학에서는 청중의 심리상태, 감정을 말하며 분노와 평정심, 우의와 적의, 두려움과 자신감, 수치심, 연민, 증오, 시기, 질투 등을 예로 들 수 있다. 세 번째 설득요소인 로고스는 말, 이성, 추론, 설명, 이치, 논리, 법칙 등의 개념을 포함하고 있고 수사학에서는 자신의 주장을 펼치기 위해 요구되는 논리와 합리적인 근거를 말한다.

우리는 일상 언어생활 속에서 로고스, 에토스, 파토스 가운데 어디에 강조점을 두느냐에 따라 수사학의 방향은 달라질 것이고 파토스에 강조점을 두면 수사학은 이데올로기적 조정에 가까워지고, 로고스에 초점을 두면 청중에 대한 설득 효과나 논증적인 관점이 생겨나며, 에토스에 강조점을 두면 그 의도가 중요해지는 수사학을 얻게 된다. 이는 화자-담론-수사적 상황에 따라 어떤 비율로 위 세 가지 요소를 혼합시킬 것인가가 결정될 수도 있다. 예를 들어 다루고자 하는 대화의 주제가 긴박하거나 제한되어 있으면 그리고 청중이 논리적 논증에 쉽게 싫증을 내거나 익숙하지 않은 경우에는 에토스나 파토스를 이용한 설득의 전략을 사용하는 것이 더 유익할 수 있다. 반면에 법정과 같은 곳에서는 논리적이고 합리적인 논거를 통한 설득이 더욱 중요해 보인다.

우리는 사회생활을 하며 부부 갈등, 부모자녀 갈등, 사회적 관계 갈등, 연애 갈등, 개인 갈등, 직장 내 갈등 등 많은 갈등의 상황을 경험하며 의사소통을 한다. 이러한 갈등을 해결하는데 이는 서로 마음을 이해하고 이해한 바를 전달하는 과정에서 에토스, 파토스를 적절히 적용한다면 갈등을 해결하고 좋은 관계를 형성할 수 있다. 갈등 상황 속에서는 상대가 이야기하는 의미를 정확하게 파악하는 것이 중요하다. 그러나 갈등 상황에서는 자신의 말만 하거나 상대방의 말을 왜곡해서 듣거나 상대방을 공격하려는 경우가 많다. 이 경우 나에게 부정적인 감정이 생기면 그것은 나의 것이기 때문에 내 생각, 감정, 기대를 상대에게 적절히 표현하는 노력이 필요하다. 부정적 감정도 정확하게 표현하는 것이 상대와 나를 진정으로 만날 수 있다. 또한 언어적 표현과 비언어적 표현을 일치시키려는 노력이 필요하다. 분명하게 상대방에게 자기 생각과 감정, 기대를 말해야 한다. 은연중 암시하거나 질문을 가장한 비난 등은 사용하지 말아야 한다.

존 맥스웰은 의사소통을 위한 16개 법칙을 제시한다. 그것은 신뢰성의 법칙, 관찰의 법칙, 확신의 법칙, 준비의 법칙, 협업의 법칙, 콘텐츠의 법칙, 연결의 법칙, 지렛대 활용의 법칙, 기대의 법칙, 단순성의 법칙, 시각적 표현의 법칙, 스토리텔링의 법칙, 온도조절의 법칙, 변화의 법칙, 가치부가의 법칙, 결과의 법칙이다. 결과적으로 타인에게 무례하게 행동하는 것에 주목하고 반성해야 한다는 것이다.

하버마스가 제시한 '논증 대화 규칙'은 첫째, '논리적 규칙과 의미론적 규칙'에 해당하며 무모순 원칙과 일관성 요건이 이 수준에 해당한다. 둘째, 절차를 규제하는 규범이며 모든 참여자는 진실성의 원칙과 요청이 있을 때 자신의 주장을 정당화하거나 정당화하지 않는 이유를 제공할 책임이 있다는 '해명책임의 원칙'이 이 수준에 해당한다.[4] 셋째, 논증 대화 과정을 강제, 억압, 불평등에서 벗어나게 하고 보다 나은 논증의 강제 없는 강제만이 지배하도록 보장하는 규범이다. 하버마스는 논증 대화 규칙이 논증 대화에 참여하는 모든 이들에게 예외 없이 적용된다는 점에서 필수적이라고 역설한다. 논증 대화에 진입한다는 말은 진실하기를 약속하고 자신의 발화를 정당화하고 모순을 범하지 않고 다른 참여자를 배제하지 않는다는 것이며 이 규칙 적용에는 예외가 없다는 것으로 이해된다.

---

4. 제임스 핀 레이슨(서요련 역), 하버마스 입문, 필로소픽, 2022, p78.

3) 세계시민교육 방법론으로서 유가 명상이론 교육 활용

세계시민교육에 적용 가능한 유가 명상이론은 동북아 3국의 세계시민교육에의 실천 내용과 방법에 매우 중요한 도움을 주는 교육 방법이라 할 수 있다. 그 이유는 동북아 3국의 유교 문화적 전통이 같은 이유로 쉽게 상호 공유될 가능성이 크기 때문이다. 유교 명상교육법은 구체적인 교수학습법이 서술되어 있으므로 교사는 누구나 실천하면 쉽게 따라 할 수 있는 내용으로 서술되어서 단기간 큰 효과를 낼 것으로 기대된다. 유가 명상의 교육과정 목표는 학생들의 마음의 평안 및 성리학적 인성 함양을 도모하는 것이다.

교육과정의 전반부는 5차시로 구성됐고 1차시는 참된 행복이 사덕(인의예지)을 실현하는 데 있다. 학생은 사덕을 실현하는 것이 바르고 행복하게 사는 것임을 알게 한다. 2차시는 바르게 살아가겠다는 목표 세우기다. 3차시는 뜻을 이루는 데 필요한 기(氣)가 무엇이고 내 안에 존재하는 기인 몸, 숨, 마음의 긴밀한 관계를 체험한다. 4차시는 공부의 구체적 목표로서 마음의 올바른 두 상태, 즉 일이 없을 때의 중(中)의 마음과 일이 있을 때의 화(和)의 마음이 무엇인지 이해한다. 5차시는 목표하는 마음을 얻도록 기를 다스리는 원리 즉 주일무적, 정제엄숙, 기심수렴불용일물, 상성성을 적용하였을 때 목표를 더 잘 이룰 수 있음을 체험한다.

6차시는 조식의 기초방법으로 '옷 ⇨ 몸 ⇨ 눈 ⇨ 숨' 숨쉬기를 익힌다. 7-10차시는 몸을 건강하고 바르게 다스리는 데 초점이 있다. 7차시는 퇴계를 비롯한 선비들이 애용한 전통체조인 팔단도인법을 익힌다. 8-9차시는 숨을 쉬면서 걷기 명상과 숨을 쉬면서 바디 스캔 명상을 한다. 10차시에서는 기초 생활 예절을 배우고 직접 실천하면서 채화한다. 11차시에서는 기초 생활 예절이라는 소당연을 지켜야 하는 소이연을 궁리한다. 소이연을 인식하면 더욱 진심을 담아 확장된 형태로 예절을 실천할 수 있다. 12-13차시에서는 다양한 감각, 생각, 감정을 알아채고 이를 마음의 눈으로 주시하는 기술을 집중적으로 훈련한다. 14차시에서는 그른 생각, 감정을 조장하는 여러 감각과 행동을 차단함으로써 그른 생각 감정을 줄이는 기술을 집중적으로 연구한다. 즉 사물(四勿)인 비례물시(非禮勿視), 비례물청(非禮勿聽), 비례물언(非禮勿言), 비례물동(非禮勿動)하기이다. 이는 소중히 기억하고 실천하기가 쉽지는 않다. 그러나 매일매일 기록하고 반성하면서 내가 한 행위들을 상대방의 입장에서 바라보는 태도, 즉 역지사지의 입장에서 반성해 보고 수정하며 반성하는 자세를 실천한다면 조금씩 개선될 것으로 여겨진다.

15-16차시에서는 마음 줄이기와 키우기 기술을 적용하여, 부적합하고 지나친 기쁨, 즐거움, 좋아함, 화남, 슬픔, 두려움, 싫어함은 줄이고, 적합한데 아직 부족한 기쁨. 즐거움. 좋아함. 화남. 슬픔. 두려움. 싫어함은 키운다. 17차시에서는 상황에 부적합한 욕구는 줄이고 상황에 적합한 의지는 키워서 유혹을 이겨내고 어려운 목표를 달성하는 훈련을 한다. 이것으로 학생들은 현실적으로 필요한 자율성과 책임감을 굳건히 하게 된다. 마지막으로 18차시에서는 지금까지의 모든 마음 다스리기 기술을 종합하여 도덕적인 내적 갈등에 직면했을 때 이를 해결하게 된다. 즉 타인을 위한

마음인 큰마음을 선택하고 이에 집중함으로써 도덕적인 승리를 이루려는 노력을 다한다.

지금까지 익혀온 유가 명상기법을 활용하여 다른 주제로 수업을 진행하는 예시 수업안과 학생의 일과를 유기적으로 계획하는 방법에 대해 교사는 다채롭게 응용 수업을 진행할 수가 있다.

사람은 목표 달성을 위해 합당한 학습 태도를 갖추어야 한다. 교사는 학생이 다음의 학습 태도를 갖출 것을 강조하고 교사 자신도 자기 수양과 학생 교육을 위해 이런 학습 태도를 지녀야 한다. 1)불굴(不屈), 어려움에 좌절하지 않는다. 2)신(信), 자신의 변화 가능성을 믿는다. 3)물조장(勿助長), 조급하게 욕심내지 않는다. 4)물망(勿忘), 약속을 잊지 않으며 묵묵히 정진한다.

이런 교수학습이 성공하려면 1)학생이 체험하고 연습하는 것이 위주가 되어야 한다. 2)하나의 기술을 다양한 상황에 고루 적용할 기회를 제공해야 한다. 3)교사가 미리 체험하고 연습하며 과정을 이해하고 수업을 준비해야 한다. 4)학생의 생각과 감정과 경험을 존중하고 세심하게 배려해야 한다. 5)학생과 교실의 특수성을 고려하여 아래 제시되는 수업안을 재구성해야 한다. 6)학생을 면밀하게 관찰해야 한다. 그리고 학생과 자주 상담할 것을 권한다. 7)가정 내 보호자의 협조를 끌어내야 한다. 8)다른 마음 다스리기 기법과 병행할 수 있다.

이 중에서 특히 여러 유교의 명상수행 방법 중에서 퇴계의 수련 방법인 팔단도인법을 간략히 소개하고 세계시민교육, 특히 동북아 3국의 세계시민교육 방법으로서의 가능성을 모색해 보고자 한다. 특히 일본의 경우 에도시대에 주자학을 수용하여 문사화된 사무라이 지식인들이 등장하는데, 이들이 초기에 받아들인 주자학의 내용은 퇴계 이황의 사상이다.

4) 퇴계 이황의 팔단도인법(八段導引法)

①고치격천고(叩齒擊天鼓): 이를 마주 부딪치면서 머리와 귀를 두드린다.

② 수파감천주(手擺撼天柱): 머리를 천천히 빙빙 돌린다. 좌우로 고개를 각각 24번 돌린다.

③ 용교수연진(龍攪漱嚥津): 혓바닥을 돌려 양치질해서 침을 삼킨다. 혓바닥을 잇몸 윗부분을 36번 돌린다.

④ 수마배신당(手摩背腎堂): 손바닥으로 허리를 비빈다. 양손으로 등의 신장 쪽을 36번 비빈다.

⑤ 단관록노전(單關轆轤轉): 한쪽 어깨를 빙빙 돌린다. 좌우 어깨관을 36번 돌린다.

⑥ 쌍관록로전(雙關轆轤轉): 양쪽 어깨를 빙빙 돌린다. 좌우 36번 돌린다.

⑦ 차수탁허천(叉手托虛天): 깍지를 끼고서 머리 위 허공을 친다. 그후 정수리를 9번 연속 살짝 누른다.

⑧ 반쌍각족심(攀雙脚足心): 양반다리와 발바닥을 끌어당긴다. 양쪽다리와 발바닥을 12번 당긴다.

4. 동북아 유교문화의 귀감자적 시민상 정립

1) 중국의 군자(君子) 개념에서 시민상

  유교 사상에서 대표적 이상형의 인간은 군자이고 군자 개념과 시민, 세계시민(여기서는 동양 시민의 대표적 개념으로 사용)의 관련성을 탐구하여 보편적인 가치를 알아보고 이것을 시민의 교육 목표로 설정해 보는 것도 의미 있는 시도라 생각된다. 왜냐하면 서구적 가치에 익숙해 온 우리는 지금까지 주체적으로 살아왔다고 자신 있게 말할 수 없다. 왜냐하면 우리가 접해 온 서구의 합리적 가치들은 많은 한계점을 드러내고 있고, 인간과 세계의 현실적인 문제들을 해결할 수 없다는 난관에 봉착해 있다. 따라서 상대적으로 동양의 유교적 가치관의 우수성이 재조명되고 있다는 시점이다.

  '군자 개념과 시민개념의 소통은 가능한가?'라는 질문을 제기해 보면 먼저 산업 사회적 기초 위에 농경 사회적 윤리체계를 세우려는 시도는 논리적으로도 어렵고, 현실적으로 불가능해 보일 수도 있다. 그러나 군자와 시민개념을 조정하여 공적 영역에서는 시민윤리를 확립하고 사적 영역에서 유교적 덕의 윤리를 수용하여 군자적 시민상을 개발하는 대안을 구상해 볼 수도 있지 않을까 생각해 본다. 그리고 이것을 좁게는 동양 시민상의 목표로, 넓게는 세계 시민상의 목표로 삼을 수도 있다.

군자 인간상의 주요 특징으로 다음의 특징이 있다. 첫째, 통치자로서 갖추어야 할 덕, 즉 인의 등을 갖춘 인격자이며 둘째, 이러한 덕을 말보다는 실천하는 존재이며 셋째, 부단히 노력하며 수신(修身)하는 존재이며 넷째, 지, 인, 용 세 가지 덕을 갖추고 자신을 다스리는 데 힘쓰고, 사회규범을 잘 지키며 자기 이익보다는 공적인 의무, 정의, 도리를 중시하는 자이고 마지막으로, 모든 잘못을 자기 안에서 찾는 자이다.

그런데 공자는 당시의 신분제 사회구조 속에서 군자는 '신분에 상관없이 군자가 될 수 있다'고 주장하며 다시 말해 계급적 개념인 군자 개념을 혈통과 무관하게 도덕적으로 우월한 인격을 가리키는 말로 전환한다. 이러한 사실은 당시 공자가 군주제하에서 도덕적 사회혁명을 기도했다고 본다. 시민개념의 유래는 시민이란 개념은 본질적으로 근세적, 서구적 개념이며 이것에 대한 현대적 이해는 프랑스 혁명과 그 영향의 산물로 본다. 그리고 시민 사회의 윤리는 이익 사회를 구성하는 시민 계급의 윤리이며 여기서 문제가 되는 것이 인간의 이기심이고 결국 합리적 이기주의자들은 자신들의 이익 충돌을 방지하기 위하여 일정한 타협과 협상으로 나타난 것이 최소한의 도덕, 즉 법 체계라는 것이다. 결론적으로 유교 윤리의 세계화 과제 중 하나는 군자라는 시민의 대안 개념이 덜 완전하고 덜 이상적인 인간상이므로 군자 개념이 성현개념을 대신해줄 가능성에 대해 모색을 해야 한다. 유교 군자론은 자유주의가 획득한 절차적 민주주의 체제 위에서 작동해야 하고 모든 공동체 구성원은 정치에 적극적으로 참여해야 한다고 주장한다. 즉 공동체에 대한 무한한 관심과 책임의식을 지니는 군자의

식을 가져야 한다는 것이다. 간단히 요약하면 현대식으로 보면 모든 세계
시민은 군자이어야 하고 모든 군자는 세계시민이어야 한다. 즉 세계시민의
군자화이다.[5]

2) 조선시대 선비, 사대부 개념에서 시민상

　동양사상에서 오리엔탈리즘의 극복(서구적 시각탈피)은 필수적이며 우
리 시대에서 최소한의 합의가 가능한 바람직한 인간상은 시민이라는 전제
에서 출발할 수 있다. 시민이 지닌 기본권은 정치적 자유와 경제적 평등이
다. 또한 시민은 사회를 유지하기 위해 필요한 의무를 지닌다.

　동양의 이상적 인간상으로 시민에 해당하는 직접적인 개념은 없지만,
공동체 사회를 이끌어 가는 주체로서의 시민을 고려할 때 조선시대를 배
경으로 하는 유교 선비의 전통을 꼽을 수도 있다. 이것은 서구의 자유주
의적 전통과 다른 유교적 배경에 전제된 개념이므로 세계 시민개념과의
논의 시에는 단순한 조화의 차원을 넘어 보다 창의적 해석을 하여 적용해
야 한다고 여겨진다.[6]

　공자가 군자를 강조한 이유가 정치사회의 착한 사람(good man)이 되라
는 것은 아니다. 군자는 '도덕적 신사' 또는 '뛰어난 인격의 소유자'라기보다
는 궁극적으로 '훌륭한 정치가의 표상'으로 군자를 정의할 때 원래 의도에

5.　안외순, 군자와 시민 그리고 시민의군자화, 한서대학교 동양고전연구소, 2004, p233.

6.　박병기, 도덕교육의 목표로서의 군자와 시민, 윤리교육연구15, 2008, p1-12.

가장 가깝다. 그리고 이러한 결론은 평화와 안녕이라는 세계공동체의 정치적 이상에 합치한다는 것이다.[7] 또한 군자를 강조하는 것 자체만으로도 도덕적 윤리 관계의 확장을 통한 세계시민의식 성장에 도움이 되며 마지막으로, 군자론이 개체와 세계를 동시에 포용할 수 있어 우리가 추구하는 '세계 시민상'에 새로운 방향을 설정해 줄 수 있다.

3) 에도시대 독서하는 사무라이 개념에서 시민상

19세기 일본 사회는 유교, 특히 주자학의 전성시대였고 유교와 적합하지 않은 병영 국가적 성격의 막번체제(幕藩體制)는 서구의 충격 이전에 이미 주자학을 받아들인 문사화된 사무라이의 영향으로 인해 동요하며 변화하고 있었다. 그 과정을 '사대부적 정치문화'의 출현이라는 관점을 도입하여 설명하기도 한다.[8]

독서 모임 '회독'을 통한 스승, 제자, 동료 간의 인적 네트워크 형성과 '독서하는 사무라이'와 '칼 찬 사대부'의 출현 개념에서 알 수 있듯이 일본은 대포와 무력에 의한 서구의 충격 이전에 이미 주자학의 영향으로 사회가 급격히 변화하고 있었다. 사무라이의 문사화는 막부 초기 군인에서 서리로, 서리에서 문사로 변화하며 사대부화하여 학적 네트워크와 학당의 출현, 상서의 활성화 등이 이루어졌고 메이지 시대 이후에는 신문과 출판 인

---

7. 장현근, 군자와 세계시민, 유럽연구5, 1997, p346-365.

8. 박훈, 명치유신과 사대부적 정치문화의 도전, 역사학보 218호, 2013, p411-440.

쇄물의 증가로 더 활성화되었는데 이는 동시대 조선과 중국보다도 더 큰 정치적 역할을 하였다.

메이지유신 이후 서구화 과정에서 사대부적 정치문화와 유학적 정치사상은 서구화의 장애물이라기보다 가교 역할을 했다는 것이다. 사대부적 정치문화의 주요 특징은 첫째, 유교 소양을 갖춘 사대부들이 군주와 함께 자신들의 천하공치(天下共治)의 담당자로 자부하여 정치에 적극적으로 간여하고 발언한다. 둘째, 사대부적 정치문화에서의 군주는 전제군주도 절대군주도 아닌 입헌군주와 비슷한 편이다. 둘째, 사대부의 유력한 정치 주장의 수단은 간언, 상서, 강학 등이다. 셋째, 사대부는 생득적 지위가 아니라서 학문을 매개로 한 관계, 네트워크, 조직을 형성하는 경우가 일반적이다. 그리고 넷째, 이 학적 네트워크에 기반한 복수의 정치세력(당파)이 지속적 경쟁을 하는 것이 붕당정치이다. 그들 간의 정치투쟁은 당쟁이다. 마지막으로, 사대부적 정치문화가 치열한 권력투쟁, 대외위기 등을 만났을 때 사(士)의 급속한 확산이 이뤄지고 이를 사화(士化) 현상으로 표현한다. 동아시아에 존재했던 정치 유형 중 사대부적 정치문화는 당시 가장 광범위한 범위의 정치 참가를 허용하는 유형이고 이것은 동시대에 동아시아뿐만 아니라 세계사적으로도 민(民)의 참가를 허용한 가장 다수가 정치에 참여할 수 있는 정치문화 체제였다고도 볼 수 있다.

선비(文士), 신사(紳士), 무사(武士) 개념은 각 개념이 처음 등장할 때는 애매하고 지칭 대상도 미미하였으나 시간이 지나며 그 의미가 강해지고 그 대상이 세력화되었다. 선비는 고려 시대 11세기경에 학자들 사이의 '선배'라는 존경어로부터 시작되었고, 무사는 10세기경 헤이안 시대 동일본 지역의 무사들로부터 시작되었으며[9] 신사는 송나라 때의 사대부 전통을 이어받은 명나라 초기 향촌의 지식인들이 그 시초였다. 선비, 신사, 무사는 그 개념과 계층의 형성에 깊은 영향을 주었으며 특히 고려 말엽에 주자학이 전래되었고 조선 초 숭유억불 정책에 의해 주자학이 국교와 같은 위상을 확보하는데 '선비' 개념은 이런 환경에 영향을 받으며 '선배'가 '선비'로 바뀌었던 것이라고 할 수 있다.

일본에서도 에도시대 초기에 조선의 주자학, 특히 퇴계학이 전래하였는데, 덕목과 윤리를 강조하며 새롭게 정립된 '무사' 개념, 즉 독서하는 사무라이 개념은 주자학으로부터 영향받은 결과라고 볼 수 있다. 중국의 신사 개념도 기본적으로 주자학을 바탕으로 한 송대 사대부의 정신적인 영향을 받았다. 선비, 무사, 신사는 각 사회의 근대사회 형성에 큰 영향을 미쳤다.

무사는 에도시대(1603~1867)에 이르러 새로 들어온 유학을 흡수하고 사농공상의 계층적 신분 질서를 무사 자신들이 사(士)적인 지위를 자신의 것으로 만들었다는 점이다. 즉 병농공상이라 표현된다. 근대 일본이 제국주의로 무장하고 식민지를 개척하고 정치, 경제, 군사 발전을 거듭한 것은 무사적인 활약 덕분이다. 중국에서도 군자 개념의 후예들인 사대부 신사의 경우도 명청 시대(1368~1911)를 거치며 향촌의 권력자이면서 지식인 계층으로서 자신들의 위상을 확보하였다. 이들은 청나라 시기를 거치며 그들의 향촌 지배를 더욱 강화하면서 관료적인 성격이 더욱 강해졌다. 이

---

9. 박훈, 메이지유신을 설계한 최후의 사무라이들: 왜 칼 대신 책을 들었나?, 21세기북스, 2020

들은 결국 청나라 정권을 멸망시키고 새로운 공화정부를 세우는데 핵심적 역할을 한다.

일본의 무사 개념은 서양의 기사도와 대응하며 '무사도'라는 이상적 이념으로 변모하기도 한다. 동아시아 삼국인 한·중·일 사회에서 사(士)라는 한자는 서로 의미하는 바가 크게 다르다.[10] 우리나라에서 선비는 문사(文士) 개념이 강하지만 일본에서는 무사(武士)개념이 강한 사무라이를 의미한다. 중국에서는 명청 시대에 사(士)는 사신, 즉 향신(鄕紳)을 의미한다. 중국에서 신사, 즉 향신이란 명칭은 명 시대를 거치며 정착되었고 송원 시대에 사(士)적인 지배층은 향약과 주자의 가례의식을 활용하여 지방에서 권한 있는 사대부로 활동한다. 이런 사(士)의 의미는 송나라가 건국되며 수당 시대에 이미 도입된 과거제도가 귀족들이 아닌 민간 지식인들이 관료로 출세하는 데 매우 중요한 수단으로 변모한다. 가문보다는 개인의 재능에 더 의존하게 된 것이다. 민간에서도 새로운 지식인 집단이 형성되며 이들은 사대부 혹은 독서인으로 불렸다.[11]

한국도 조선시대 16세기 후반기를 거치며 선비 집단인 유림이 사(士)의 집단인 사림을 대표하게 된다. 이후 선비는 더욱 보편화하여 관직과 상관 없이 학문하는 사람은 누구나 선비로 불렀다. 무사는 일본어로 부시, 사무라이 등으로 발음되는데 무사는 무력을 사용한다는 뜻이 강하고 사무라이는 모신다, 경호한다는 뜻이 강하다. 헤이안 시대 사무라이는 무술 외에도 다양한 특기를 활용하여 지방 무인들이 중앙귀족의 사무라이가

---

10. 임태흥, 한중일 삼국의 사(士)개념 비교 고찰, 동양철학회, p410.

11. 와타나베 히로시(박홍규 역), 주자학과 근세일본사회, 예문서원, 2004, p19

되어 '경호원'으로 활약하는 자가 많아져서 사무라이가 무사를 지칭하는 말로 쓰인다.

삼국의 문사, 즉 군자(신사 사대부), 선비, 독서하는 사무라이 중 주자학을 수용하여 변화에 가장 잘 적응한 문사는 일본의 사무라이다. 이는 주어진 현실에서 안주하지 않고 융통성 있게 행동하고 강하게 실천하는 무사의 성격에 기인한 것으로 생각한다. 결론적으로 조선시대의 선비 개념의 경우는 선배의 개념이 강했으며, 무사는 윗사람을 모신다고 하는 사무라이의 개념이 강하게 포함되어 있으며 중국의 군자에서 파생된 신사는 송원 시대의 사대부에서 명청 시대에 이르러 향신으로 불리며 신사는 송대에 향약과 가례를 중시한 사대부 정신을 계승한 것으로 반드시 관리가 아니더라도 사회적, 정치적인 책임을 강하게 느끼고 있었다는 점이 선비나, 무사 개념과 차이가 난다. 특히 조선시대 선비의 대표적 부류인 사림파는 부국강병과 관련된 군사적인 재능이나 기술은 천시하고 인문학적 교양만을 중시한 점과 관리도 사인들 가운데서만 충당할 것을 요구하고 불교, 도교, 민간신앙 등을 배격하고 기층문화를 천시한 점, 주자학 이외의 사상은 모두 이단시해 버리는 폐단도 있었다.

에도시대는 평화의 시기였기에 역할이 줄어든 무사들은 자신들의 정체성을 찾으며 그 근거를 당시 들어온 주자학에서 찾는다. 막부는 유학을 바탕으로 한 통치 체제를 구축하며 주자학적 덕목으로 무장하고 사(병)농공상이라는 신분계층의 맨 위를 차지한다. 1719년 당시 조선 통신사 일원으로 일본을 방문한 신유한(1681-?)은 일본 사회 신분은 병농공상으로 설명한 것을 보면 일본의 무사를 선비로 보지 않았지만, 지배적 위치를 차지하고 있는 것을 알 수 있다.

이런 변신 작업은 유학을 접한 무사들에 의해 시도되었다. 무사들이 유교 학교를 설립하고 자녀 교육에 열성을 보였다. 무사도의 구축에 있어서 야마가 소코(1622-1685)의 역할이 중요하였는데, 그는 무사의 사회적 임무를 '인륜을 바르게 하는 것'이라 하여 무(武)의 가치를 문(文)의 가치보다 우선하는 것으로 보고 문의 가치를 비하하기도 한다.

이와는 대조적으로 조선의 선비는 관료적인 인식보다는 단지 초야에서 도덕적 수양에 전념하면서 주자의 학문을 한다는 이미지가 강했다. 일본의 경우는 평화가 계속된 에도시대에 무사의 정체성이 흔들렸지만, 무사들이 주자학을 적극적으로 수용하여 사농공상의 사(士)로 스스로 위상을 재정립하였다는 점이 주목된다. 무력을 활용할 기회는 적어졌지만, 지식인으로서 사회적 권위는 계속 유지한 것이다.

니토베 이나조(1862-1933)는 메이지유신 이후 신분제가 근대화되고 무사 계층이 사라진 시기에 무사정신을 강조하기 위해 미국에서 〈무사도, 일본 정신〉을 영어로 출판하는데 그는 무사도의 최고의 정신적 지주로 의(義)를 들고 무사들의 배짱을 연마한 덕목으로 용(勇), 사람을 지도하는 조건으로 인(仁), 그 사람과 기뻐하거나 우는 덕목으로 예(禮)를 들어 설명한다. 그리고 무사는 성(誠)을 중시하여 두말하지 않는 존재이며 명예를 소중히 여겨 어떤 고통과 시련도 견디는 존재이고, 충의를 소중히 여겨 무엇을 위해 죽어야 하는지 잘 안다고 소개한다.

일본은 사대부적 정치문화가 활발해진 상황에서 서양 정치문화를 만났고 일본 사대부들은 그러나 서구적 민주주의를 수용하면서도 민에게 정치권력을 부여하는 발상은 나타나지 않았으며 "민(民)은 따르게 해야지, 알게 해서는 안 된다"는 논어 구절(民可使知之 不可使知之)은 19세기 일본 사대부들에게 여전히 설득력이 있었다. 조선에서의 선비는 이상은 높고 도덕적인 인격체를 지향하였지만, 조선 말 선비는 급격한 사회변화에 적응을 못 하고 현실에서 유리되었다. 결론적으로 삼국의 사대부인 선비, 무사, 신사 중 주자학을 받아들여 현실 변화에 가장 유연하게 적응한 것은 명예를 중시한 칼 차고 책을 읽는 사무라이라고 생각된다.

삼국의 문사, 즉 사대부, 선비, 사무라이 중 주자학을 수용하여 변화에 가장 잘 적응한 문사는 일본의 사무라이다. 이는 주어진 현실에서 안주하지 않고 융통성 있게 행동하고 강하게 실천하는 무사의 성격에 기인한 것으로 생각된다.

4) 시민 개념 및 여성의 역할

우리 역사 속에서 서구적 의미에서의 시민개념의 임무를 수행한 전통을 찾는 것은 매우 중요하고 의미 있는 일이다. 대표적인 동양적 시민상 개념들이 군자, 선비 등이다. 그러나 공자의 군자 개념은 개인적 차원에서는 본받을 만한 인격의 소유자이지만 이전 계급적 사회의 전제 위에서 가능한 개념이므로 현재의 세계 시민상으로 수용하기에는 불가해 보일 수 있다는 문제점도 내포하고 있다.

조선시대의 선비 개념도 양반제에 기반한 신분제 사회의 전제하에 가능한 개념이라서 부적절해 보일 수 있다. 프랑스 혁명에서 구체제를 뒤집고 개인의 인권이 존중되고 자유, 평등, 박애 정신을 공유하는 나라를 세운 당시에 주도적으로 용감하게 투쟁한 시민 중에는 여성이 많았다고 한다. 그러나 당시 혁명 후 정권을 잡은 남성 시민 정치인들은 여성을 철저히 무시하였다. 위에서 언급한 대부분 시민 개념도(시민, 군자, 선비) 사실 모두 남성 개념뿐이다. 독일어의 시민(der bürger)도 남성 개념을 사용하며 당시 프랑스 혁명의 인권선언은 자유롭게 태어난 모든 인간을 언급하지만, 여성은 인간이 아니었다. 인간—남성만의 이런 불합리하고 불평등하며 불공정한 사회에 이의를 제기한 올랭프 드 구주는 남성만을 전제로 한 당시의 인간과 시민의 권리선언의 형식을 빌려 '여성과 여성 시민의 권리선언'을 1791년에 발표하였다.[12]

이 문제를 언급한 이유는 우리가 알고 있는 근세 서구적 개념의 시민 개념도 처음부터 완벽한 것이 아니었으며 역사의 흐름 속에서 재정비되었기 때문에 근세의 프랑스 혁명에서 유래한 시민 개념에 절대적 의미를 부여할 필요는 없어 보인다. 남성과 여성 평등에 기반한 적절한 세계 시민상 개념이 필요해 보이며 이는 시민의 역할과 의무 문제와도 관련된다고 볼 수 있다.

---

12. 올랭프 드 구주(박재연 역), 여성과 여성 시민의 권리 선언, 꿈꾼문고, 2019, 참고.

5) 동북아 세계 시민상 정립과 세계시민교육을 위한 제언

세계시민교육에 대하여 서구적 시각이 아닌 동양적 시각 중에서 특히 유교 문화적 시각으로 접근하는 것도 필요한 시대가 도래하였다고 생각된다. 그 이유는 이미 언급한 것처럼 서구적 사상의 한계점에서 기인한다.

본 내용에서는 세계시민교육에서 활용 가능한 동양의 사상인 인도의 불교, 중국의 도가, 우리나라의 전통적 사상, 최근의 연구논문인 귀감자 개념(앨라배마 주립대, 한혜민 교수) 등이 있지만 시공간의 제약으로 인해 동북아 3국의 유교문화적 관점에서 군자, 선비, 독서하는 사무라이 개념을 시민, 세계시민교육에 목표 및 세계시민교육의 구성 내용으로 적용 가능성을 시도하였다. 특히 동북아 지역은 유교의 발생지일 뿐만 아니라 역사적, 지리적, 정치적, 경제적으로 수천 년간 교류한 유교 문화권이다. 문자가 같은 한자 문화권으로 다른 국가에 비해 사상적, 정신적 교류가 가능한 지역이다. 서양 세계도 중세 시대의 암흑 속에서 당시 앞서 있던 이슬람 및 중국에서 영향을 받아서 근대화하며 동양 세계에서 많은 도움을 받았는데 이는 당시 중국 송나라 발명품인 종이 인쇄술, 나침판, 화약이 큰 역할을 하였는데 당시 송나라에서 발전한 주자학이 조선의 선비, 사대부, 일본 에도시대의 사무라이들에게 많은 사상적 영감을 주었던 것이다.[13]

한편으로는 조선 시대에 우리 선비들이 '왜(倭)'라고 부르며 멸시했던 일본은 서양 문물을 먼저 수용하여 근대화한 후 주자학과 많은 문화를 전수한 조선을 침략하여 정복한 역사적 아이러니한 사실도 있다. 결론적으

---

13. 요나하 준(최종길 역), 중국화하는 일본, 페이퍼로드, 2013, p5-47.

로 유교 문화적 시민상인 군자, 선비, 독서하는 사무라이 개념은 세계시민
교육에 충분히 적용 가능하다고 할 수 있다. 이들 개념은 군자, 선비, 독서
하는 사무라이의 미덕과 가치를 강조하여 세계시민으로서의 의식과 행동
을 이끌어낼 수 있다. 그 방안은 다음과 같다.

첫째, 위에서 언급한 군자의 개념 정의는 유교에서 가장 고상한 인격
상(귀감자)이며 군자의 특징은 지식과 예의에 대한 높은 가치를 중시한다
고 본다. 세계시민교육에서는 군자의 미덕을 바탕으로 지식 습득과 도덕
적 행동을 강조할 수 있다. 학생과 시민들은 지식을 추구하고, 타인에 대
한 배려와 예의(manners, etiquette)를 학습할 수 있다. 둘째, 본 내용에
서 의미하는 선비는 고전적인 문화적 인식과 교양을 지닌 지식인을 의미
한다. 세계시민교육에서 활용 방안은 선비의 특징인 폭넓은 지식과 예술
적 감성을 존중하고, 다양한 문화와 예술을 경험하고 이해하는 능력을 강
화할 수 있다. 셋째, 위에서 언급한 독서하는 사무라이는 일본 근세시대인
에도시대의 무사로서 지식과 학문에 대한 중요성을 인식하고 독서와 학습
에 힘쓰는 모습을 보이는 자이다.

세계시민교육에서의 활용 방안은 독서하는 사무라이의 모델을 통해 학
습과 지식에 대한 열정을 고취하고 자기 계발과 타인에 대한 봉사정신을
증진할 수 있다. 이러한 개념들은 세계시민교육의 핵심 가치와 부합하며
지식 습득, 도덕적 행동, 문화 이해, 다문화 존중 등을 강조하여 세계시민
으로서의 미덕을 키우는 데에 유용하게 응용하여 활용할 수 있다고 여겨
진다. 또한 이 개념들을 전통적인 문화와 가치를 현대 각국의 사회에 적용

하여 세계시민으로서 더 나은 소통과 이해, 그리고 행동의 실천을 이끌어
내는 데 필요할 것으로 생각된다.

6) 서구적 오리엔탈리즘 시각의 극복과 주체적 사고의 전환

세계시민교육의 관점에서 현재의 서구와 동양 문명은 절대적으로 어느 한
쪽이 우월한 것이 아니며 영향을 주고받는 상호보완 관계로 바라보는 것이
타당하다고 보인다. 우리는 우리의 역사와 우리의 현실적 토양 위에서 지금
까지 잊고 있었던 우리의 소중한 유교 문화유산과 정신적 가치를 발굴하고
계승하여 온고지신할 때이며, 이런 시각에서 유교 문화적 의미의 인류 보편
적 가치가 담긴 세계 시민상이 재정립된다면 군자, 선비, 사대부 문인 같은
유교 문화적 시민상 개념보다 더 발전된 '세계 시민상 개념'이 나올 것으로 기
대된다.

모두가 불가능하다고 여긴 프랑스와 미국과의 전쟁에서 주체적이고 창조적
인 승리를 일구어낸 유교적 문화의 전통을 간직한 베트남 국민과 지도자 호
찌민도 유교 시민상을 빛낸 사례 중 하나이다. 21세기에는 유교, 불교 등 다
양한 동양의 유교적, 불교적 전통을 간직한 한국의 'K-사상'들이 K-Food,
K-Pop, K-Developer, K-Power처럼 전 세계에 전파되어 서구의 사상을 압
도하며 세계의 시민들에게 영향력을 전파하는 다가올 미래를 상상해본다.[14]

---

14. 요나하 준(이충원 역), 헤이세이사, 마르코폴로, 2022, p591, 참고

참고 문헌

- B. 몬딘(허재윤 역), 인간: 철학적 인간학 입문, 서광사, 1996.
- 성염, 인간이라는 심연, 철학과현실사, 1998.
- 공지영, 높고 푸른 사다리, 해냄, 2019.
- 제인 구달(박순영 역), 희망의 이유, 김영사, 2023.
- F.W.J. 셸링(한자경 역), 인간 자유의 본질, 서광사, 1998.
- 플라톤, 국가론 제10권, 에르의 신화.
- 박찬구, 사상과 인물로 본 철학적 인간학, 세창출판사, 2020.
- 강학순 외 13인, 〈인간에 대한 철학적 성찰〉 중 인간은 신의 구원을 필요로 하는 존재, 문예출판사, 2005.
- 윤홍식, 윤홍식의 수심결 강의, 봉황동래, 2019.
- 한형조, 붓다의 치명적 농담, 문학동네, 2011.
- 김충열, 김충열 교수의 유가윤리강의, 예문서원, 1994.
- 백민정, 현대유학, 무엇을 고민해야 할까, 다산연구소, 2022
- 한자경, 동서양의 인간 이해, 서광사, 2001.
- 한자경, 나를 찾아가는 21자의 여정, 서광사, 2006.
- 한자경, 칸트철학에의 초대, 서광사, 2006.
- 박찬구, 원전으로 이해하는 칸트 윤리학, 세창출판사, 2023.
- 표재명, 키에르케고어를 만나다, 치우, 2012.
- 신옥희, 실존 윤리 신앙, 한울, 1995.
- 이명곤, 키르케고르 읽기, 세창미디어, 2014.
- 박찬국, 니체와 하이데거, 그린비, 2016.

- 진교훈, 셸러의 인간 이해, 한국가톨릭철학회, 2004.

- 막스 셸러(조정옥 역), 동감의 본질과 형태들, 아카넷, 2006.

- 박찬국, 현대 철학의 거장들, 이학사, 2012.

- 박찬국, 들길의 사상가 하이데거, 그린비, 2013.

- 레프 톨스토이(김연경 역), 이반 일리치의 죽음, 민음사, 2023.

- 프란츠 카프카(전영애 역), 법 앞에서, 민음사, 2017.

- 강영안, 타인의 얼굴, 문학과지성사, 2005.

- 김연숙, 레비나스의 존재와 다르게 - 본질의 저편 읽기, 세창미디어, 2018.

- 최기숙, 나를 보는 타인의 시선에 대하여, 광주일보, 2019.

- 권정임 외 2인, 분배 정의와 기본소득, 진인진, 2020.

- 이노우에 도모히로(김소운 역), 모두를 위한 분배, 여문책, 2018.

- 황경식, 존 롤스 정의론, 쌤앤파커스, 2018.

- 존 롤스(장동진 역), 정치적 자유주의, 동명사, 2016.

- 곽노완, 분배 정의와 지속 가능한 최대의 기본소득, 시대와철학, 2013.

- 목광수, 롤스의 정의론과 기본소득, 고려대학교 철학연구소, 2019.

- 권정임, 공유사회의 기본소득과 롤스의 정의의 두 원칙, 시대와철학, 2016.

- 최광은, 재산소유 민주주의와 기본소득의 결합, 시대와철학, 2019.

- 이상호, 기본소득과 사회정의: 반 빠레이스, 롤스, 센, 한국사회과학연구소, 2021.

- 오갑천, 롤스의 차등의 원칙에 관한 연구, 조선대학교, 2020.

- 임태흥, 한중일 삼국의 사(士) 개념 비교 고찰, 동양철학회, 2015.

- 박훈, 메이지유신과 사대부적 정치문화의 도전, 역사학보218호, 2013.

- 장현근 군자와 세계시민, 유럽연구5, 1997.

- 김병환 외 10인, 시민교육 탐구, 한국문화사, 2022.

- 요나하 준(최종일 역), 중국화하는 일본, 페이퍼로드, 2013.

- 최연식·송경호, 경국대전과 유교 국가 조선의 예치: 예의 형식화 과정을 중심으로, 사회과학논집 제38집 1호, 2007.

- 함재학, 유교 전통 안에서의 입헌주의 담론, 한국법철학회, 2006.

- 김교빈, 예치주의의 형식성을 통해 본 동아시아의 근대성 검토, 시대와철학, 2012.

- 론 풀러(박은정 역), 법의 도덕성, 서울대 출판문화원, 2015.

- 오구라 기조(조성환 역), 한국은 하나의 철학이다, 모시는사람들, 2017.

- 오구라 기조(조영렬 역), 새로 읽는 논어, 교유서가, 2014.

- 와타나베 히로시(박홍규 역), 주자학과 근세일본사회, 예문서원, 2007.

- 와타나베 히로시(김선희, 박홍규 역), 일본 정치사상사, 고려대학교출판부, 2017.

- 요나하 준(이충원 옮김), 헤이세이사(1989~2019), 마르코폴로, 2022.

- 오구라 기조(이재우 역), 한국의 행동 원리, 마르코폴로, 2021.

- 민병희, 성리학과 동아시아 사회-그 새로운 설명 틀을 찾아서, 사림, 2008.

- 박희, 동아시아의 다중 근대성과 유교 근대화 담론, 한국아시아학회, 2014.

- B.Wittrock, Modernity: One, None, or Many? European Origins and Modernity as a Global Condition, Routledge, 2002.

- Shmuel N.Eisenstadt, The Civilizational Dimension of Modernity: Modernity as a Distinct Civilization, International Sociology(Vol.16), 2001.

- A.T.Nuyen, Confucianism and the Idea of Citizenship, Asian

Philosophy(vol.12), 2002.

– David B.Wong, Rights and Community in Confucianism, 동양시민론4, 2024.

– Ambrose Y.C King, The Emergence Of Alternative Modernity In East Asia, Brill, 2002.

– Tu Weiming, Implications of the Rise of Confucian East Asia, 동양시민론4, 2024.

– 전세영, 율곡의 군주론, 집문당, 2005.

– 퇴계 이황(최영갑 편), 성학십도, 풀빛, 2006.

– 율곡 이이(김태완 역), 성학집요, 청어람미디어, 2007.

– 신성권, 철학 입문을 위한 최소한의 동양 철학사, 하늘아래, 2024.

– 이상호, 논쟁 전. 후기 퇴계 사칠론의 변이 양상과 퇴계학파 사칠론의 전개, 한국국학진흥원, 2011.

– 윤사순, 퇴계 이황의 철학, 예문서원, 2013.

– 한국철학사상연구회, 이황의 성학십도–그림으로 만나는 성리학, 삼성출판사, 2006.

– 이혜선 기자, 비즈워치 신문, 2022.3.19.

– 곽노필, 인공지능 그림 미술전 1위 논란, 한겨레 신문, 2022.9.5.

– 고영상 외 10인, 인공지능 윤리 개론, 커뮤니케이션북스, 2021.

– 김성애 외 3인, 모두를 위한 인공지능과 윤리, 삼양미디어, 2022.

– 엄효진·이명진, 인공지능 기반 지능정보사회 시대의 노동시장 변화, 정보사회와미디어, 2020.

- 김정석 기자, '지구를 지키는 예술의 힘, 대한경제, 2024.4.29.

- 정창우, 도덕과 교육의 이론과 쟁점, 울력, 2013.

- 정창우 외 5인, 도덕과 교재연구 및 지도법, 교육과학사, 2020.

- 제임스 고든 핀레이슨(서요련 역), 하버마스 입문, 필로소픽, 2022.

- 김병환·이슬희, 유가 명상의 이론과 교육방법, 교육과학사, 2022.

- 안외순, 군자와 시민, 그리고 시민의 군자화, 한서대학교 동양고전연구소, 2004.

- 박병기, 도덕교육의 목표로서의 군자와 시민, 윤리교육연구15, 2008.

- 박훈, 메이지유신을 설계한 최후의 사무라이들: 왜 칼 대신 책을 들었나, 21세기북
  스, 2020.

- 박훈, 메이지 유신은 어떻게 가능했는가, 민음사, 2014.

- 올랭프 드 구주(박재연 역), 여성과 여성 시민의 권리 선언, 꿈꾼문고, 2019.

- 정창우, 변혁적 도덕 역량 증진을 위한 도덕교육론, 교육과학사, 2022.

사색의 시간

펴낸날 2024년 9월 24일

지은이 박하성
펴낸이 주계수 | **편집책임** 이슬기 | **꾸민이** 최송아

펴낸곳 밥북 | **출판등록** 제 2014-000085 호
주소 서울특별시 마포구 양화로 156 LG팰리스빌딩 917호
전화 02-6925-0370 | **팩스** 02-6925-0380
홈페이지 www.bobbook.co.kr | **이메일** bobbook@hanmail.net

© 박하성, 2024.
ISBN 979-11-7223-030-2 (03190)